电气自动化专业高技能型人才教学用书

电力电子变流技术
操作实训及仿真

李爱军 郑 昆 编

机械工业出版社

本书针对机电类专业高技能人才培养的特点,以模块构建实训体系和项目任务驱动教学任务,系统地介绍了单相整流电路、三相可控整流电路、交流调压电路和基于 MATLAB 软件的电力电子仿真等内容。

本书可作为技师学院、高级技校、高职院校电气自动化、机电一体化等相关专业高技能型人才培养的实训教材,也可供工程技术人员使用参考。

图书在版编目(CIP)数据

电力电子变流技术操作实训及仿真/李爱军,郑昆编.—北京:机械工业出版社,2011.9(2025.8 重印)

电气自动化专业高技能型人才教学用书

ISBN 978-7-111-35322-5

Ⅰ.①电… Ⅱ.①李…②郑… Ⅲ.①电力电子学—变流—教材②电力电子学—计算机仿真—教材 Ⅳ.①TM46②TM1-39

中国版本图书馆 CIP 数据核字(2011)第 137631 号

机械工业出版社(北京市百万庄大街 22 号 邮政编码 100037)
策划编辑:荆宏智 陈玉芝 责任编辑:林运鑫
版式设计:张世琴 责任校对:肖 琳
封面设计:马精明 责任印制:刘 媛
北京富资园科技发展有限公司印刷
2025 年 8 月第 1 版第 2 次印刷
184mm×260mm・9.5 印张・231 千字
标准书号:ISBN 978-7-111-35322-5
定价:29.80 元

电话服务 网络服务
客服电话:010-88361066 机 工 官 网:www.cmpbook.com
010-88379833 机 工 官 博:weibo.com/cmp1952
010-68326294 金 书 网:www.golden-book.com
封底无防伪标均为盗版 机工教育服务网:www.cmpedu.com

前　　言

　　为完善高技能型人才培养体系建设，加快实现培养一大批结构合理、素质优良的技术技能型、复合技能型和知识技能型高技能人才的目标，针对机电类专业高技能人才培养的特点，我们编写了《电力电子变流技术操作实训及仿真》一书。

　　本书的主要特点是：

　　1. 以国家最新的《国家职业技能标准　维修电工》为依据，突出工艺要领和操作技能的培养。

　　2. 采用"模块化"教材结构，每个模块为一个知识单元，主题鲜明，重点突出，以易于阅读和便于综合的特点适应实践教学环节需求。

　　3. 在"相关知识点析"部分，将本项目中涉及的理论知识进行梳理，努力使实训不再依赖理论教材。

　　4. 将每个实训项目的训练效果进行量化，在"成绩评分标准"中对训练过程进行记录，并相应地给出量化参考标准。

　　5. 每个项目课后配有习题，以巩固知识，有效培养学生灵活运用基础知识、提高分析的能力。

　　6. 引进计算机仿真技术，将计算机虚拟实验与传统教学设备实验有机结合，提供给学生先进的实验技术和发挥想象力、创造力的空间。

　　本书由李爱军和郑昆编写，李爱军编写了模块一、二、三，郑昆编写了模块四。

　　在本书的编写过程中，编者参考了有关资料和文献，在此向其作者表示衷心的感谢！

　　由于编者水平有限，且时间仓促，书中难免有疏漏、错误和不足之处，恳请读者批评指正。

编　者

目 录

前言
模块一　单相整流电路 …………………… 1
　　项目 1.1　单相半波可控整流电路 ………… 1
　　项目 1.2　单相桥式全控整流电路 ……… 21
　　项目 1.3　单相桥式半控整流电路 ……… 35
模块二　三相可控整流电路 ……………… 46
　　项目 2.1　三相半波可控整流电路 ……… 46
　　项目 2.2　三相桥式半控整流电路 ……… 61
　　项目 2.3　三相桥式全控整流电路 ……… 66
模块三　交流调压电路 …………………… 76
　　项目 3.1　单相交流调压电路 …………… 76
　　项目 3.2　三相交流调压电路 …………… 85
模块四　基于 MATLAB 软件的电力
　　　　　电子仿真 ……………………… 92

项目 4.1　MATLAB 软件及电力系统
　　　　　工具箱的使用 …………… 92
项目 4.2　三相半波有源逆变电路及
　　　　　MATLAB 仿真 …………… 112
项目 4.3　三相桥式全控有源逆变电路
　　　　　及 MATLAB 仿真 ………… 122
项目 4.4　降压式直流斩波电路及
　　　　　MATLAB 仿真 …………… 131
项目 4.5　升压式直流斩波电路及
　　　　　MATLAB 仿真 …………… 135
项目 4.6　Cuk 真流斩波电路及
　　　　　MATLAB 仿真 …………… 139
参考文献 …………………………………… 145

模块一　单相整流电路

项目1.1　单相半波可控整流电路

可控整流电路是应用广泛的电能变换电路，它的作用是将交流电变换成大小可以调节的直流电，为直流用电设备供电，如：电炉的温度控制、直流电动机的转速控制、同步发电机的励磁调节、电镀及电解电源等。

可控整流电路的结构型式视用电负载功率大小不同而定。通常小功率（4kW 以下）的负载供电采用单相可控整流，它具有电路简单、投资省、维护方便等优点。对于功率较大的负载，采用三相可控整流电路易于满足负载对高电压、大电流的需求，同时也保证负载上的直流电压脉动小，供电的交流电网三相平衡。本节主要介绍单相半波可控整流电路的基本知识，并完成单相半波可控整流电路的安装和调试。

项目目的

1）理解晶闸管的工作原理，熟悉晶闸管的参数，并对晶闸管进行选择。
2）掌握单相半波可控整流电路在电阻性负载及阻感性负载时的工作原理。
3）掌握单结晶体管触发电路的工作原理。

项目内容

1）晶闸管的测量。
2）双踪示波器的使用。
3）能够独立进行单结晶体管触发电路的安装与调试。
4）能调试出单相半波可控整流电路在电阻性负载及阻感性负载时的工作波形。

相关知识点析

一、晶闸管工作原理的分析

如图 1-1a 所示，晶闸管是具有三个 PN 结的四层三端器件，它的三个 PN 结可以通过合金-扩散法或全扩散法形成，阳极（A）电极板一般采用钼（或钨）片，欧姆接触的钎料是高纯铝（或铝硅合金），阴极（K）和门极（G）由真空镀膜引出电极，镀层有铝、金或银，这样就制成了管芯。经过一定的表面处理，然后将管芯密封在陶瓷外壳内。外壳结构一般有螺栓形、平板形和塑封形，如图 1-1b 所示，这样就制成了器件。晶闸管的电气图形符号如图 1-1c 所示。

对于平板形晶闸管，它的两个平面分别是阳极和阴极，用两个互相绝缘的散热器把晶闸管紧紧地夹在中间，从细辫子线引出门极，用于额定电流 200A 以上。对于螺栓形晶闸管，螺栓是阳极 A，与散热器紧密连接，粗辫子线是阴极 K，细辫子线是门极 G，一般用于额定电流为 10~200A 以上。对于塑封形晶闸管，左边引脚是阴极，中间是阳极，右边是门极，

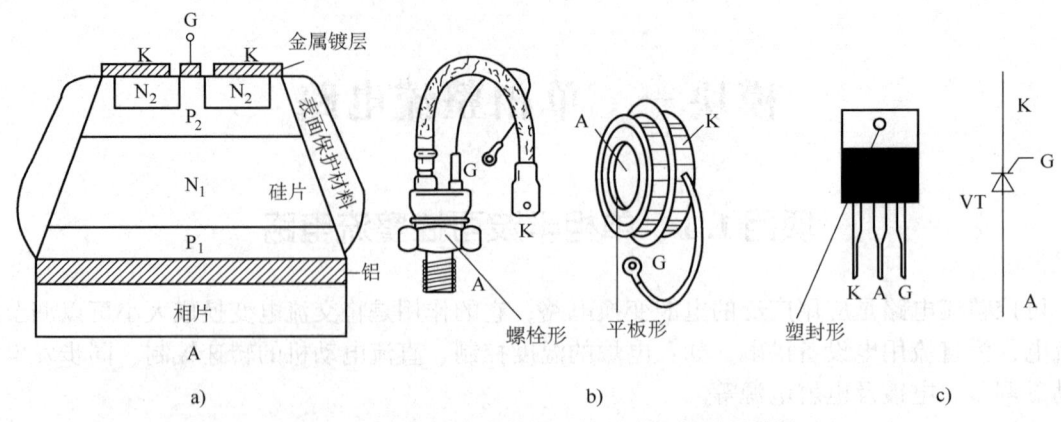

图 1-1 晶闸管的基本结构、外形及电气图形符号
a) 基本结构 b) 外形 c) 电气图形符号

用于额定电流 10A 以下。

晶闸管的管芯是 P_1、N_1、P_2、N_2 四层半导体，形成三个 PN 结 J_1、J_2 和 J_3，引出阳极 A、阴极 K 和门极 G，如图 1-2a 所示。若正向电压加于 A—K 极，J_2 结便成反偏，晶闸管中流过很小的漏电流，此状态称为正向阻断。若把电压反向加于 A—K 极，J_1 和 J_3 结便成反偏，晶闸管也只流过很小的漏电流，此状态称为反向阻断。以上两种电源接法，晶闸管流过的电流都很小，属于阻断状态。

晶闸管的 PNPN 四层结构，可看成由 PNP 和 NPN 两个晶体管互连构成。由图 1-2b 可见，如果

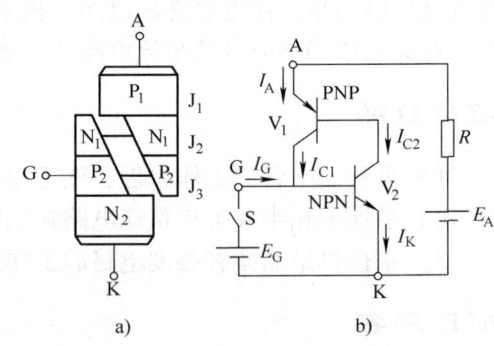

图 1-2 晶闸管的双晶体管模型及其工作原理
a) 双晶体管模型 b) 工作原理

有门极电流 I_G 流入晶体管 V_2 的基极，便产生集电极电流 I_{C2}，它也是 V_1 的基极电流，使 V_1 导通，产生 I_{C1}，I_{C1} 加上 I_G 进一步加大 V_2 的基极电流，从而就形成强烈的正反馈，最后 V_1 和 V_2 都处于饱和导通状态，即晶闸管饱和导通。

此时如果撤掉外电路流入门极的电流 I_G，晶闸管由于内部已形成了强烈的正反馈会仍然维持导通状态。而若要使晶闸管关断，必须去掉阳极所加的正向电压，或者给阳极施加反向电压，或者设法使流过晶闸管的电流降低到接近于零的某一数值以下，晶闸管才能关断。所以，将晶闸管的驱动过程称为触发，而把产生流入门极的触发电流 I_G 的电路称为门极触发电路。也正是由于通过其门极只能控制其开通，不能控制其关断，晶闸管才被称为半控型器件。

综上所述，可以得出晶闸管的工作特性为：

1) 当晶闸管承受反向阳极电压时，无论门极是否有正向触发电压或者承受反向电压，晶闸管均不导通，只有很小的反向漏电流流过晶闸管，这种状态称为反向阻断状态。

2) 当晶闸管承受正向阳极电压时，门极加上反向电压或者不加电压，晶闸管不导通，这种状态称为正向阻断状态。这是二极管所不具备的。

3) 当晶闸管承受正向阳极电压时，门极加上正向触发电压，晶闸管导通，这种状态称为正向导通状态。这就是晶闸管闸流特性，即可控特性。

4) 晶闸管一旦导通后并维持阳极电压不变，即使撤除触发电压，晶闸管依然处于导通状态，即门极对晶闸管不再具有控制作用。

二、主电路晶闸管的选择

在实际使用过程中，往往要根据工作条件对晶闸管进行合理选择，以达到满意的技术、经济效果。正确选择晶闸管主要包括两个方面：一是要根据情况确定所需晶闸管的额定值；二是根据额定值确定晶闸管的型号。

晶闸管的各项额定参数在晶闸管生产后，由厂家经过严格测试而确定。而作为使用者，只需要能够正确地选择晶闸管即可。

1. 晶闸管额定电压 U_{Tn} 的确定

在晶闸管的铭牌上，额定电压是以电压等级的形式给出的，通常标准电压等级规定为：电压在 1000V 以下，每 100V 为一级；电压在 1000~3000 V，每 200V 为一级。其标准电压等级见表1-1。

表1-1 晶闸管标准电压等级

级别	正反向重复峰值电压/V	级别	正反向重复峰值电压/V	级别	正反向重复峰值电压/V
1	100	8	800	20	2000
2	200	9	900	22	2200
3	300	10	1000	24	2400
4	400	12	1200	26	2600
5	500	14	1400	28	2800
6	600	16	1600	30	3000
7	700	18	1800		

在使用过程中，环境温度的变化、散热条件以及出现的各种过电压都会对晶闸管产生影响，因此在选择晶闸管时，应当使晶闸管的额定电压至少为实际工作时可能承受的最大电压 U_{TM} 的 2~3 倍，即

$$U_{Tn} \geq (2~3)U_{TM} \qquad (1-1)$$

2. 晶闸管额定电流 $I_{T(AV)}$ 的确定

由于整流设备的输出端所接负载常用平均电流来表示，晶闸管额定电流的标定与其他电器设备不同，采用的是平均电流，而不是有效值，因此又称为额定通态平均电流。但是晶闸管的额定电流又与流过晶闸管的有效电流 I_{Tn} 有关，两者的关系为

$$I_{Tn} = 1.57 I_{T(AV)} \qquad (1-2)$$

在实际选择晶闸管时，其额定电流的确定一般按以下原则：晶闸管的额定电流应大于或等于其所在电路中可能流过的最大电流的有效值 I_{TM}，取 1.5~2 倍的余量，即

$$1.57 I_{T(AV)} = I_{Tn} \geq (1.5~2)I_{TM} \qquad (1-3)$$

所以

$$I_{T(AV)} \geq (1.5~2)\frac{I_{TM}}{1.57} \qquad (1-4)$$

3. 晶闸管的型号

根据国家的有关规定，普通晶闸管的型号及含义如下：

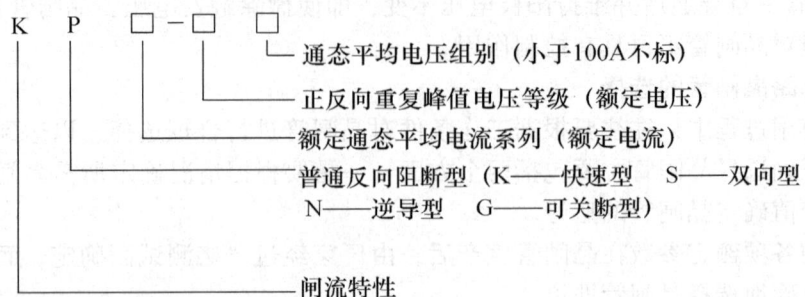

例如，本节中晶闸管型号的确定步骤为：

1）单相半波可控整流电路晶闸管可能承受的最大电压为

$$U_{TM} = \sqrt{2}U_2 = \sqrt{2} \times 220V \approx 311V \tag{1-5}$$

2）考虑 2~3 倍的余量，即

$$(2\sim3)U_{TM} = (2\sim3) \times 311V = 622\sim933V \tag{1-6}$$

3）确定所需晶闸管的额定电压等级。因为电路无储能元器件，所以选择电压等级为 8 的晶闸管就可以满足正常工作的需要。

4）确定流过晶闸管电流的有效值。在单相半波可控整流电路中，当 $\alpha = 0°$ 时，流过晶闸管的电流最大，且电流的有效值是平均值的 1.57 倍。由前面的分析可以得到流过晶闸管的平均电流为

$$I_d = 0.45 \frac{U_2}{R_d} \frac{1+\cos\alpha}{2} = 0.45 \times \frac{220V}{900\Omega} \times \frac{1+\cos 0}{2} = 0.11A \tag{1-7}$$

由此可得，当 $\alpha = 0°$ 时，流过晶闸管电流的最大有效值为

$$I_{TM} = 1.57 I_d = 1.57 \times 0.11A = 0.1727A \tag{1-8}$$

5）考虑 1.5~2 倍的余量。

6）确定晶闸管的额定电流 $I_{T(AV)}$。因为电路无储能元器件，所示选择额定电流为 1A 的晶闸管就可以满足正常工作的需要了。

由以上分析可以确定晶闸管应选用的型号为 KP1-8。

4. 门极参数（门极触发电流 I_{GT} 和门极触发电压 U_{GT}）

室温下，在晶闸管的阳极和阴极间加上 6V 的正向阳极电压，晶闸管由截止状态转为导通状态所需的最小门极电流，称为门极触发电流 I_{GT}。

产生门极触发电流 I_{GT} 所必需的最小门极电压，称为门极触发电压 U_{GT}。一般为了保证晶闸管的可靠导通，常采用触发电流比规定的触发电流大 3~5 倍且前沿陡峭的强触发脉冲。

三、单相半波可控整流电路的工作原理

用晶闸管组成的可控整流电路有多种形式，电路的负载有电阻、电感及具有反电动势的负载等。负载不同，电路形式不同，可控整流电路的工作情况也不一样。图 1-3a 所示为单相半波可控整流电路电阻性负载，它由晶闸管 VT_1、负载电阻 R 及单结晶体管触发电路组成。

模块一 单相整流电路

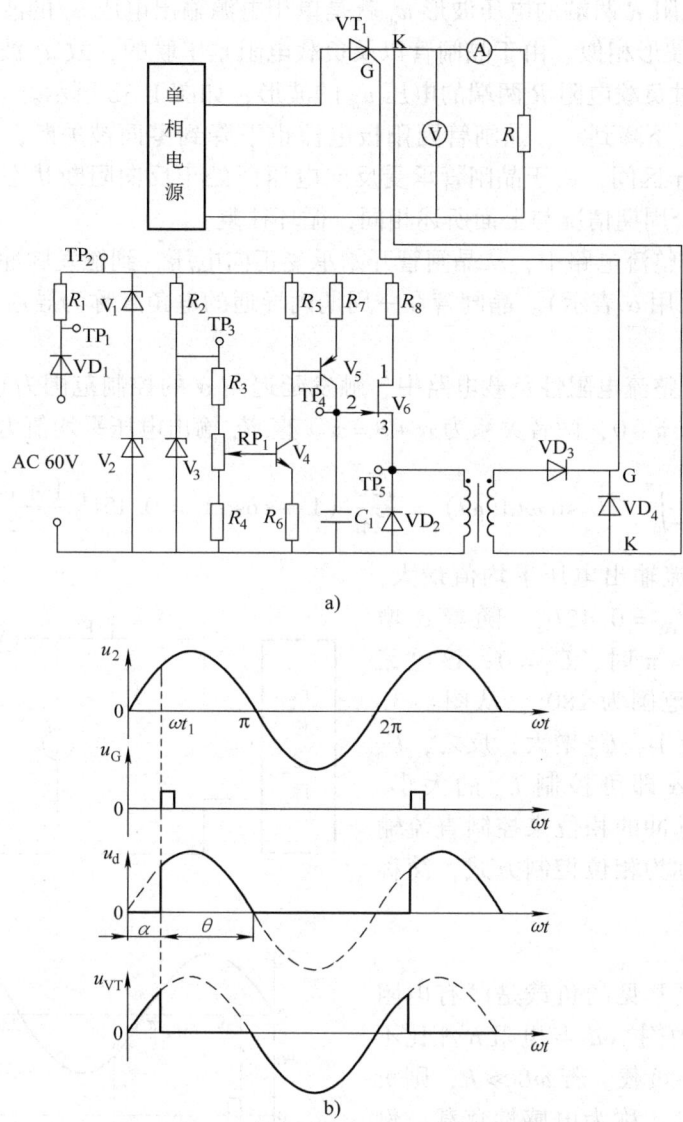

图 1-3 单相半波可控整流电阻性负载电路及波形
a) 电阻性负载电路 b) 电阻性负载波形

1. 电阻性负载

电炉、白炽灯等均属于电阻性负载。电阻性负载的特点是负载两端电压波形和流过的电流波形相似，电流、电压均允许突变。

设 u_d、i_d 为整流输出电压和负载电流的瞬时值，u_2 为单相电源输出电压，u_{VT}、i_{VT} 分别为晶闸管两端电压和流过晶闸管电流的瞬时值。

交流电压通过电阻 R 施加到晶闸管的阳极和阴极两端，在 $0 \sim \pi$ 区间的 ωt_1 之前，晶闸管虽然承受正向电压，但因触发电路尚未向门极送出触发脉冲，所以晶闸管仍保持阻断状态，无直流电压输出。

在 ωt_1 时刻，触发电路向门极送出触发脉冲 u_g，晶闸管被触发导通。若不计晶闸管电压降的影响，则负载电阻 R 两端的电压波形 u_d 就是单相电源输出电压 u_2 的波形，流过负载的电流 i_d 波形与 u_d 的波形相似。由于晶闸管以及负载电阻是串联的，故 u_d 波形也就是流过晶闸管的电流 i_{VT} 及流过负载电阻 R 两端的电压 u_d 的波形，如图 1-3b 所示。

在 $\omega t = \pi$ 时，u_2 下降到零，晶闸管因阳极电流也下降到零而被关断，电路无输出。在 u_2 的负半周即 $\pi \sim 2\pi$ 区间，由于晶闸管承受反向电压而处于反向阻断状态，负载两端电压 u_d 为零。u_2 的下一个周期情况与上面所述相同，循环往复。

在单相半波可控整流电路中，从晶闸管开始承受正向电压，到触发脉冲出现之间的电角度称为触发延迟角（用 α 表示）。晶闸管在一周期内导通的电角度称为导通角（用 θ 表示），如图 1-3b 所示。

在单相半波可控整流电阻性负载电路中，触发延迟角 α 的控制范围为 $0 \sim \pi$，对应的导通角 θ 的可变范围是 $\pi \sim 0$，两者关系为 $\alpha + \theta = \pi$。直流输出电压平均值为

$$U_d = \frac{1}{2\pi}\int_\alpha^\pi \sqrt{2}U_2\sin\omega t\,d(\omega t) = \frac{\sqrt{2}U_2}{2\pi}(1+\cos\alpha) = 0.45U_2\frac{1+\cos\alpha}{2} \tag{1-9}$$

当 $\alpha = 0$ 时，整流输出电压平均值最大，用 U_{d0} 表示，$U_d = U_{d0} = 0.45U_2$。随着 α 增大，U_d 减小，当 $\alpha = \pi$ 时，$U_d = 0$，该电路中晶闸管 VT_1 的 α 范围为 180°。从图 1-3b 所示波形可知，α 减小，U_d 增大；反之，U_d 减小。可见，调节 α 即可控制 U_d 的大小。这种通过控制触发脉冲的相位来控制直流输出电压大小的方式称为相位控制方式，简称相控方式。

2. 阻感性负载

实际生产中，更常见的负载是既有电阻也有电感，当负载中感抗 ωL 与电阻 R 相比不可忽略时即为阻感性负载。若 $\omega L \gg R$，则负载主要表现为电感性，称为电感性负载。例如，直流电动机的励磁线圈、滑差电动机电磁离合器的励磁线圈以及输出串联平波电抗器的负载等，均属于电感性负载。电感对电流变化有阻碍作用。流过电感器件的电流变化时，在其两端产生感应电动势 Ldi/dt，它的极性是阻止电流变化的。当电流增加时，它的极性阻止电流增加；当电流减小时，它的极性反过来阻止电流减小。这使得流过电感的电流不能发生突变，这是阻感性负载的特点。为了便于分析，通常电阻与电感分开视为电阻串联电感形式的负载，如图 1-4a

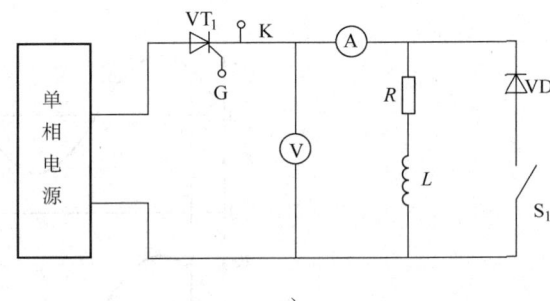

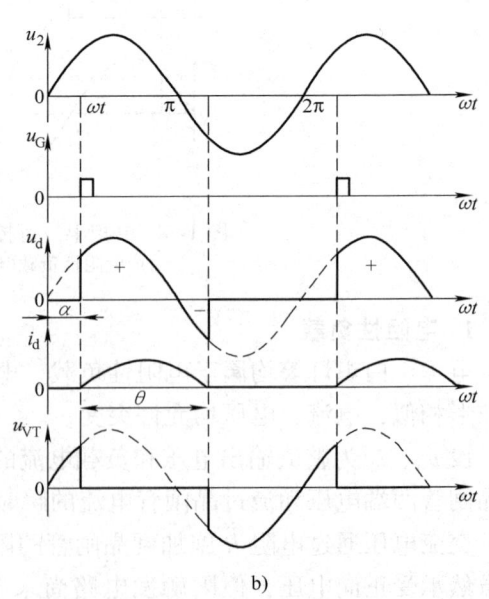

图 1-4 单相半波可控整流阻感性负载电路及波形
a) 阻感性负载电路 b) 阻感性负载波形

所示。

(1) 无续流二极管时（图 1-4a 中开关 S_1 断开时）　电感线圈是储能元件，当电流流过线圈时，该线圈就储存磁场能量，流过的电流越大，线圈储存的磁场能量就越大。当 i_d 减小时，电感线圈将所储存的磁场能量释放出来，试图维持原有的方向电流。这就是电感对电流的阻碍作用，因而流过电感中的电流是不能突变的。当流过电感线圈的电流变化时，电感两端产生感应电动势，其方向总是阻止电流的变化。

电感线圈既是储能元件，又是电流的滤波元件，它使负载电流波形平滑。图 1-4b 所示为单相半波可控整流阻感性负载电路波形。在 $0 \leqslant \omega t \leqslant \omega t_1$ 区间，u_2 虽然为正，但晶闸管无触发脉冲而不导通，负载上的电压 u_d、电流 i_d 均为零，晶闸管承受着电源电压 u_2。当 $\omega t = \omega t_1 = \alpha$ 时，晶闸管被触发导通，电源电压 u_2 突然加在负载上，由于电感性负载中的电流不能突变，电路需经过一段过渡过程，此时电路电压瞬时值方程为

$$u_2 = L_d \frac{di_d}{dt} + i_d R_d = u_L + u_R \tag{1-10}$$

在 $\omega t_1 \leqslant \omega t \leqslant \omega t_2$ 区间，晶闸管被触发导通后，由于 L 的作用，电流 i_d 只能从零逐渐增大。当到 ωt_2 时，i_d 已上升到最大值，即 $di_d/dt = 0$。所以 $u_L = 0$，$u_2 = I_d R_d = u_R$。这段时间电源 u_2 不仅要向负载 R 供给有功功率，而且还要向电感线圈 L 供给磁场能量的无功功率。

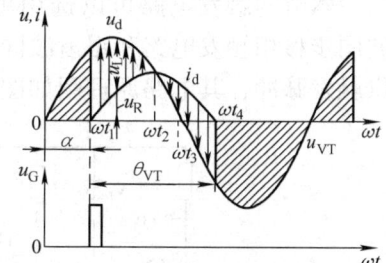

图 1-5　单相半波可控整流阻感性负载电路波形

在 $\omega t_2 \leqslant \omega t \leqslant \omega t_3$ 区间，由于 u_2 继续在减小，所以 i_d 也逐渐减小。在电感线圈 L 作用下，i_d 的减小是要滞后于 u_2 的减小。这段时间 L 两端的感应电动势方向是阻碍 i_d 减小的，如图 1-5 所示。负载 R 所消耗的能量，除电源电压 u_2 供给外，还有部分是由电感线圈 L 所释放的能量供给。这区间电路电压瞬时值方程为

$$u_2 + L_d \frac{di_d}{dt} = i_d R_d \tag{1-11}$$

在 $\omega t_3 \leqslant \omega t \leqslant \omega t_4$ 区间，u_2 过零后开始变负，对晶闸管来说是反向电压，但是，由于 i_d 的减小在 L 两端所产生的电动势 u_L 极性对晶闸管是正向电压。故只要 u_L 略大于 u_2，晶闸管就仍然承受着正向电压而继续导通，直至 i_d 减小到零才被关断。在这区间 L 不断释放出磁场能量，除部分继续向负载电阻 R 提供消耗能量外，其余就回馈给交流电网。此区间电路电压瞬时值方程为

$$u_L = L_d \frac{di_d}{dt} = u_2 + i_d u_R \tag{1-12}$$

当 $\omega t = \omega t_4$ 时，$i_d = 0$，即 L 磁场释放完毕，晶闸管被关断。此后，周而复始。

(2) 接续流二极管时（图 1-4a 中开关 S_1 闭合时）　为了使 u_2 过零变负时能及时地关断晶闸管，u_d 波形不出现负值，又能给电感线圈 L 提供续流的旁路，可以在整流输出端并联二极管，如图 1-4a 所示。由于该二极管是为电感性负载在晶闸管关断时提供续流电路，故将此二极管简称续流二极管，用 VD 表示。

在接有续流二极管的阻感性负载单相半波可控整流电路中，当 u_2 过零变负时，续流二

极管承受正向电压而导通，晶闸管因承受反向电压而关断。i_d 就改经续流二极管而继续流通。续流期间续流二极管的管电压降可忽略不计，所以负载电压波形 u_d 与电阻性负载的电压波形相同。但是流过负载的电流 i_d 的波形就大不相同了，对于大电感而言，流过负载的电流 i_d 不但连续而且波动很小。电感 L 越大，i_d 波形越接近于一条水平线，其值为 $I_d = U_d/R_d$，如图1-6所示。负载电流由晶闸管和续流二极管共同分担，晶闸管导通期间，负载电流从晶闸管流过；续流期间，负载电流经续流二极管形成电路。流过晶闸管电流 i_{VT} 的波形与流过续流二极管电流 i_{VD} 的波形均近似为方波。晶闸管和续流二极管可能承受的最大正反向电压为 $1.414U_2$，移相范围与阻性负载相同，即 $0 \sim \pi$。

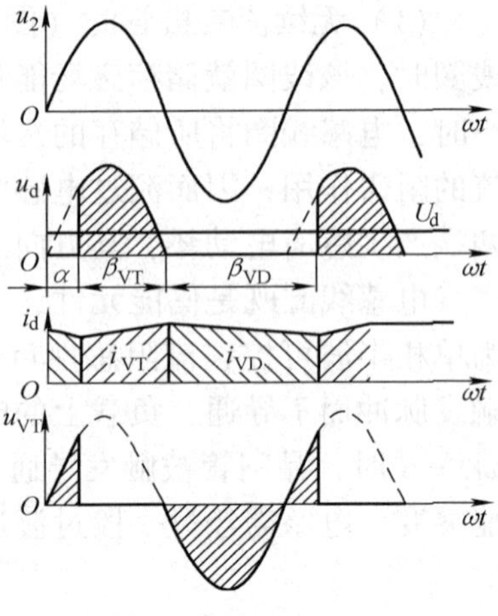

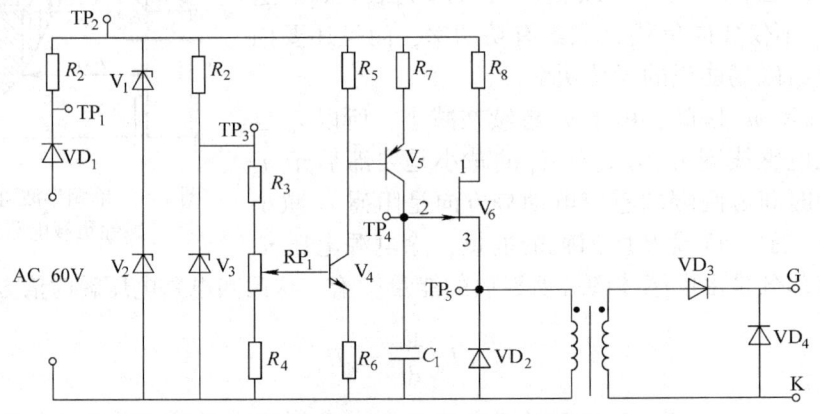

图1-6 有续流二极管的单相半波可控整流电路

3. 触发电路

本节的触发电路可以选用单结晶体管触发电路、正弦波同步移相触发电路和锯齿波同步移相触发电路。这里选择单结晶体管触发电路为晶闸管提供触发脉冲，其电路原理图如图1-7所示。

图1-7 单结晶体管触发电路原理图

利用单结晶体管的负阻特性和 RC 的充放电特性，可组成频率可调的自激振荡电路。图1-7中 V_6 为单结晶体管，其常用的型号有BT33和BT35两种，由 V_5 的等效电阻和 C_1 组成 RC 充电电路，由 C_1-V_6-脉冲变压器组成电容放电电路，调节 RP_1 即可改变 RC 充电电路中的等效电阻。由同步变压器二次侧输出60V的交流同步电压，经 VD_1 半波整流，再由稳压二极管 V_1、V_2 进行削波，从而得到梯形波电压，其过零点与电源电压的过零点同步，梯形波通过 R_7 及 V_5 的等效可变电阻向电容 C_1 充电，当充电电压达到单结晶体管的峰值电压 U_P 时，单结晶体管 V_6 导通，电容通过脉冲变压器一次侧放电，脉冲变压器二次侧输出脉冲。同时由于放电时间常数很小，C_1 两端的电压很快下降到单结晶体管的谷点电压 U_V，使 V_6 关断，C_1 再次充电，周而复始，在电容 C_1 两端呈现锯齿波形，在脉冲变压器二次侧输出尖脉冲。在一个梯形波周期内，V_6 可能导通、关断多次，但只有输出的第一个触发脉冲对晶闸管的触发时刻起作用。充电时间常数由电容 C_1 和等效电阻等决定，调节 RP_1 改变 C_1 的充电的时间，控制第一个尖脉冲的出现时刻，实现脉冲的移相控制。

电路中晶闸管能够被触发导通是因为触发脉冲在晶闸管阳极电压为正的区间内出现。因此必须根据被触发晶闸管的阳极电位，提供相应的触发电路的同步信号电压，以确保触发电路能够在晶闸管需要脉冲的时刻正确送出脉冲。这种正确选择同步信号电压相位以及得到不同相位同步信号电压的方法，称为晶闸管装置的同步或定相。

在本节中，触发电路与主电路是分别接在同一变压器的两个二次绕组上的，这就保证了触发电路的输入电压信号经整流和稳压削波后得到的同步梯形波电压与晶闸管阳极电压的过零点一致，从而保证在每半周的开始，电容从零开始充电，触发电路每半周送出的第一个脉冲距离过零点的时刻即触发延迟角 α 的大小是相同的（起同步作用），其主电路与触发电路的相位对应关系如图1-8所示。

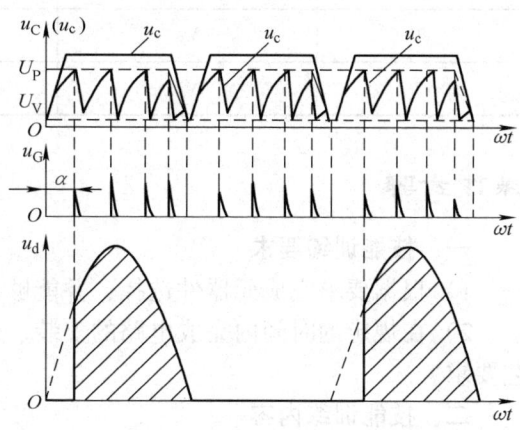

图 1-8　主电路与触发电路的相位对应关系

设备、工具和材料准备

（1）工具　电工通用工具、电烙铁、镊子等。
（2）仪表　MF47型万用表、双踪示波器。
（3）器材　训练器材见表1-2、表1-3。

表 1-2　主电路训练器材

序号	符号	名称	型号与规格	件数
1	VT_1	晶闸管	KP1-8	1
2	R	电阻	900Ω	2
3	L	电感	700mH	1

表 1-3　触发电路训练器材

序号	符号	名称	型号与规格	件数
1	R_1	电阻	560Ω/8W	1
2	R_2	电阻	1kΩ	1
3	R_3、R_4、R_5、R_6	电阻	2kΩ	4
4	R_7	电阻	2.2kΩ	1
5	R_8	电阻	300Ω/1W	1
6	RP_1	电位器	4kΩ	1
7	C_1	电容	0.022μF	1
8	VD_1、VD_2、VD_3、VD_4	二极管	1N4007	4
9	V_1、V_2、V_3	稳压二极管	1N4738	3

（续）

序号	符号	名称	型号与规格	件数
10	V_6	单结晶体管	BT350J	1
11	V_5	晶体管	9012	1
12	V_4	晶体管	9013	1

操作步骤

一、技能训练要求

1）根据要求完成元器件选择，并能够运用仪表对元器件进行简单测试。

2）在规定的时间内完成电路的安装、焊接、调试等工作，并符合焊接和电气安装的工艺要求。

二、技能训练内容

技能训练1　晶闸管的引脚辨别

晶闸管是一种由硅单晶材料制成的大功率半导体元器件，其管芯由四层半导体材料组成，具有三个PN结，实物图如图1-9a所示，各引脚名称标于图中，分别为：阳极（A）、阴极（K）和门极（G）。晶闸管的图形符号如图1-9b所示。

在实际的使用过程中，首先需要对晶闸管的好坏进行简单的判断，一般用万用表进行判别。

1. 正常情况

1）将万用表置于 $R \times 100$ 挡，红表笔接晶闸管的阳极，黑表笔接晶闸管的阴极，观察指针摆动情况，如图1-10所示。

2）将黑表笔接晶闸管的阳极，红表笔接晶闸管的阴极，观察指针摆动情况，如图1-11所示。

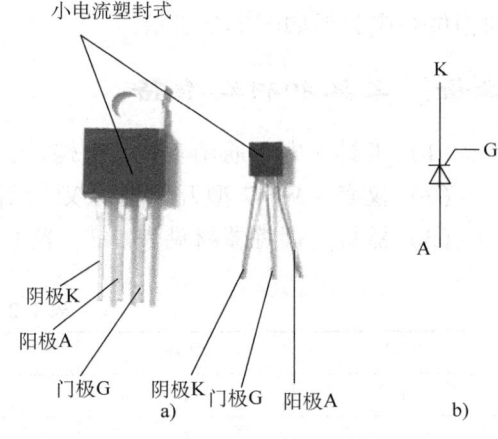

图1-9　晶闸管实物图及图形符号
a）实物图　b）图形符号

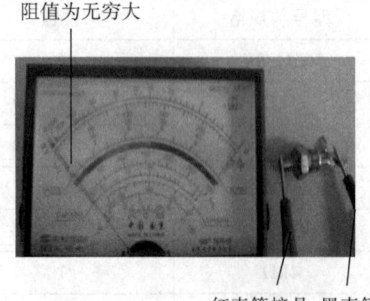

图1-10　红表笔接阳极，黑表笔接阴极

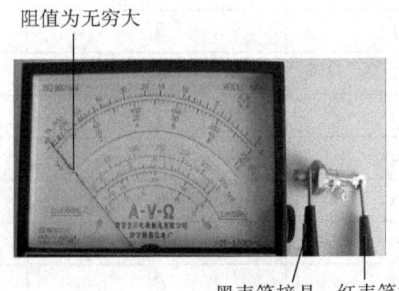

图1-11　黑表笔接阳极，红表笔接阴极

分析原因：因为晶闸管是四层三端半导体器件，在阳极和阴极之间有三个 PN 结，无论如何加电压，至少有一个 PN 结处于反向阻断状态，因此正反向阻值均为无穷大。

实测结果：正反向阻值均为无穷大。

3）红表笔接晶闸管的门极，黑表笔接晶闸管的阴极，观察指针摆动情况，如图 1-12 所示。

4）黑表笔接晶闸管的门极，红表笔接晶闸管的阴极，观察指针摆动情况，如图 1-13 所示。理论结果：当黑表笔接门极，红表笔接阴极时，万用表显示的阻值较小；当红表笔接门极，黑表笔接阴极时，万用表显示的阻值略大一些。

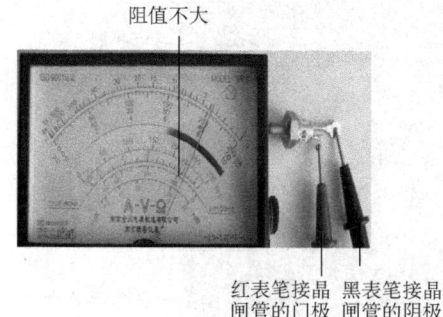
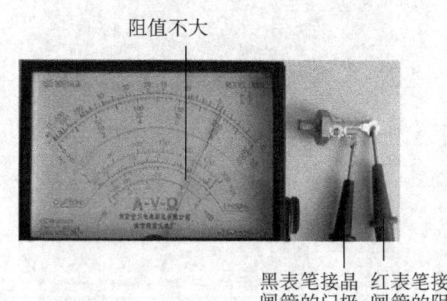

图 1-12　红表笔接门极，黑表笔接阴极　　　图 1-13　黑表笔接门极，红表笔接阴极

分析原因：在晶闸管内部门极与阴极之间反并联一只二极管，对加到门极与阴极之间的反向电压进行限幅，防止晶闸管门极与阴极之间的 PN 结反向击穿。

实测结果：两次测量的阻值均不大。

2. 故障情况

1）用 $R \times 1k$ 或 $R \times 100$ 挡测量阳极与阴极之间的电阻，电阻值很小表明晶闸管已经损坏，如图 1-14 所示。

2）用 $R \times 1k$ 或 $R \times 100$ 挡，测门极和阴极之间的 PN 结的正反向电阻，如出现正向阻值接近于零值或为无穷大，表示门极与阴极之间的 PN 结已经损坏。反向阻值应很大，但不能为无穷大。正常情况是反向阻值明显大于正向阻值，如图 1-15 所示。

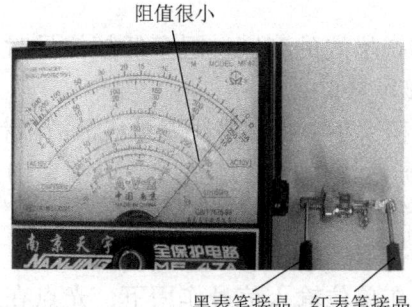
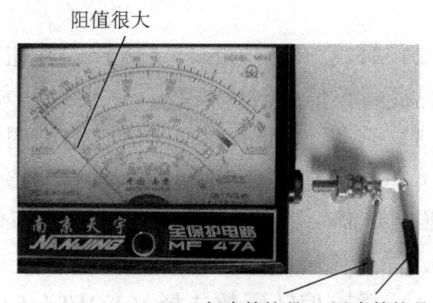

图 1-14　黑表笔接阳极，红表笔接阴极　　　图 1-15　红表笔接门极，黑表笔接阴极

技能训练 2　双踪示波器的使用

示波器种类、型号很多，功能也不同。使用较多的是 20MHz 或者 40MHz 的双踪示波器。这些示波器用法大同小异。本部分以型号 YB4320C 介绍示波器的常用功能。双踪示波器的屏幕及部分操作面板如图 1-16 所示。

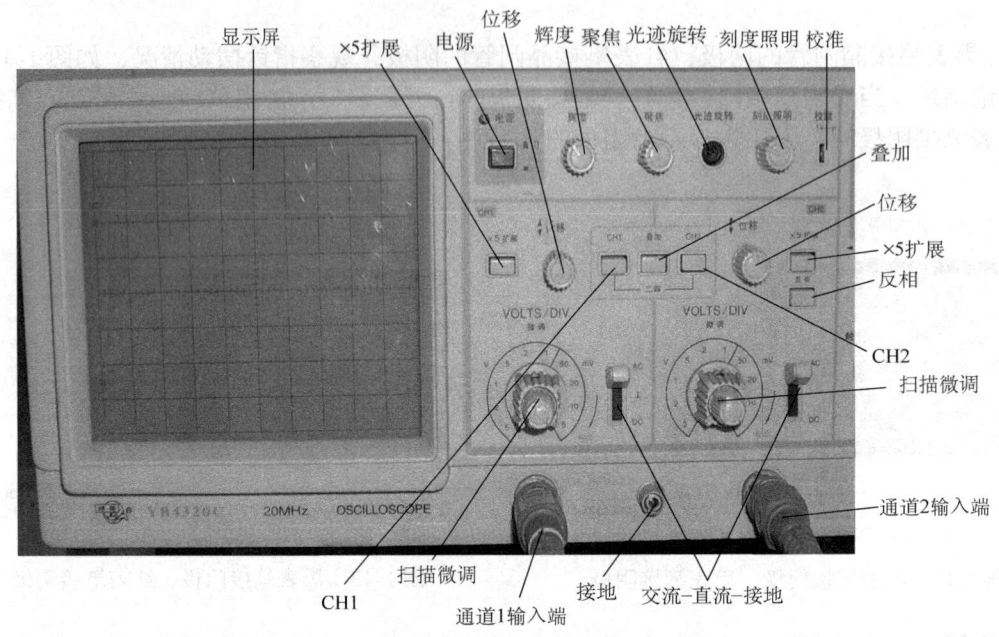

图 1-16　双踪示波器的屏幕及部分操作面板

1. 显示屏

显示屏是示波管的显示部分。屏的水平方向和垂直方向各有多条标度线，指示出信号波形的电压和时间之间的关系。水平方向指示时间，垂直方向指示电压。水平方向分为 10 格，垂直方向分为 8 格，每格又分为 5 份。垂直方向标有 0%、10%、90%、100% 等标志，水平方向标有 10% 和 90% 标志，供测直流电平、交流信号幅度、延迟时间等参数使用。根据被测信号在屏幕上占的格数乘以适当的比例常数（V/DIV，TIME/DIV）能得出电压值与时间值。

2. 示波管和电源系统

（1）电源（Power）　示波器主电源开关。当按下此开关时，电源指示灯亮，表示电源接通。

（2）辉度（Intensity）　旋转此旋钮能改变光点和扫描线的亮度。观察低频信号时可小些，观察高频信号时应大些。一般不应太亮，以保护显示屏。

（3）聚焦（Focus）　聚焦旋钮可调节电子束截面积大小，将扫描线聚焦成最清晰状态。

（4）标尺亮度（Illuminance）　此旋钮调节显示屏后面的照明灯亮度。正常室内光线下，照明灯暗一些好。室内光线不足的环境中，可适当调亮照明灯。

3. 垂直偏转因数和水平偏转因数（见图 1-17）

（1）垂直偏转因数选择（VOLTS/DIV）和微调　在单位输入信号作用下，光点在屏幕上偏移的距离称为偏移灵敏度，这一定义对 X 轴和 Y 轴都适用。灵敏度的倒数称为偏转因数。垂直灵敏度的单位是为 cm/V、cm/mV，或者 DIV/mV、DIV/V。垂直偏转因数的单位是 V/cm、mV/cm，或者 V/DIV、mV/DIV。实际上因习惯用法和测量电压读数的方便，有时也把偏转因数当作灵敏度。双踪示波器中每个通道各有一个垂直偏转因数选择波段开关。一般按 1、2、5 方式从 5mV/DIV 到 5V/DIV 分为 10 挡。波段开关指示的值代表显示屏上垂直方向一格的电压值。例如波段开关置于 1V/DIV 挡时，如果屏幕上信号光点移动一格，则代表输入信号电压变化 1V。每个波段开关上往往还有一个小旋钮，微调每挡垂直偏转因数。将它沿顺时针方向旋转到底，处于"校准"位置，此时垂直偏转因数值与波段开关所指示的值一致。逆时针旋转此旋钮，能够微调垂直偏转因数。垂直偏转因数微调后，会造成与波段开关的指示值不一致，这点应引起注意。许多示波器具有垂直扩展功能，当微调旋钮被拉出时，垂直灵敏度扩大若干倍。例如，如果波段开关指示的偏转因数是 1V/DIV，采用 ×5 扩展状态时，垂直偏转因数是 0.2V/DIV。

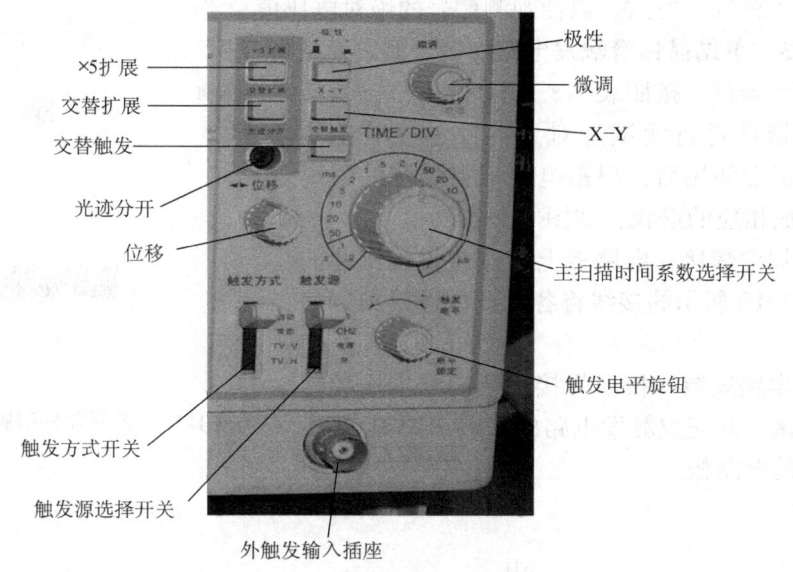

图 1-17 双踪示波器部分操作面板

（2）时基选择（TIME/DIV）和微调　时基选择和微调的使用方法与垂直偏转因数选择和微调类似。时基选择也通过一个波段开关实现，按 1、2、5 方式把时基分为若干挡。波段开关的指示值代表光点在水平方向移动一个格的时间值。例如在 1μs/DIV 挡，光点在屏上移动一格代表时间值 1μs。"微调"旋钮用于时基校准和微调。沿顺时针方向旋到底处于校准位置时，屏幕上显示的时基值与波段开关所示的标称值一致。逆时针旋转旋钮，则对时基微调。旋钮拔出后处于扫描扩展状态。通常为 ×10 扩展，即水平灵敏度扩大 10 倍，时基缩小到 1/10。例如在 2μs/DIV 挡，扫描扩展状态下显示屏上水平一格代表的时间值等于 2μs×(1/10) = 0.2μs。示波器前面板上的位移（Position）旋钮调节信号波形在显示屏上的位置。旋转水平位移旋钮（标有水平双向箭头）左右移动信号波形，旋转垂直位移旋钮（标有垂直双向箭头）上下移动信号波形。

4. 输入通道和输入耦合选择

（1）输入通道选择　输入通道至少有三种选择方式：通道 1(CH1)、通道 2(CH2)和双通道（DUAL）。选择通道 1 时，示波器仅显示通道 1 的信号；选择通道 2 时，示波器仅显示通道 2 的信号；选择双通道时，示波器同时显示通道 1 信号和通道 2 信号。测试信号时，首先要将示波器的地线与被测电路的地线连接在一起。根据输入通道的选择，将示波器探头插到相应通道插座上，示波器探头上的地线与被测电路的地线连接在一起，示波器探头接触被测点。示波器探头上有一个双位开关。此开关拨到"×1"位置时，被测信号无衰减送到示波器，从显示屏上读出的电压值是信号的实际电压值。此开关拨到"×10"位置时，被测信号衰减为 1/10，然后送往示波器，从显示屏上读出的电压值乘以 10 才是信号的实际电压值。

(2) 输入耦合方式　输入耦合方式有三种选择：交流（AC）、地（GND）和直流（DC）。当选择"地"时，扫描线显示出"示波器地"在显示屏上的位置。直流耦合适用于测定信号直流绝对值和观测极低频信号，交流耦合适用于观测交流和含有直流成分的交流信号。一般选择"直流"方式，以便观测信号的绝对电压值。

技能训练 3　单结晶体管触发电路安装、调试及波形分析

(1) 选择元器件　按照表 1-3 选择元器件。

(2) 对元器件进行测试　对元器件进行简单测试，确保能够正常使用后，根据电路板上焊孔的距离将各元器件作成相应的形状，如图 1-18 所示。

(3) 将元器件焊接在电路板上　按照焊接工艺的要求，参照图 1-19 所示的接线将各元器件焊接到电路板上。

(4) 完成电路安装　按照焊接工艺的要求用导线进行线路的连接，并完成触发电路的安装。图 1-20 所示为完成安装的电路板。

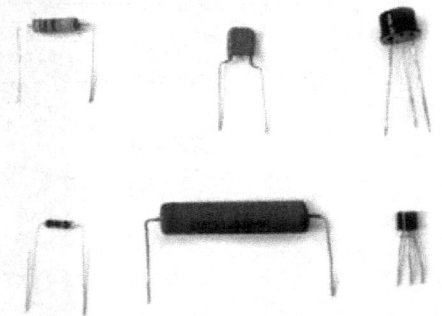

图 1-18　各元器件引脚安装形状

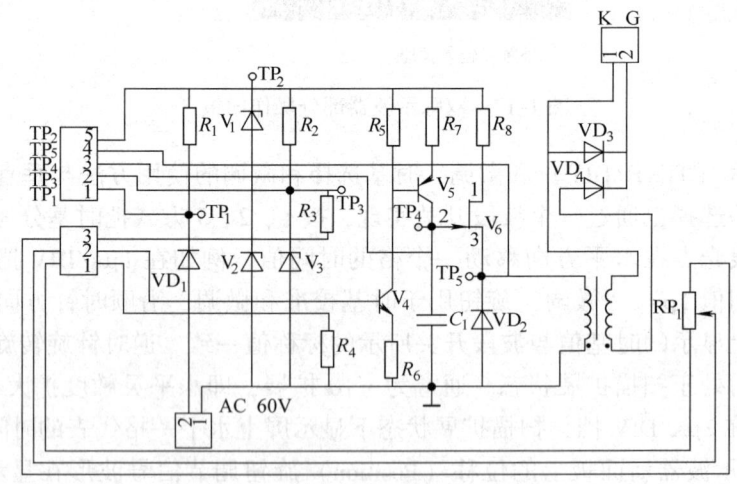

图 1-19　单结晶体管触发电路接线

(5) 单结晶体管触发电路的调试

1) 用示波器观察单结晶体管触发电路，经半波整流后"TP_1"点的波形，经稳压二极管削波得到"TP_2"、"TP_3"点的波形，调节移相电位器 RP_1，观察"TP_4"点锯齿波的周期

变化及"TP_5"点的触发脉冲波形;最后观测输出的"G"、"K"触发电压波形。图 1-21 所示为触发电路在 $\alpha=90°$ 时各点的理论及实测电压波形。

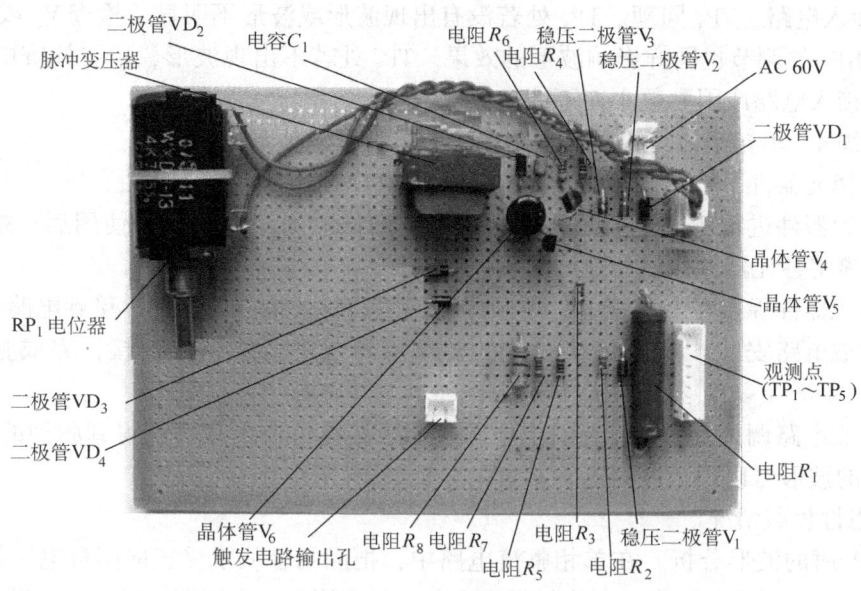

图 1-20 单结晶体管触发电路电路板

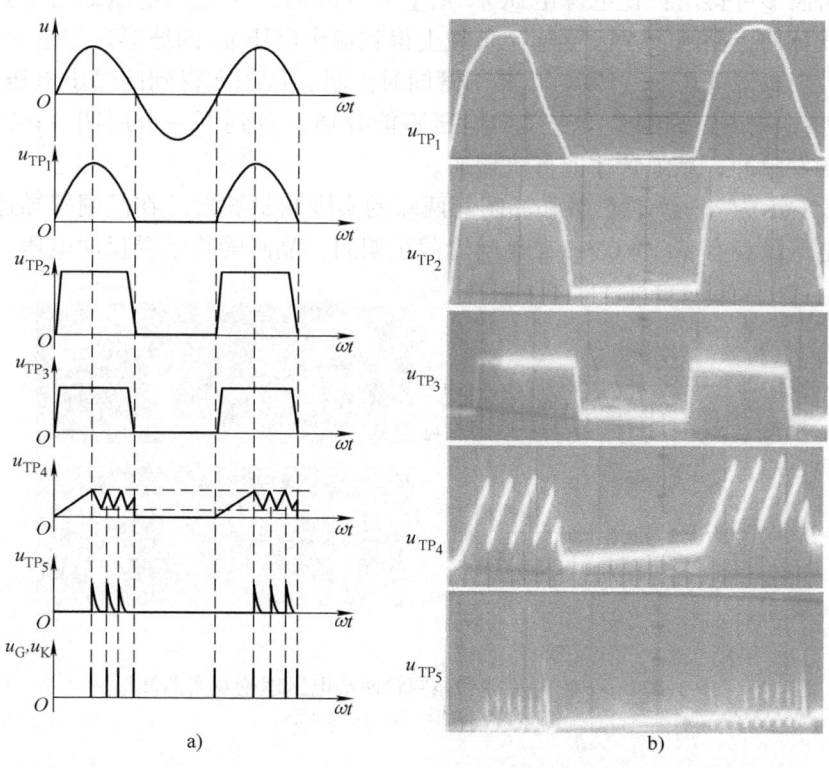

图 1-21 单结晶体管触发电路在 $\alpha=90°$ 时各点的理论及实测电压波形
a) 理论波形　b) 实测波形

2)调试过程。在调试过程中,若 TP_1 处是正弦波,则说明 VD_1 没有起到半波整流的作用,可查 VD_1 是否接入电路。TP_2 处若没有削波,且波形和 TP_1 相同,则用万用表检查 V_1 和 V_2 是否接入电路。TP_3 同理。TP_4 处若没有出现波形或波形不明显,检查 V_4 或 V_5 的引脚是否接错,RP_1 的调节也同样影响波形的效果。TP_5 处若不出现波形,主要检查电容 C_1,检查其是否未接入电路或因参数小而不能充放电。

技能训练 4 单相半波可控整流电路的安装、调试及波形分析

(1) 选择元器件 按照图 1-3a,对应表 1-2 选择元器件。

(2) 对元器件进行测试 对元器件进行简单测试,确保能够正常使用后,根据电路板上焊孔的距离将各元器件作成相应的形状。

(3) 将元器件焊接在电路板上 按照焊接工艺的要求将各元器件焊接到电路板上。

(4) 完成电路安装 按照焊接工艺的要求用导线进行线路的连接,完成整个电路的安装。

(5) 完成电路调试及波形分析 当电源接通后,便可在负载两端得到脉动的直流电压,其输出电压的波形可以用示波器进行测量,分析如下:

1) 电阻性负载情况。

① $\alpha=0°$ 时的波形分析。在单相整流电路中,把晶闸管从承受正向阳极电压起到受触发脉冲触发而导通之间的电角度 α 称为触发延迟角。晶闸管在一个周期内导通时间对应的电角度用 θ 表示,称为导通角,且 $\theta=\pi-\alpha$。图 1-22a 所示为 $\alpha=0°$ 时负载和晶闸管两端的理论波形。

通过分析波形可得出:在电源电压 u_2 正半周区间内,在电源电压的过零点,即 $\alpha=0°$ 时刻加入触发脉冲,晶闸管 VT_1 导通,负载上得到输出电压 u_d 的波形是与电源电压 u_2 相同形状的波形;当电源电压 u_2 过零时,晶闸管同时关断,负载上得到的输出电压 u_d 为零;在电源电压 u_2 负半周内,晶闸管承受反向电压不能导通,直到下一个周期 $\alpha=0°$ 时,触发电路再次加入触发脉冲,晶闸管才能再次导通。

图 1-22b 所示为 $\alpha=0°$ 时负载和晶闸管两端的实际测量波形。在晶闸管导通期间,忽略晶闸管的管电压降,有 $u_{VT_1}=0V$;在晶闸管截止期间,晶闸管将承受反向电压。

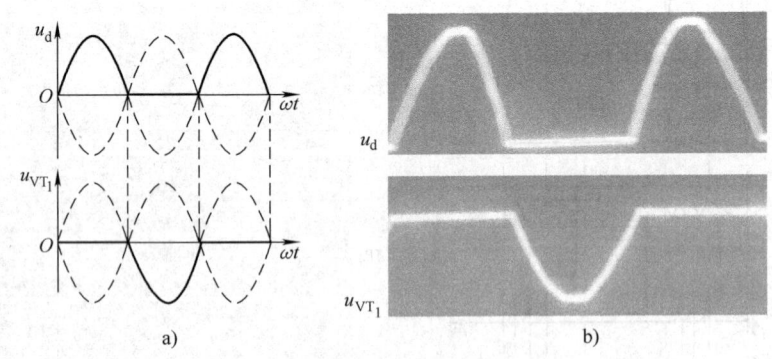

图 1-22 $\alpha=0°$ 时负载和晶闸管两端电压理论及实测波形
a) 理论波形 b) 实测波形

② $\alpha=30°$ 时的波形分析。改变晶闸管的触发时刻,即改变触发延迟角 α 的大小即可改变输出电压的波形,图 1-23 所示为 $\alpha=30°$ 时负载和晶闸管两端电压理论及实测波形。当

α=30°时，晶闸管承受正向电压，此时加入触发脉冲，晶闸管导通，负载上得到输出电压 u_d 的波形与电源电压 u_2 的波形相同；当电源电压 u_2 为负半周时，晶闸管承受反向电压而关断，负载上得到的输出电压 u_d 为零；从电源电压过零点到 α=30°之前的区间内，虽然晶闸管已经承受正向电压，但由于没有触发脉冲，晶闸管依然处于截止状态。

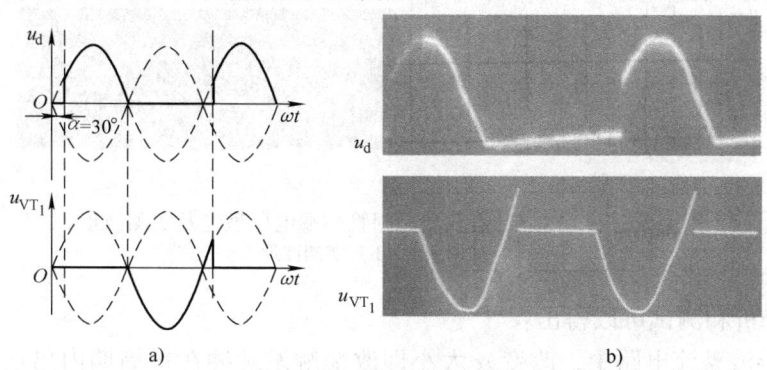

图 1-23　α=30°时负载和晶闸管两端电压理论及实测波形
a）理论波形　b）实测波形

③ 不同触发延迟角 α 下的工作波形分析。

继续改变触发脉冲的加入时刻，可以分别得到触发延迟角 α 为 60°、90°、120°时负载和晶闸管两端电压理论波形与实测波形，如图 1-24、图 1-25、图 1-26 所示。

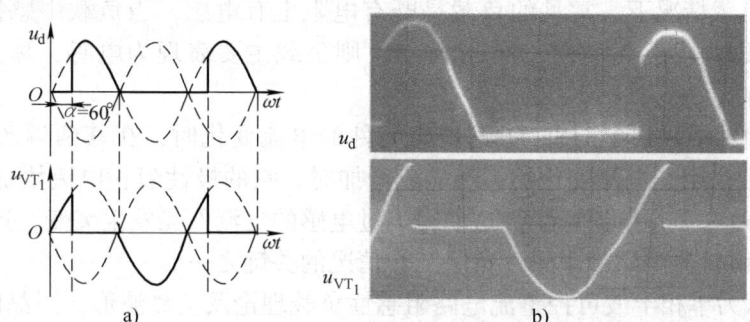

图 1-24　α=60°时负载和晶闸管两端电压理论及实测波形
a）理论波形　b）实测波形

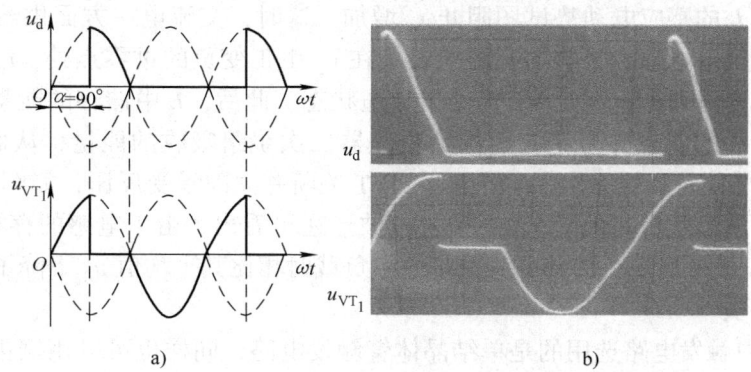

图 1-25　α=90°时负载和晶闸管两端电压理论及实测波形
a）理论波形　b）实测波形

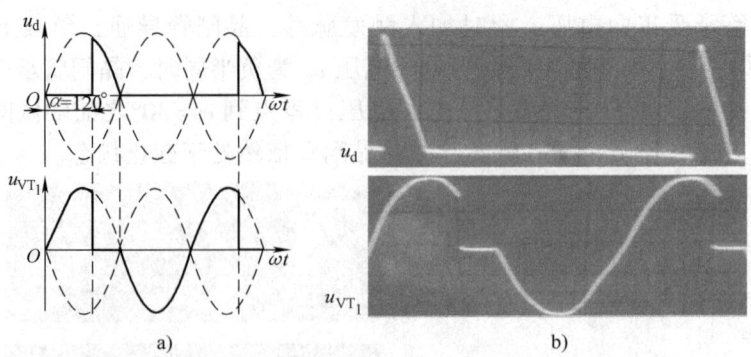

图 1-26　α = 120°时负载和晶闸管两端电压理论及实测波形
a）理论波形　b）实测波形

由以上的分析和测试可以得出：

a. 在单相半波整流电路中，改变 α 大小即改变触发脉冲在每周期内出现的时刻，u_d 和 i_d 的波形也随之改变，但是直流输出电压瞬时值 u_d 的极性不变，其波形只在 u_2 的正半周出现，这种通过对触发脉冲的控制来实现改变直流输出电压大小的控制方式称为相位控制方式，简称相控方式。

b. 理论上移相范围是 0°~180°，但在本节中若要实现移相范围达到 0°~180°，则需要改进触发电路以扩大移相范围。

2）阻感性负载情况下。常见的负载是既有电阻也有电感，当负载中感抗 ωL 与电阻 R 相比不可忽略时即为阻感性负载。若 $\omega L \gg R$，则负载主要表现为电感，称为电感性负载，例如电动机的励磁绕组。

电感对电流变化有抗拒作用。流过电感元件的电流变化时，在其两端产生感应电动势 $L di/dt$，它的极性是阻止电流变化的。当电流增加时，它的极性阻止电流增加；当电流减小时，它的极性反过来阻止电流减小。这使得流过电感的电流不能发生突变，这是阻感性负载的特点，也是理解整流电路带阻感性负载工作情况的关键之一。

图 1-27 所示为单相半波可控整流电路阻感性负载理论及实测波形。当晶闸管 VT 处于截止状态时，电路中电流 $i_d = 0$，负载上电压为 0，u_2 全部加在 VT 两端。在 ωt_1 时刻，即触发延迟角 α 处，触发 VT 使其开通，u_2 加于负载两端，因电感 L 的存在使 i_d 不能突变，i_d 从 0 开始增加，同时 L 的感应电动势试图阻止 i_d 增加。这时，交流电一方面供给电阻 R 消耗的能量，另一方面供给电感 L 吸收的磁场能量。在 u_2 由正变负的过零点处，i_d 已经处于减小的过程中，但尚未降到零，因此 VT 仍处于导通状态。此后，L 中储存的能量逐渐释放，一方面供给电阻消耗的能量，另一方面供给变压器二次绕组吸收的能量，从而维持 i_d 流动。至 ωt_2 时刻，电感能量释放完毕，i_d 降至零，VT 关断并立即承受反压，如图 1-27 中晶闸管 VT 两端电压 u_{VT} 波形所示。由图 1-27 中的 u_d 波形还可看出，由于电感的存在延迟了 VT 的关断时刻，使 u_d 波形出现负的部分，与带电阻负载时相比其平均值 u_d 下降了。

三、注意事项

1）在本节中触发电路选用的是单结晶体管触发电路，同样也可以用锯齿波同步移相触发电路来完成。

2）为避免晶闸管意外损坏，实测时要注意以下几点：

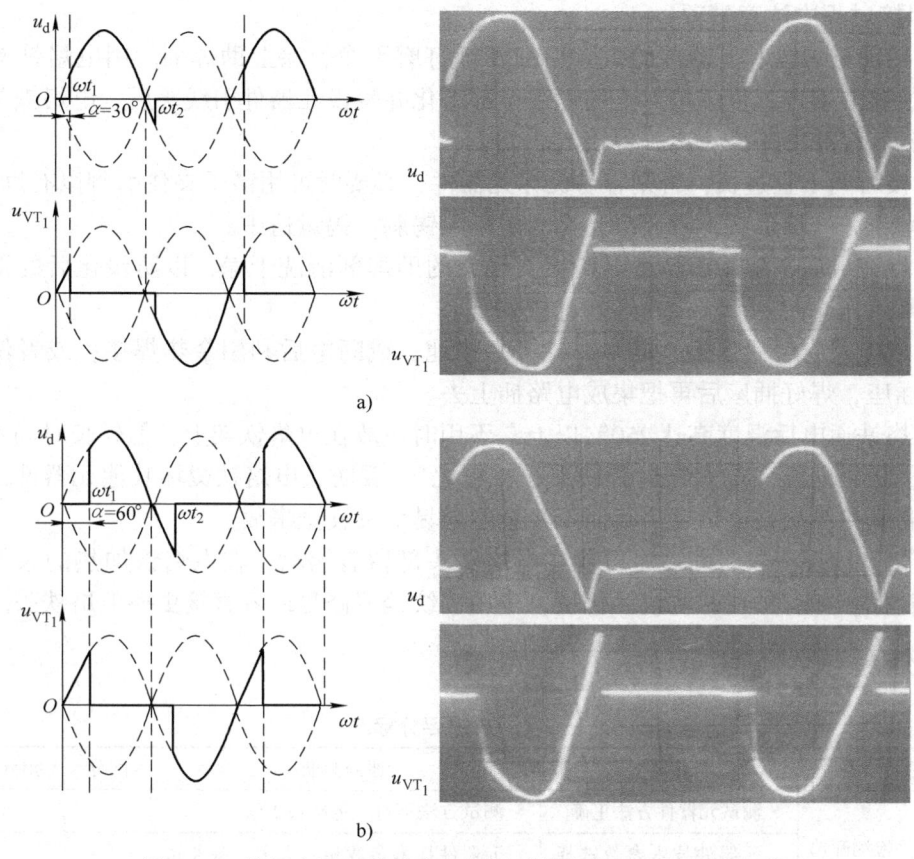

图 1-27 单相半波可控整流电路阻感性负载理论及实测波形
a) $\alpha = 30°$ b) $\alpha = 60°$

① 在主电路未接通时，首先要调试触发电路，只有触发电路工作正常后，才可以接通主电路。

② 在接通主电路前，必须先将控制电压调到零，且将负载电阻调到最大阻值处；接通主电路后，才可逐渐加大控制电压，避免出现过电流。

③ 要选择合适的负载电阻和电感，避免出现过电流。在无法确定的情况下，应尽可能选用大的电阻值。

3) 由于晶闸管持续工作时，需要有一定的维持电流，故要使晶闸管主电路可靠工作，其通过的电流不能太小，否则可能会造成晶闸管时断时续，工作不可靠。在本课题中，要保证晶闸管正常工作，负载电流必须大于 50mA 以上。

4) 使用电感时要注意其通过的电流不要超过 1A，以保证线性。

5) 双踪示波器有两个探头，可同时观测两路信号，但这两探头的地线都与示波器的外壳相连，所以两个探头的地线不能同时接在同一电路的不同电位的两个点上，否则这两点会通过示波器外壳发生短路。因此，为了保证测量的顺利进行，可将其中一个探头的地线取下或外包绝缘层，只使用其中一路的地线，这样从根本上解决了这个问题。当需要同时观察两个信号时，必须在被测电路上找到这两个信号的公共点，将探头的地线接于此处，探头各接至被测信号，只有这样才能在示波器上同时观察到两个信号，而不发生意外。

6）焊接过程中注意事项：

① 焊接前把焊盘和元器件的引脚用细砂纸打磨干净，涂上助焊剂。用电烙铁头蘸取适量焊锡，接触焊接点，待焊接点上的焊锡全部熔化并浸没元器件引线头后，电烙铁头沿着元器件的引脚轻轻往上一挑，离开焊接点。

② 焊接时间不宜过长，否则容易烫坏元器件，必要时可用镊子夹住引脚以有助于散热。焊接点应呈正弦波峰形状，表面应光亮圆滑，无锡刺，锡量适中。

③ 焊接完成后，要用酒精把电路板上残余的助焊剂清洗干净，以防炭化后的助焊剂影响电路正常工作。

④ 集成电路应最后焊接，电烙铁要可靠接地；或断电后利用余热焊接；或者使用集成电路专用插座，焊好插座后再把集成电路插上去。

⑤ 电烙铁通电后温度高达250℃以上，不用时应放在电烙铁架上，但较长时间不用时应切断电源，防止高温"烧死"电烙铁头（被氧化）。要防止电烙铁烫坏其他元器件，尤其是电源线，若其绝缘层被电烙铁烧坏而不注意便容易引发安全事故。

⑥ 电烙铁使用一段时间后，可能在电烙铁头部留有锡垢，在电烙铁加热的条件下，可以用湿布轻擦。如有出现凹坑或氧化块，应用细纹锉刀修复或者直接更换电烙铁头。

成绩评分标准（见表1-4）

表1-4 成绩评分标准

序号	主要内容	考核要求	评分标准	配分	扣分	得分
1	元器件检测筛选	测试元器件方法正确	测试方法不对，每次扣2分	5		
		元器件技术参数选择合理	元器件技术参数相差太大，每件扣2分	5		
2	元器件安装、焊接	元器件安装位置正确	元器件安装位置错误，每件扣3分	15		
		元器件焊接符合工艺要求	元器件排列不整齐，扣5分 元器件有虚焊、毛刺，每件扣3分	15		
3	调试电路	调试方法正确	示波器使用错误，扣10分 调试顺序错误，扣10分	20		
		正确给出观察点、波形	波形不正确，扣10分	20		
4	原理叙述	主电路工作原理	不会叙述，扣5分 叙述不全面，扣2~3分	5		
		触发电路工作原理	不会叙述，扣5分 叙述不全面，扣2~3分	5		
		同步的原理	不会叙述，扣5分 叙述不全面，扣2~3分	10		
5	安全文明生产	工具、仪表完好无损	凡有损坏，酌情扣5~10分	从总分中扣5~10分		
		安全生产文明操作	有违反安全操作者，酌情扣5~10分 对发生事故者扣50分			
备注			合计	100		
			教师签字		年　月　日	

习题

1. 填空题

1）晶闸管由_____层半导体构成,有_____个 PN 结,其三个引出极分别为_____、_____和_____。

2）晶闸管是一种由_____制成的大功率半导体器件。

3）用万用表 $R \times 100$ 挡,将黑表笔接晶闸管的阳极,红表笔接晶闸管的阴极,测量结果为_____。

4）晶闸管具有_____阻断性和_____阻断性。

5）晶闸管一经触发导通后,门极完全失去_____作用。

2. 问答题

1）晶闸管的导通条件是什么?具有哪些特性?

2）什么叫触发延迟角?什么叫导通角?什么叫相位控制方式?

3）什么是晶闸管装置的同步或定相?

3. 计算题

1）接有续流二极管的单相半波可控整流电路,带大电感负载 $R = 5\Omega$,变压器二次电压 $u_2 = 220V$。试计算当触发延迟角 α 分别为 30°和 60°时,流过晶闸管和续流二极管中电流的平均值和有效值;在什么情况下,流过续流二极管的电流平均值大于流过晶闸管的电流平均值?

2）单相半波可控整流电路电阻性负载 $R = 10\Omega$,输入交流电压 $u_2 = 220V$。求:①计算触发延迟角 $\alpha = 0°$时输出电压和负载电流的大小,并考虑 2 倍的余量,选择晶闸管的型号;②计算触发延迟角 $\alpha = 60°$时输出电压和负载电流的大小。

项目 1.2 单相桥式全控整流电路

单相半波可控整流电路,虽具有线路简单、投资小及调试方便等优点,但因电源电压仅有半周工作,其整流输出直流电压脉动大,设备利用率不高等缺点,一般仅适用于对整流指标要求低、容量小的可控整流装置。为了使交流电源电压 u_2 的另一半周期也能向负载输出同方向的直流电压,既减少了输出电压 u_d 波形的脉动,又能提高输出直流电压平均值,常采用单相桥式全控整流电路。

项目目的

1）掌握单相桥式全控整流电路电阻性负载及阻感性负载的工作原理。

2）能够根据要求计算电路参数,并选择元器件。

项目内容

能够独立完成单相桥式全控整流电路的安装与调试。

相关知识点析

一、单相桥式全控整流电路的工作原理

图 1-28 所示为单相桥式全控整流电路。它由晶闸管 VT_1、VT_3、VT_4、VT_6,负载电阻 R

及 TCA785 锯齿波移相触发电路组成。

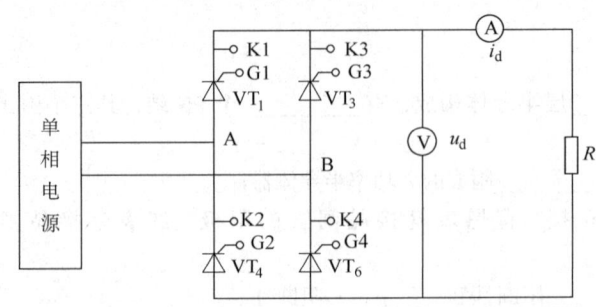

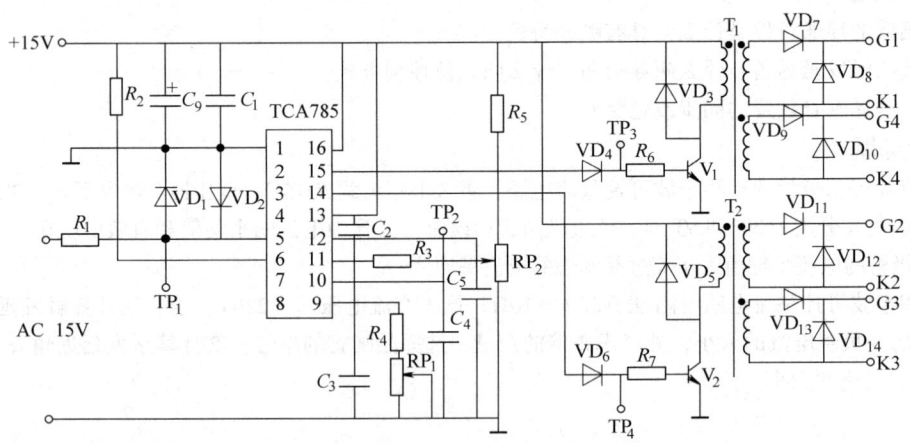

图 1-28 单相桥式全控整流电路

1. 电阻性负载

设 u_d、i_d 为整流输出电压和负载电流的瞬时值，u_2 为单相电源输出电压；u_{VT}、i_{VT} 分别为晶闸管两端电压和流过晶闸管电流的瞬时值。触发信号用 TCA785 锯齿波移相触发电路。

当电压 u_2 为正半周时，A 端电位高于 B 端电位，两只晶闸管 VT_1、VT_6 同时承受正向电压，如果此时门极无触发信号则两只晶闸管均处于正向阻断状态。忽略晶闸管的正向漏电流，电源电压 u_2 将全部加在 VT_1、VT_6 上。当 $\omega t = \alpha$ 时，给 VT_1、VT_6 同时加触发脉冲，两只晶闸管立即被触发导通，电源电压 u_2 将通过 VT_1、VT_6 加在负载电阻 R 上，负载电流 i_d 从电源 A 端经 VT_1、电阻 R、VT_6 回到电源的 B 端。在 u_2 正半周期，VT_3、VT_4 均承受反向电压而处于阻断状态。由于设晶闸管导通时管压降为零，则负载 R 两端的整流电压 u_d 与电源电压 u_2 正半周的波形相同。当电源电压 u_2 降到零时，电流 i_d 也降为零，VT_1 和 VT_6 关断。

在 u_2 的负半周，B 端电位高于 A 端电位，VT_3、VT_4 承受正向电压获得与 u_2 正半周相同波形的整流电压和电流，这期间 VT_1 和 VT_6 均承受反向电压而处于阻断状态。当 u_2 过零重新变正时，VT_3、VT_4 关断，u_d、i_d 又降为零。此后 VT_1、VT_6 又承受正向电压，当 $\omega t = \pi + \alpha$ 时，同时给 VT_3、VT_4 加触发脉冲使其导通，电流从 B 端经 VT_3、负载电阻 R 和 VT_4 回到电源 A 端，在 $\omega t = \pi + \alpha$ 时被触发导通。整流输出电压平均值为

$$U_d = \frac{1}{\pi}\int_{\alpha}^{\pi+\alpha}\sqrt{2}U_2\sin\omega t\,d(\omega t) = \frac{2\sqrt{2}U_2}{\pi}\frac{1+\cos\alpha}{2} = 0.9U_2\frac{1+\cos\alpha}{2} \qquad (1\text{-}13)$$

单相桥式全控整流电路阻性负载波形如图 1-29 所示。

通过对电路工作原理的分析可知，在交流电源电压 u_2 的正、负半周里，VT_1、VT_6 和 VT_3、VT_4 两组晶闸管轮流被触发导通，将交流电转变成脉动的直流电。改变 α 的大小，负载电压 u_d、负载电流 i_d 的波形及整流输出直流电压平均值均相应改变。晶闸管 VT_1 两端承受的电压 u_{VT_1} 的波形如图 1-29 所示，晶闸管在导通段管电压降 $u_{VT_1}\approx 0$（即 $\omega t = \alpha\sim\pi$），故其波形是与横轴重合的直线段，晶闸管承受的最高反向电压为 $-\sqrt{2}U_2$。假定两只晶闸管漏电阻相等，当晶闸管都处于在没有被触发导通期间，每个元器件承受的电压等于 $\pm\sqrt{2}U_2/2$，如图 1-29 中的 u_{VT_1} 波形的 $0\sim\alpha$ 区间。

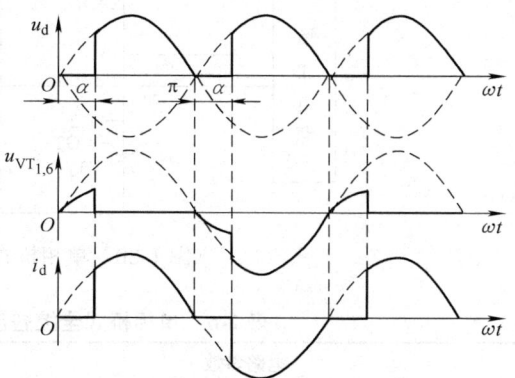

图 1-29 单相桥式全控整流电路阻性负载波形

单相桥式全控整流电路基本数量关系公式见表 1-5。

表 1-5 单相桥式全控整流电路基本数量关系公式

电路参数	计算公式
输出电压平均值	$U_d = 0.9U_2\dfrac{1+\cos\alpha}{2}$
负载电流平均值	$I_d = \dfrac{U_d}{R_d} = 0.9\dfrac{U_2}{R_d}\dfrac{1+\cos\alpha}{2}$
流过晶闸管的电流平均值	$I_{dVT} = \dfrac{1}{2}I_d$
流过晶闸管的电流有效值	$I_{VT} = \dfrac{1}{\sqrt{2}}I$
晶闸管最大耐压电压	$U_{TM} = \sqrt{2}U_2$

2. 阻感性负载

（1）不接续流二极管时（图 1-30 中开关 S_1 断开时） 单相半波可控整流电路用于大电感负载时，如果不并联续流二极管，无论如何调节触发延迟角 α，输出整流电压 u_d 波形的正、负面积几乎相等，负载直流平均电压 u_d 均接近于零。单相桥式全控整流阻感性负载电路的情况就截然不同，如图 1-31 所示，在 $0\leqslant\alpha<90°$ 时，虽然 u_d 波形也会出现负面积，但正面积总是大于负面积。当 $\alpha=0°$ 时，u_d 波形不出现负面积，为单相不可控桥式整流电路输出电压波形，其平均值为 $0.9U_2$。在这区间电路参数的计算公式见表 1-6。

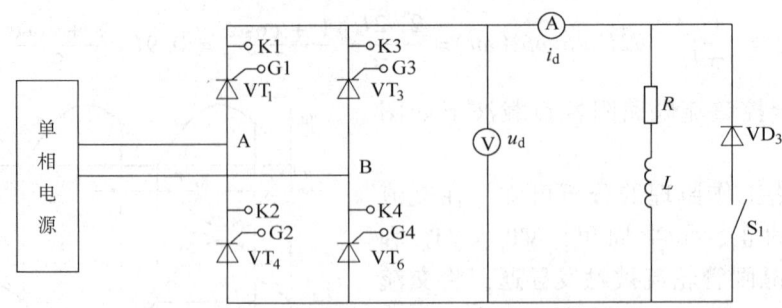

图 1-30 单相桥式全控整流阻感性负载电路

表 1-6 单相桥式全控整流阻感性负载电路参数的计算公式

电路参数	计算公式
输出电压平均值	$U_d = 0.9U_2\cos\alpha$
负载电流平均值	$i_d \approx I_d = U_d/R_d$
流过晶闸管的电流平均值、有效值	$I_{dVT} = \dfrac{\pi}{2\pi}I_d = \dfrac{1}{2}I_d \quad I_T = \sqrt{\dfrac{1}{2}}I_d$
晶闸管承受的最大电压	$U_{TM} = \pm\sqrt{2}U_2$

在 $\alpha = 90°$ 时，晶闸管被触发导通，一直要持续到下半周接近于 90°时才被关断，负载两端 u_d 波形正、负面积接近相等，平均值 U_d 近似为零，其输出电流波形是一条幅度很小的脉动直流。在 $\alpha > 90°$ 时，出现的 u_d 波形和单相半波电感性负载相似，无论如何调节 α，u_d 波形正、负面积都相等，且波形断续，此时输出电压平均值为零。可见，不接续流二极管时，α 的有效移相范围只能是 0°~90°。

（2）接续流二极管时（图 1-30 中开关 S_1 闭合时）　为了扩大移相范围，不让 u_d 波形出现负值以及使输出电流更加平稳，可在负载两端并联续流二极管。接续流二极管后，α 的移相范围可扩大到 0~π。α 在这区间内变化，只要电感量足够大，输出电流 i_d 就可以保持连续且平稳。在电源电压 u_2 过零变负时，续流二极管承受正向电压而导通，晶闸管承受反向电压被关断。这样 u_d 波形与电阻性负载相同，如图 1-32 所示。负载电流 i_d 是由晶闸管 VT_1 和 VT_6、VT_3 和 VT_4、续流二极管 VD_3 相继轮流导通而形成的。u_{VT} 波形与电阻性负载时相同。单相桥式全控整流阻感性负载并联续流二极管电路参数的计算公式见表 1-7。

3. 反电动势负载

被充电的蓄电池，以及正在运行的直流电动机的电枢（忽略电枢电感）等这类负载本身就是一个直流电源，对于可控整流电路来说，它们是反电动势负载，其等效电路用电动势 E 和负载电路电阻 R（电枢电阻）表示，负载电动势的极性如图 1-33a 所示。

整流电路接有反电动势负载时，只有当电源电压 u_2 大于反电动势 E 时，晶闸管才能被触发导通；当 $u_2 < E$ 时，晶闸管承受反向电压关断，如图 1-33b 所示。在晶闸管导通期间，输出整流电压 $u_d = E + i_d R_d$，在晶闸管关断期间，负载端电压保持原有电动势，故整流平均值电压较阻感性负载时大，这一点在实际应用电路中可很容易地测得。导通角 $\theta < \pi$，整流电流波形出现断续。

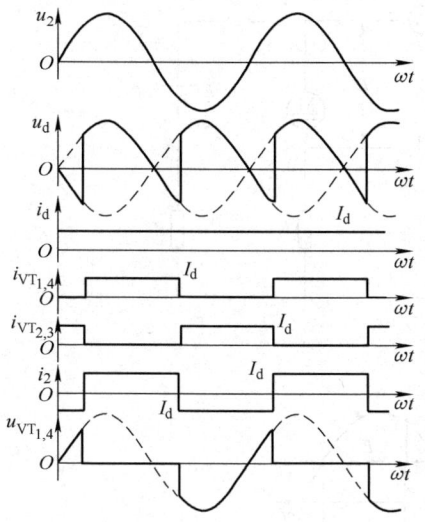 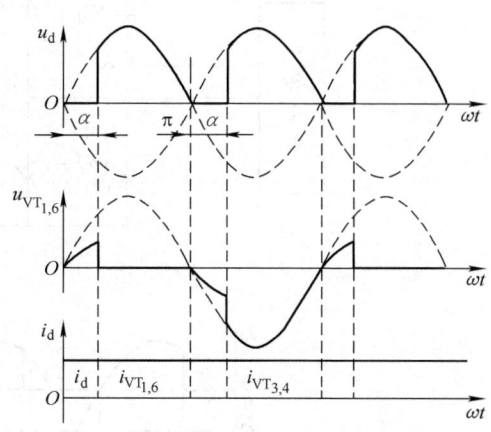

图 1-31 阻感性负载不接续流二极管波形　　图 1-32 阻感性负载接续流二极管波形

表 1-7　单相桥式全控整流阻感性负载并联续流二极管电路参数的计算公式

电路参数	计算公式
输出电压平均值	$U_\mathrm{d} = 0.9 U_2 \dfrac{1+\cos\alpha}{2}$
负载电流平均值	$I_\mathrm{d} = \dfrac{U_\mathrm{d}}{R_\mathrm{d}} = 0.9 \dfrac{U_2}{R_\mathrm{d}} \dfrac{1+\cos\alpha}{2}$
流过晶闸管的电流平均值	$I_\mathrm{dVT} = \dfrac{\pi-\alpha}{2\pi} I_\mathrm{d}$
流过晶闸管的电流有效值	$I_\mathrm{VT} = \sqrt{\dfrac{\pi-\alpha}{2\pi}} I_\mathrm{d}$
流过续流二极管的电流平均值	$I_\mathrm{dVD} = \dfrac{\alpha}{\pi} I_\mathrm{d}$
流过续流二极管的电流有效值	$I_\mathrm{VD} = \sqrt{\dfrac{\alpha}{\pi}} I_\mathrm{d}$
晶闸管最大耐压值	$U_\mathrm{TM} = \sqrt{2} U_2$
续流二极管最大耐压值	$U_\mathrm{TM} = \sqrt{2} U_2$

负载电流平均值为

$$I_\mathrm{d} = \frac{U_\mathrm{d} - E}{R_\mathrm{d}} \tag{1-14}$$

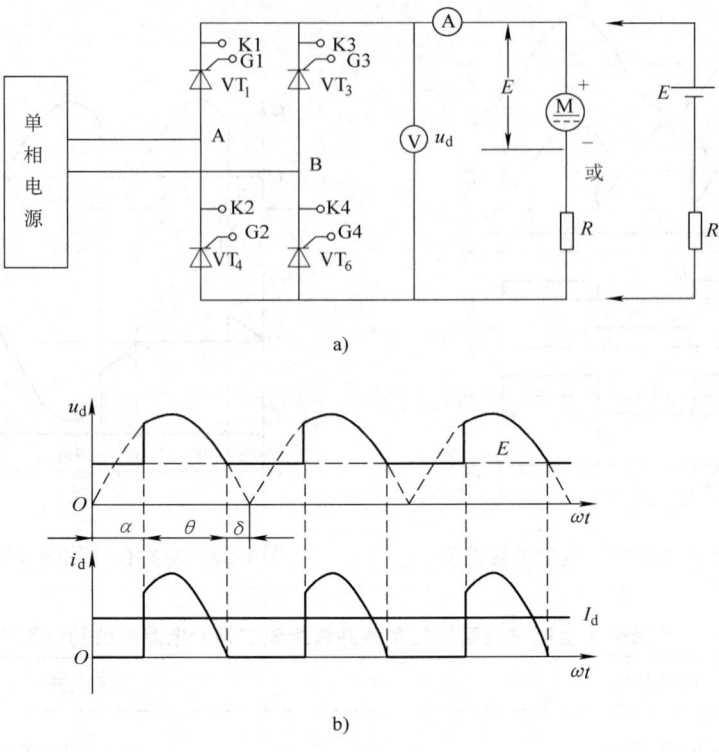

图 1-33 单相全控桥反电动势负载电路与波形
a) 电路 b) 波形

当整流输出直接带反电动势负载时,由于导通角 θ 小,电流断续。负载电路中的电阻小,若要求输出同样的平均值电流,则峰值电流变大,因而电流有效值将比平均值大很多倍。对于直流电动机负载来说,由于电流断续,随着 i_d 的增大,转速 n(反电动势 E)变化较大,相当于整流电源的内阻增大,较大的峰值电流在电动机换向时易产生火花;对于交流电源来说,因电流有效值大,要求电源的容量大,使功率因数变低。因此,在反电动势负载电路中一般要串联一个平波电抗器,如图 1-34a 所示的 L_d。

串入 L_d 之后,减小了电流的脉动并延长了晶闸管导通的时间,输出电压中交流分量降落在电抗器上,输出电流波形连续平直。与感性负载时的情况相似,当电感量足够大时,输出电流波形近似为一直线,大大地改善了整流装置及电动机的工作条件。其波形如图 1-34b 所示。

反电动势负载串联了平波电抗器之后,通常并联一只续流二极管,如图 1-34 所示。其分析方法与感性负载相同。

电路各参数计算公式除 I_d 外,$I_d = (U_d - E)/R_d$(R_d 包含平波电抗器内阻及电动机电枢电阻),其他均与感性负载情况相同。

单相桥式全控整流电路,具有输出电压脉动变化小、电压平均值大、整流变压器没有直流磁化及利用率高等优点,但使用的晶闸管较多,工作时要求桥臂两管同时导通,脉冲变压器二次侧要求有 3~4 个绕组,绕组间要承受耐压 U_2,绝缘性能要求较高。单相全控桥式整流电路较适合于在逆变电路中应用。

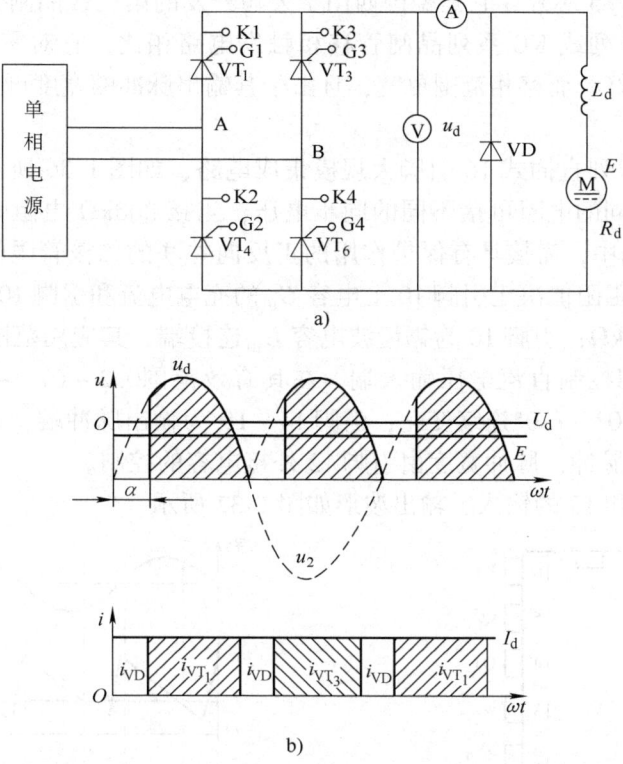

图 1-34 反电动势负载串联平波电抗器的电路及波形
a) 电路 b) 波形

二、触发电路

本节选择 TCA785 锯齿波移相触发电路为晶闸管提供触发脉冲,其电路如图 1-35 所示。

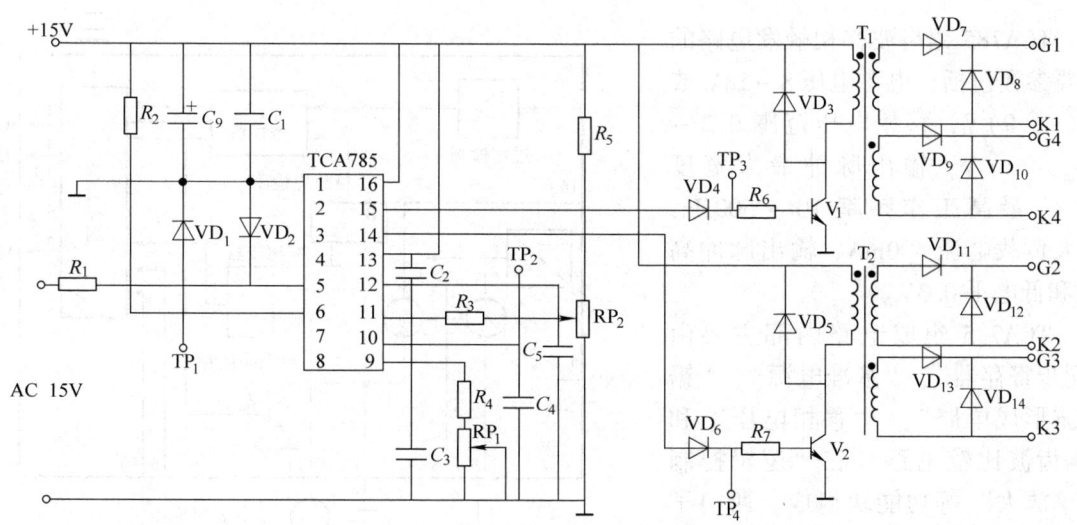

图 1-35 TCA785 锯齿波移相触发电路

电路中用到 TCA785 芯片，它是德国西门子公司开发的第三代晶闸管单片移相触发集成电路，与原有的 KJ 系列或 KC 系列晶闸管移相触发电路相比，它对零点的识别更加可靠，输出脉冲的齐整度更好，而移相范围更宽，且由于其输出脉冲的宽度可人为自由调节，所以适用范围更广。

TCA785 芯片为双列直插式 16 引脚大规模集成电路，如图 1-36 所示。其引脚 5 为同步电压输入端，通过不同的电阻可接不同的同步电压，当接 200kΩ 电阻时，同步电压可直接接交流 220V，在应用中，需接具有保护作用的正反向并联的二极管限幅电路；引脚 9 为锯齿波电阻连接端，电阻阻值决定引脚 10 上电容 C_{10} 的充电电流和引脚 10 锯齿波电压的高低，其应用范围为 3 ~ 300kΩ；引脚 10 为锯齿波电容 C_{10} 连接端，其应用范围在 500pF ~ 1F；引脚 11 为输出脉冲移相控制直流电压输入端，在其有效范围 $0.2 ~ (V_{cc} - 2)$V 内连续变化时，输出脉冲的相位可在 0°~180°连续变化；引脚 14、15 为输出脉冲端，该两端可输出宽度变化、相位互差 180°的脉冲，脉冲宽度由引脚 12 外接电容的控制。

引脚 5、10、14 和 15 的输入、输出波形如图 1-37 所示。

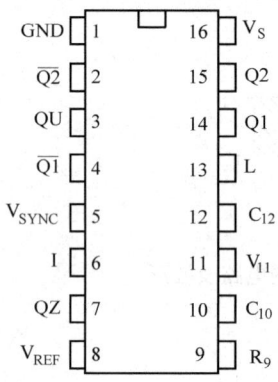

图 1-36 TCA785 芯片引脚

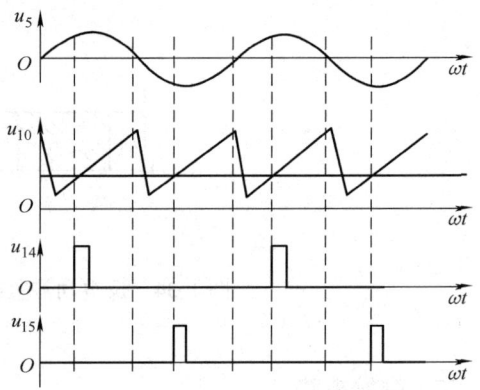

图 1-37 引脚 5、10、14 和 15 的输入、输出波形

TCA785 锯齿波移相触发电路的主要参数包括：电源电压 8 ~ 18V 或 ±(4 ~ 9)V，移相电压范围 0.2 ~ $(V_{cc} - 2)$V，输出脉冲最大宽度 180°，最高工作频率 10 ~ 500Hz，最大负载电流 400mA，输出脉冲高 V_{cc} 和低电平 0.3V。

TCA785 集成电路内部主要由"同步寄存器"、"基准电源"、"锯齿波形成电路"、"移相电压"和"锯齿波比较电路"和"逻辑控制功率放大"等功能块组成。西门子 TCA785 集成电路的内部框图如图 1-38 所示。

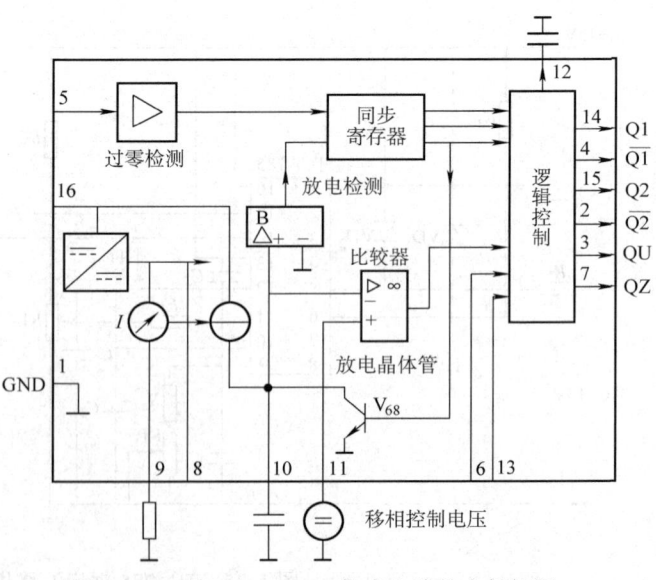

图 1-38 西门子 TCA785 集成电路的内部框图

设备、工具和材料准备

（1）工具　电工通用工具、电烙铁、镊子等。
（2）仪表　MF47型万用表、双踪示波器。
（3）器材　训练器材见表1-8、表1-9。

表1-8　主电路训练器材

序号	符号	名称	型号与规格	件数
1	$VT_1 \sim VT_4$	晶闸管	KP1-8	4
2	R	电阻	900Ω	2
3	L	电感	700mH	1
4	VD	二极管	1N5408	1

表1-9　触发电路训练器材

序号	符号	名称	型号与规格	件数
1	R_1	电阻	10kΩ	1
2	R_2、R_3	电阻	4.7kΩ	2
3	R_4	电阻	220Ω	1
4	R_5	电阻	10kΩ	1
5	R_6	电阻	3.3kΩ	1
6	R_7	电阻	12kΩ	1
7	R_8	电阻	6.8kΩ	1
8	R_9、R_{11}	电阻	6.2kΩ	2
9	R_{10}	电阻	30kΩ	1
10	R_{12}	电阻	100Ω	1
11	RP_1、RP_2	电位器	4.7kΩ	2
12	RP_3	电位器	2.2kΩ	1
13	C_1、C_2	电容	1μF	2
14	C_3	电容	0.1μF	1
15	C_4	电容	0.047μF	1
16	C_5	电容	0.47μF	1
17	$VD_1 \sim VD_{10}$	二极管	1N4007	10
18	V_1	稳压二极管	1N4738	1
19	V_2	晶体管	9012	1
20	V_3、V_4、V_5、V_6	晶体管	9013	4
21	V_7	晶体管	3DK4C	1
22	TCA785	集成芯片	TCA785	1
23	$VD_{11} \sim VD_{14}$	二极管	1N4007	4

操作步骤

一、技能训练要求

1）根据要求完成元器件选择。

2）在规定的时间内完成电路的安装、焊接、调试等工作,并应符合焊接和电气安装的工艺要求。

二、技能训练内容

技能训练1　TCA785锯齿波移相触发电路的安装、调试及波形分析

1）按照图1-39所示对应表1-9选择元器件。

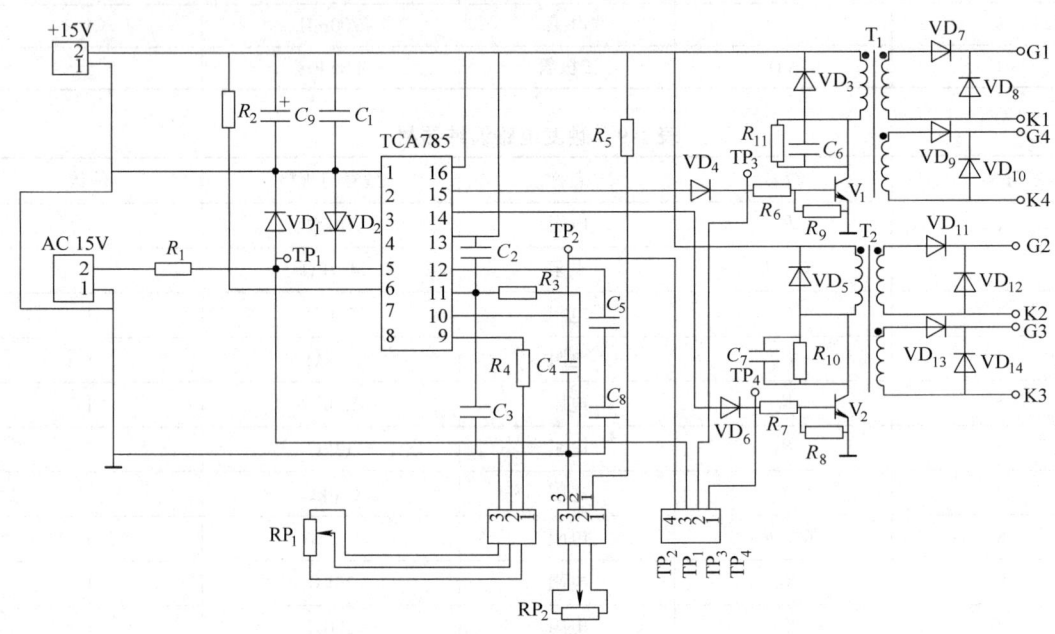

图1-39　TCA785锯齿波移相触发电路接线

2）对元器件进行简单测试,确保能够正常使用后,根据电路板上焊孔的距离将各元器件作成相应的形状。

3）按照焊接工艺的要求,参照图1-39所示接线将各元器件焊接到电路板上。

4）按照焊接工艺的要求用导线进行线路的连接,完成触发电路的安装。图1-40所示为完成安装的电路板。

5）TCA785锯齿波移相触发电路的调试。同步信号从TCA785集成电路的引脚5输入,"过零检测"部分对同步电压信号进行检测,当检测到同步信号过零时,信号送"同步寄存器"。"同步寄存器"输出控制锯齿波发生电路,锯齿波的斜率大小由引脚9外接电阻和引脚10外接电容决定;输出脉冲宽度由引脚12外接电容的大小决定;引脚14、15输出对应负半周和正半周的触发脉冲,移相控制电压从引脚11输入。电位器RP_1主要调节锯齿波的斜率,电位器RP_2则调节输入的移相控制电压,脉冲从引脚14、15输出,输出的脉冲恰好互差180°。图1-41所示为触发电路各观察点的实际波形。

模块一 单相整流电路　　31

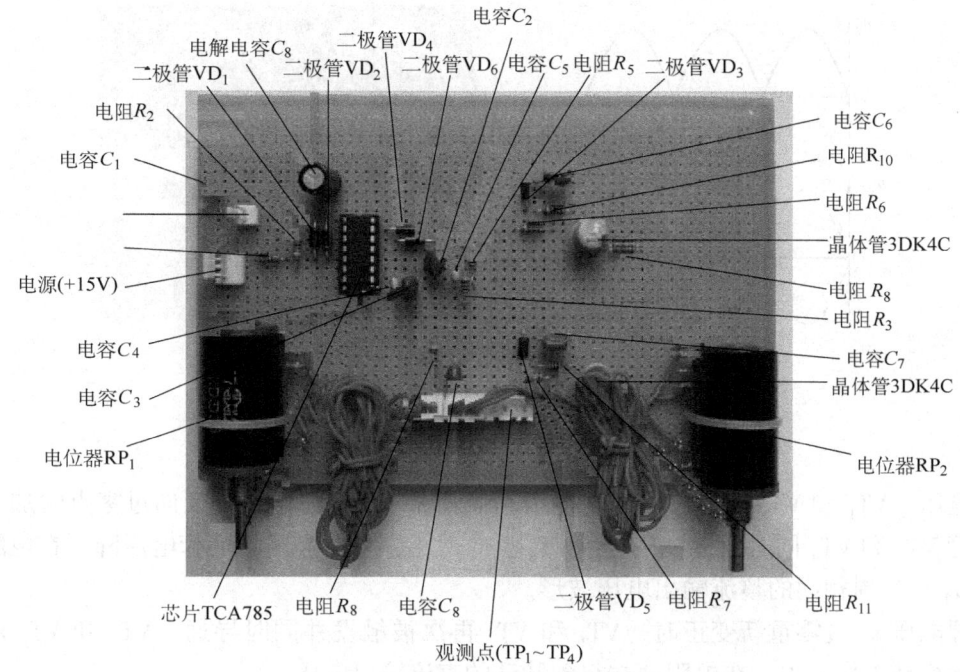

图 1-40　TCA785 锯齿波移相触发电路的电路板

技能训练 2　单相桥式全控整流电阻性负载电路的安装、调试及波形分析

1）按照图 1-39 所示对应表 1-8 选择元器件。

2）对元器件进行简单测试，确保能够正常使用后，根据电路板上焊孔的距离将各元器件作成相应的形状。

3）按照焊接工艺的要求将各元器件焊接到电路板上。

4）按照焊接工艺的要求用导线进行线路的连接，完成整个电路的安装。

5）完成电路调试及波形分析。当电源接通后，便可在负载两端得到脉动的直流电压，其输出电压的波形可以用示波器进行测量，分析如下：

① $\alpha=0°$ 时的波形分析。图 1-42 所示为 $\alpha=0°$ 时负载和晶闸管两端理论及实测波形。在图 1-42 中电源电压正半周区间内，A 端处于高电位而 B 端处于低电位，此时晶闸管 VT_1 和 VT_6 同时承受正向电压，VT_3 和 VT_4

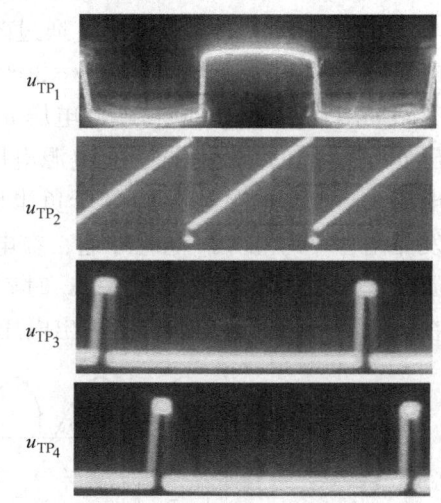

图 1-41　TCA785 锯齿波移相触发电路各观察点的实际波形

同时承受反向电压，触发脉冲在电源电压的过零点，即 $\alpha=0°$ 时刻加入，VT_1 和 VT_6 同时导通，忽略晶闸管的管电压降，电源电压 u_2 全部加在负载两端，整流输出的电压波形 u_d 与电源电压 u_2 正半周的波形相同。

当 u_2 在负半周时，B 端处于高电位而 A 端处于低电位，此时晶闸管 VT_3 和 VT_4 同时承

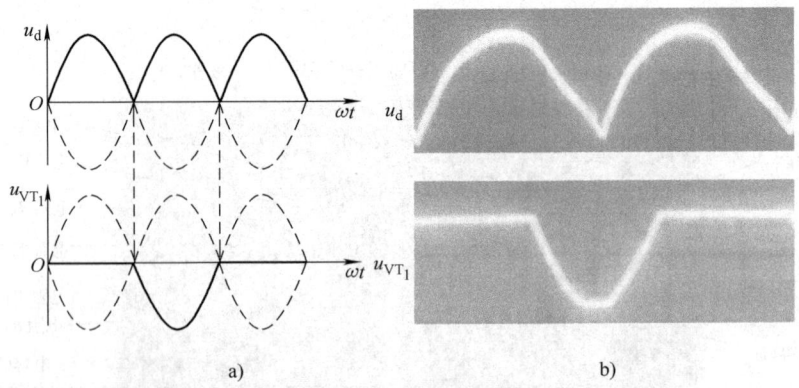

图 1-42　α = 0°时负载和晶闸管两端理论及实测波形
a) 理论波形　b) 实测波形

受正向电压，VT_1 和 VT_6 同时承受反向电压，触发脉冲在电源电压的反向过零点时加入，触发晶闸管 VT_3 和 VT_4 同时导通，VT_1 和 VT_6 反向截止，忽略晶闸管的管电压降，在电阻两端获得与 u_2 正半周相同的整流输出电压波形。

电源电压 u_2 过零重新变正时，VT_1 和 VT_6 再次被触发并同时导通，VT_3 和 VT_4 截止关断。如此循环工作下去，在电阻两端得到脉动的直流输出电压。

在一个周期内晶闸管 VT_1、VT_6 和 VT_3、VT_4 是交替轮流导通的，以共阴极的两只晶闸管为例，当晶闸管 VT_1 导通时，忽略晶闸管的管电压降，晶闸管两端的电压近似为零；在晶闸管 VT_1 截止期间，由于 VT_3 处于导通状态，因此截止的晶闸管将承受 u_2 的全部反向电压。

② α = 30°时的波形分析。通过改变触发延迟角 α 的大小可以改变输出电压的波形。当电源电压 u_2 处于正半周，在 α = 30°（$ωt_1$ 时刻）时加入触发脉冲，使 VT_1 和 VT_6 同时导通，忽略晶闸管的管电压降，电源电压 u_2 全部加在电阻两端，整流输出的电压波形 u_d 与电源电压 u_2 正半周的波形相同；在电源电压 u_2 过零（$ωt_2$ 时刻）时，晶闸管 VT_1 和 VT_6 承受反向电压关断；当电源电压 u_2 处于负半周时，在相同的触发延迟角 α = 30°（$ωt_3$ 时刻）时，触发晶闸管 VT_3 和 VT_4 同时导通，在电阻两端获得与 u_2 正半周相同的整流输出电压波形，电源电压 u_2 过零重新变正时（$ωt_4$ 时刻），VT_3 和 VT_4 承受反向电压关断。如此循环工作下去，在电阻两端得到脉动的直流输出电压，如图 1-43 所示。

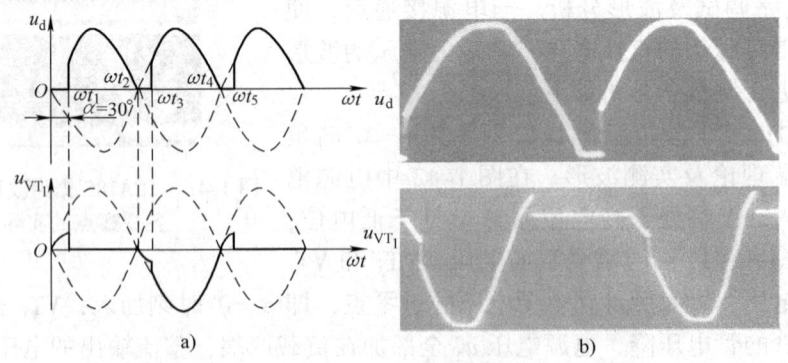

图 1-43　α = 30°时负载和晶闸管两端理论及实测波形
a) 理论波形　b) 实测波形

由图 1-43 可以看出,在一个周期内整个波形也分为 4 个部分:在 $0 \sim \omega t_1$,电源电压 u_2 正半周,触发脉冲尚未加入,VT_1、VT_3、VT_4、VT_6 均处于截止状态,如果共阴极的两只晶闸管 VT_1、VT_6 的漏电阻相等,则晶闸管 VT_1 承担 1/2 的电源电压 u_2,在 $\omega t_1 \sim \omega t_2$,晶闸管 VT_1 导通,忽略管电压降,晶闸管两端的电压 $u_{vt_1} \approx 0$;在 $\omega t_2 \sim \omega t_3$,由于晶闸管均处于截止状态,使得晶闸管 VT_1 承担 1/2 的电源电压 u_2;在 $\omega t_3 \sim \omega t_4$,当晶闸管 VT_3 被触发导通后,VT_1 将承受 u_2 的全部反向电压。

③ 不同触发延迟角 α 下的电路工作波形分析。通过改变触发脉冲的加入时刻,可以分别得到触发延迟角 α 为 60°、90°时负载和晶闸管两端理论及实测波形,分别如图 1-44、图 1-45 所示。

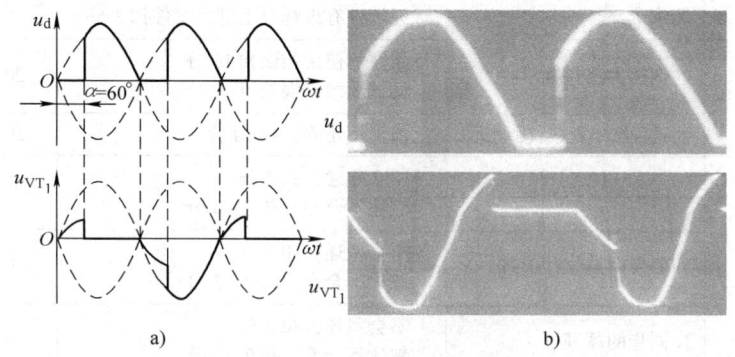

图 1-44　$\alpha = 60°$时负载和晶闸管两端理论及实测波形
a) 理论波形　b) 实测波形

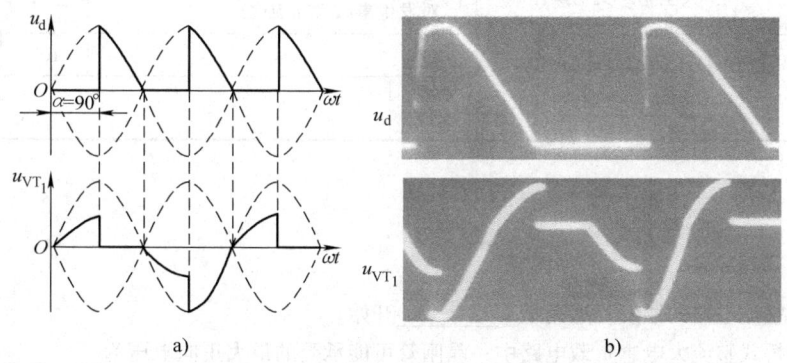

图 1-45　$\alpha = 90°$时负载和晶闸管两端理论及实测波形
a) 理论波形　b) 实测波形

由以上的分析和测试可以得出:

1) 在单相桥式全控整流电阻性负载电路中,两组晶闸管(VT_1、VT_6 和 VT_3、VT_4)是在相位上互差 180°轮流导通,将交流电转变成脉动的直流电。

2) 晶闸管 VT_1 与 VT_3 的阴极接在一起,构成共阴极接法,VT_6 与 VT_4 的阳极连接在一起,构成共阳极接法。在晶闸管导通期间,管电压降约等于零,其波形为一条与横轴重合的直线;当处于同一组的另一只晶闸管导通时,晶闸管将承受 u_2 的全部反向电压;当四只晶闸管都处于截止状态时,如果晶闸管的漏电阻相等,则晶闸管承担电源电压 u_2 的 1/2。

3) 单相桥式全控整流电阻性负载电路的移相范围为 0°~180°。

成绩评分标准（见表1-10）

表1-10 成绩评分标准

序号	主要内容	考核要求	评分标准	配分	扣分	得分
1	元器件检测筛选	测试元器件方法正确	测试方法不对，每次扣2分	5		
		元器件技术参数选择合理	元器件技术参数相差太大，每件扣2分	5		
2	元器件安装、焊接	元器件安装位置正确	元器件安装位置错误，每件扣3分	15		
		元器件焊接符合工艺要求	元器件排列不整齐，扣5分 元器件有虚焊、毛刺，每件扣3分	15		
3	调试电路	调试方法正确	示波器使用错误扣10分 调试顺序错误扣10分	20		
		正确给出观察点、波形	波形不正确，扣10分	20		
4	原理叙述	主电路工作原理	不会叙述，扣5分 叙述不全面，扣2~3分	5		
		触发电路工作原理	不会叙述，扣5分 叙述不全面，扣2~3分	5		
		同步的原理	不会叙述，扣5分 叙述不全面，扣2~3分	10		
5	安全文明生产	工具、仪表完好无损	凡有损坏，酌情扣5~10分	从总分扣5~10分		
		安全生产文明操作	有违反安全操作者，酌情扣5~10分 对发生事故者扣50分			
备注			合计	100		
			教师签字		年 月 日	

习题

1. 填空题

1) 单相桥式整流电路的触发延迟角从_____开始。
2) 单相全控桥式整流大电感负载电路中，晶闸管可能承受的最大正向电压为_____。
3) 单相全控桥式整流电阻性负载电路中，晶闸管可能承受的最大正向电压为_____。
4) 单相桥式全控整流大电感负载电路中，触发延迟角 α 的移相范围是_____。
5) 单相桥式全控整流电路带阻感性负载时，触发延迟角为_____时，$u_d = 0$。

2. 问答题

1) 在单相桥式全控整流电路中，如果有一只晶闸管因过电流而烧断，该电路的工作情况将如何？如果这只晶闸管被短路，该电路的工作情况又会如何？
2) 简述脉冲变压器的作用是什么？

3. 计算题

1) 某单相桥式全控整流电路，带大电感负载，变压器二次电压 $u_2 = 220\text{V}$，$R = 2\Omega$，触发延迟角 $\alpha = 30°$ 时，求：①画出输出电压 u_d 和输出电流 i_d；②计算整流电路输出平均电压 U_d、平均电流 I_d 及变压器二

次电流有效值 I_2；③考虑 2 倍安全裕量，选择晶闸管的额定电压、额定电流值。

2）单相桥式全控整流电路，带大电感负载，$u_2 = 220\text{V}$，$R = 2\Omega$，求晶闸管的额定电流和额定电压。

项目 1.3　单相桥式半控整流电路

在整流电路中采用晶闸管，是为了利用它控制导通的时刻和电流通路的路径。如果只为了整流而对控制特性无特殊要求，每个桥路中只要有一只晶闸管就能控制导通的时刻，另一只采用不可控的整流二极管以限定电流的路径，这样就组成了单相桥式半控整流电路。单相桥式半控整流电路与单相桥式全控整流电路相比，较为经济，触发装置也相对简单一些，在中小容量的可控整流装置中得到了广泛应用。本节主要介绍电阻性负载和阻感性负载的单相桥式半控整流电路。

项目目的

1）掌握单相桥式半控整流电路电阻性负载及阻感性负载时的工作原理。
2）能够根据要求计算电路参数，并选择元器件。

项目内容

能够独立完成电路的安装与测量，并调试出电路在电阻性负载及阻感性负载时的波形。

相关知识点析

单相桥式半控整流电路的工作原理：图 1-46 所示为单相桥式半控整流电路。它由晶闸管 VT_1 和 VT_3、二极管 VD_1 和 VD_2、负载电阻 R 及锯齿波同步移相触发电路组成。单相半控桥式整流电路电阻性负载时，工作原理及电压、电流波形与全控桥相同，所不同的是半控桥式整流电路每半周只要求触发一只晶闸管，而不是同时触发两只晶闸管。

1. 电阻性负载

如图 1-46 所示为电阻性负载电路，图 1-47 所示为其波形。设 u_d、i_d 为整流输出电压和负载电流的瞬时值，u_2 为单相电源输出电压；u_{VT}、i_{VT} 分别为晶闸管两端电压和流过晶闸管电流的瞬时值，u_{VD} 为二极管两端电压。触发信号采用的是锯齿波触发电路。

由电路和波形可以看出，在 π 至 $\pi + \alpha$ 区间，B 点电位为正，A 点电位为负，B—VT_3—R—VD_1—A 电路存在漏电流，而 VT_3 的正向电阻远大于 VD_1 的正向电阻与 R 之和。其负载两端所承受的电压、电流分别为

$$U_d = \frac{1}{\pi}\int_\alpha^\pi \sqrt{2}U_2\sin\omega t\, d(\omega t) = \frac{2\sqrt{2}}{\pi}U_2\frac{1+\cos\alpha}{2} = 0.9U_2\frac{1+\cos\alpha}{2} \qquad (1-15)$$

$$I_d = \frac{U_d}{R} = \frac{2\sqrt{2}}{\pi R}U_2\frac{1+\cos\alpha}{2} = 0.9\frac{U_2}{R}\frac{1+\cos\alpha}{2} \qquad (1-16)$$

2. 阻感性负载（不接续流二极管 VD_3 的情况）

暂不考虑 VD_3 的阻感性负载单相桥式半控整流电路如图 1-46 所示，图 1-48 所示为其波形。分析电路工作时，要考虑电感的作用和整流二极管自然换相的影响，设 $\omega L \gg R$，且电路已工作于稳态。在 u_2 正半周，$\omega t = \alpha$ 时触发 VT_1，则 VT_1、VD_2 导通。电源通过 VT_1 和

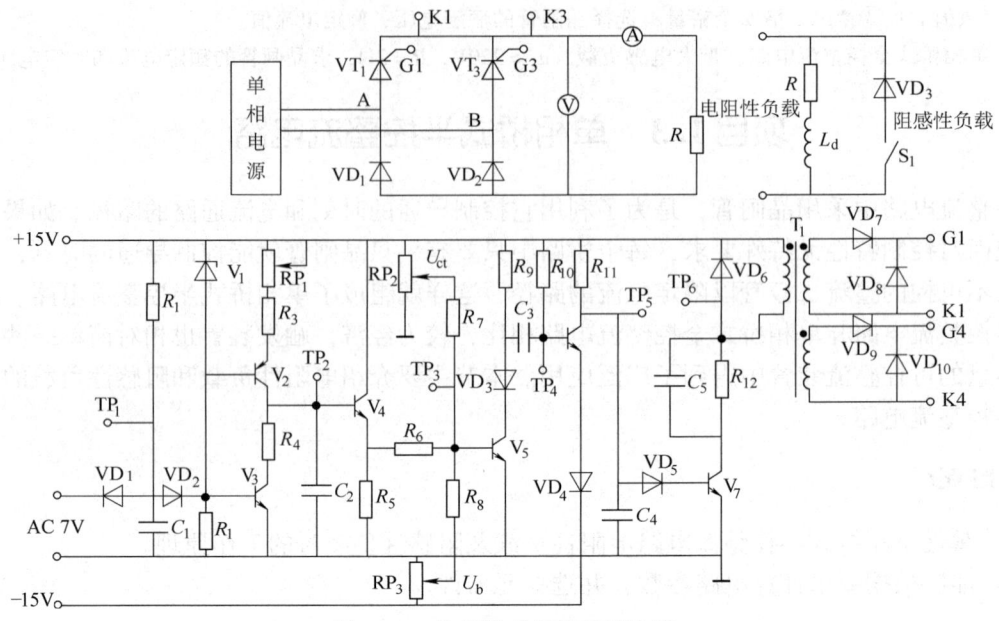

图 1-46 单相桥式半控整流电路

VD_2 向负载供电,负载所承受电压及电流大小与电阻性负载时相同。u_2 过零变负后,由于电感电动势的作用,使 VT_1 继续导通,而此时 A 点电位已低于 B 点电位,负载电流将由 VD_2 换相到 VD_1,由 VT_1、VD_1 构成一条负载电流续流的通路,这就是自然续流现象。此时 u_d 为零,不像全控桥式整流电路那样出现 u_d 为负的情况。

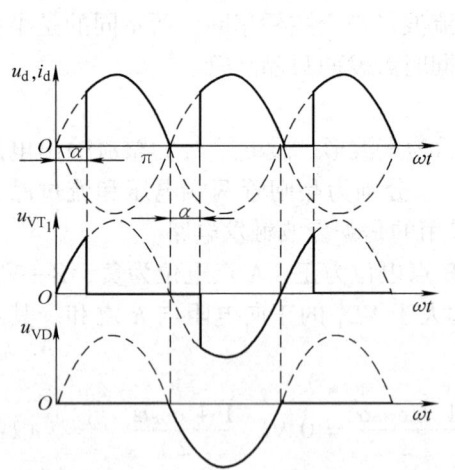

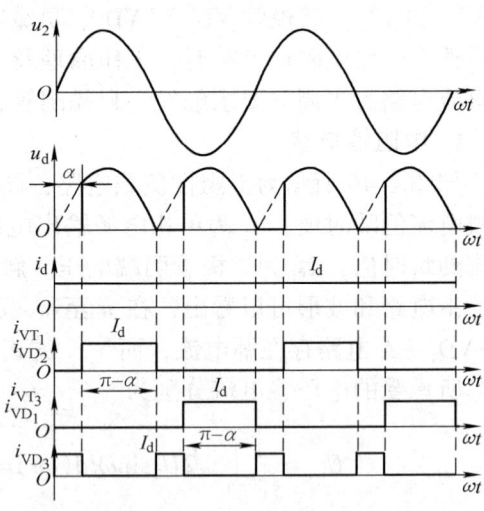

图 1-47 单相桥式半控整流电路电阻性负载波形　　图 1-48 单相桥式半控整流阻感性负载波形

在 $\omega t = \pi + \alpha$ 时触发 VT_3 导通,通过 VT_3 使 VT_1 承受反压而关断,电流从电源 B 端经 VT_3 和 VD_1 向负载供电,负载上得到相同的整流电压。过零变正则通过 VT_3、VD_2 续流,u_d 又为零,如此重复。电源电压 u_2 的过零点 0、π、2π……这就是整流二极管的自然换相点,也就是该电路中触发延迟角 α 的起点。单相桥式半控阻感性负载电路参数的计算公式见表 1-11。

表 1-11 单相桥式半控阻感性负载电路参数的计算公式

电路参数	计算公式
输出电压平均值	$U_d = 0.9 U_2 \dfrac{1+\cos\alpha}{2}$
负载电流平均值	$I_d = \dfrac{U_d}{R_d} = 0.9 \dfrac{U_2}{R_d} \dfrac{1+\cos\alpha}{2}$
流过晶闸管的电流平均值	$I_{dVT} = \dfrac{1}{2} I$
流过晶闸管的电流有效值	$I_{VT} = \dfrac{1}{\sqrt{2}} I$
晶闸管最大耐压值	$U_{TM} = \sqrt{2} U_2$

3. 阻感性负载（接续流二极管 VD_3 的情况，图 1-46 开关中 S_1 闭合时）

在单相半控桥式整流阻感性负载电路运行中，欲采用切除触发脉冲或使 α 增大至 180° 的方式使主电路阻断时，会发生原导通的晶闸管继续导通，两只整流二极管交替导通的现象，称为失控。例如，当 VT_1 与 VD_2 导通时切断触发电路，则 VT_3 不会导通，但 u_2 变为负时，VD_1 和 VD_2 自然换相，在电感作用下由 VT_1 和 VD_1 构成续流电路；当 u_2 又为正时，VD_1 和 VD_2 自然换相，VT_1 仍导通，则由 VT_1、VD_2 又构成了电源对负载供电的电路。这样 VT_1 一直导通，VD_1、VD_2 交替导通，产生失控现象。这就使得 u_d 成为正弦半波，即 u_2 正半周为正弦、负半周为零，晶闸管 VT_1 也会因过热而损坏。为了避免发生失控现象，可在负载两端反并联一只续流二极管 VD_3，VD_3 的作用是取代晶闸管和桥臂中整流二极管。在 u_2 正半周，VT_1、VD_2 导通，VD_3 承受反向电压截止，从 u_2 过零变为负时，在电感的感应电动势作用下，使 VD_3 承受正偏压而导通，负载电流 i_d 经感性负载及续流二极管 VD_3 构成通路，电感释放能量，晶闸管 VT_1 将随 u_2 过零而恢复阻断，防止了失控现象发生。接续流二极管后，输出整流电压 u_d 的波形与不接续流二极管时相同，但流过晶闸管和整流二极管的波形则因两者导通角不同而不一样。

4. 触发电路

该节的触发电路以锯齿波触发电路为主电路提供触发脉冲，其电路如图 1-49 所示。

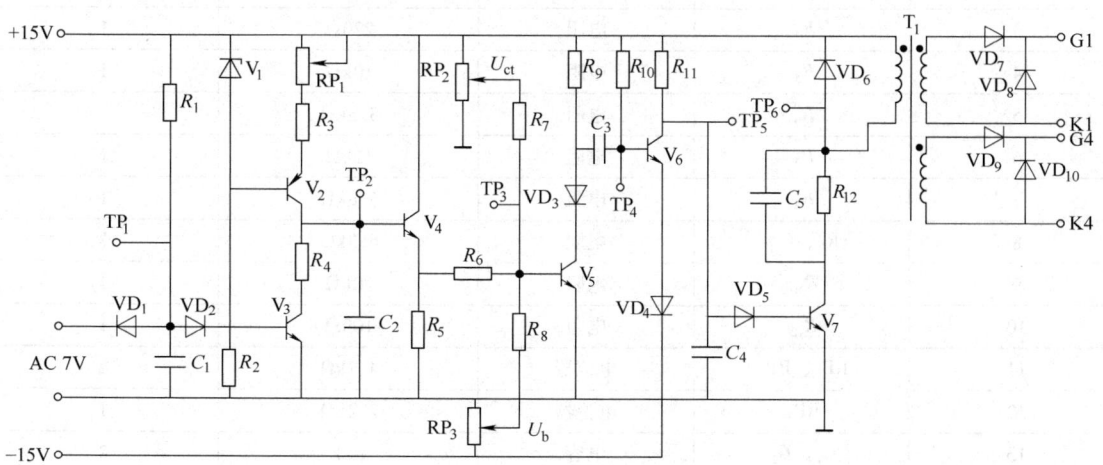

图 1-49 锯齿波同步移相触发电路 I

锯齿波同步移相触发电路由同步检测、锯齿波形成、移相控制、脉冲形成、脉冲放大等环节组成，由 V_3、VD_1、VD_2、C_1 等元器件组成同步检测环节，其作用是利用同步电压来控制锯齿波产生的时刻及锯齿波的宽度。由 V_1、V_2 等元器件组成的恒流源电路，当 V_3 截止时，恒流源对 C_2 充电形成锯齿波；当 V_3 导通时，电容 C_2 通过 R_4、V_3 放电。调节电位器 RP_1 可以调节恒流源的电流大小，从而改变了锯齿波的斜率。控制电压 U_{ct}、偏移电压 U_b 和锯齿波电压在 V_5 基极综合叠加，从而构成移相控制环节，RP_2、RP_3 分别调节控制电压 U_{ct} 和偏移电压 U_b 的大小。V_6、V_7 构成脉冲形成放大环节，C_5 为强触发电容改善脉冲的前沿，由脉冲变压器输出触发脉冲。应用时可采用两路锯齿波同步移相触发电路（可称为触发电路 I、II），在电路上完全一样，只是锯齿波触发电路 II 输出的触发脉冲相位与 I 恰好互差180°。

设备、工具和材料准备

(1) 工具　电工通用工具、电烙铁、镊子等。
(2) 仪表　MF47 型万用表、双踪示波器。
(3) 器材　训练器材见表1-12、表1-13。

表 1-12　主电路训练器材

序号	符号	名称	型号与规格	件数
1	VT_1、VT_3	晶闸管	KP1-8	2
2	R	电阻	900Ω	2
3	L_d	电感	700mH	1
4	VD_1、VD_2	二极管	1N5408	2

表 1-13　触发电路训练器材

序号	符号	名称	型号与规格	件数
1	R_1	电阻	10kΩ	1
2	R_2、R_3	电阻	4.7kΩ	2
3	R_4	电阻	220Ω	1
4	R_5	电阻	10kΩ	1
5	R_6	电阻	3.3kΩ	1
6	R_7	电阻	12kΩ	1
7	R_8	电阻	6.8kΩ	1
8	R_9、R_{11}	电阻	6.2kΩ	2
9	R_{10}	电阻	30kΩ	1
10	R_{12}	电阻	100Ω	1
11	RP_1、RP_2	电位器	4.7kΩ	2
12	RP_3	电位器	2.2kΩ	1
13	C_1、C_2	电容	1μF	2
14	C_3	电容	0.1μF	1

(续)

序号	符号	名称	型号与规格	件数
15	C_4	电容	0.047μF	1
16	C_5	电容	0.47μF	1
17	$VD_1 \sim VD_{10}$	二极管	1N4007	10
18	V_1	稳压二极管	1N4738	1
19	V_2	晶体管	9012	1
20	V_3、V_4、V_5、V_6	晶体管	9013	4
21	V_7	晶体管	3DK4C	1

操作步骤

一、技能训练要求

1）根据要求完成元器件选择与检测。

2）在规定的时间内完成电路的安装、焊接、调试等工作，并符合焊接和电气安装的工艺要求。

二、技能训练内容

技能训练1 锯齿波同步移相触发电路的安装、调试及波形分析

1）按照图1-50所示对应表1-13选择元器件。

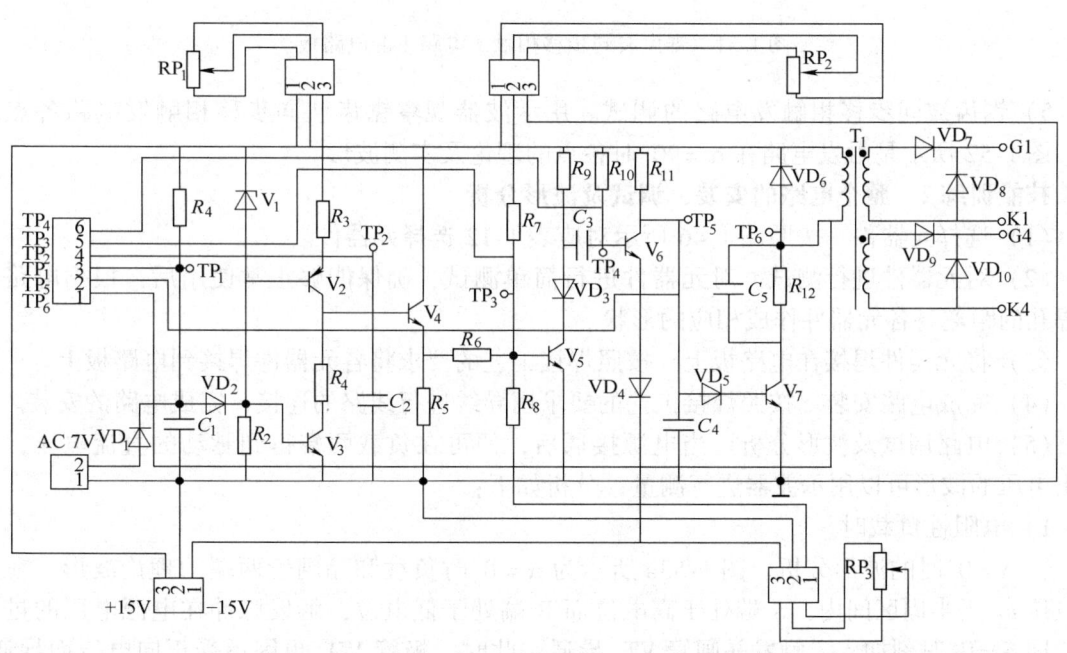

图1-50 锯齿波同步移相触发电路Ⅰ接线

2）对元器件进行简单测试，确保能够正常使用后，根据电路板上焊孔的距离将各元器件作成相应的形状。

3）按照焊接工艺的要求，参照图 1-50 所示的接线将各元器件焊接到电路板上。

4）按照焊接工艺的要求用导线进行线路的连接，完成触发电路的安装。图 1-51 所示为完成安装的电路板。

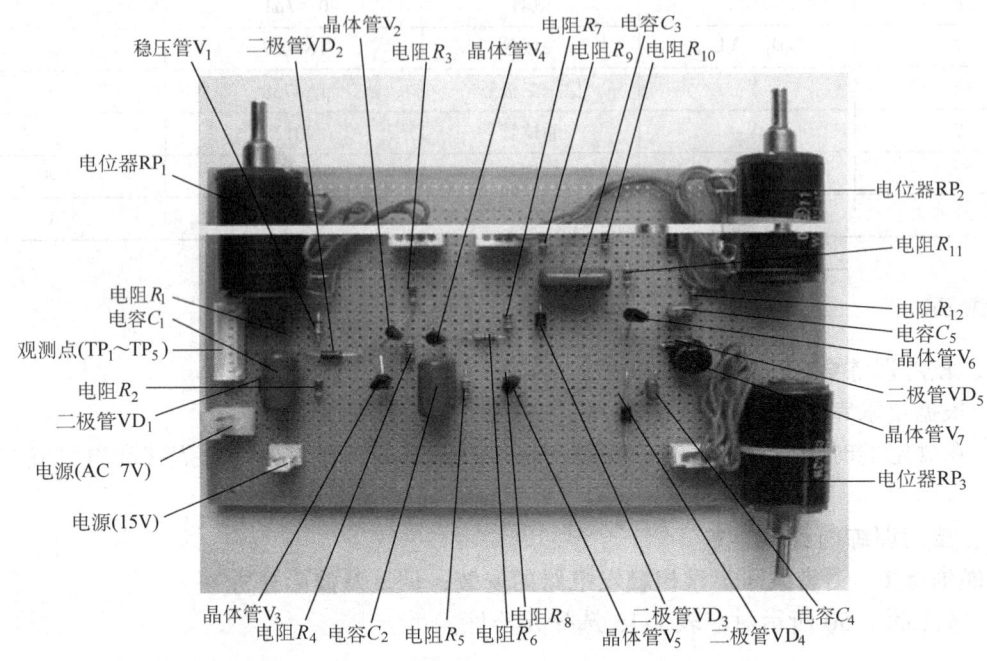

图 1-51　锯齿波同步移相触发电路 I 的电路板

5）锯齿波同步移相触发电路的调试。用示波器观察锯齿波同步移相触发电路各点波形，图 1-52 所示是触发电路在 $\alpha=90°$ 时各点的理论及实测波形。

技能训练 2　整个电路的安装、调试及波形分析

（1）选择元器件　按照图 1-46 所示对应表 1-12 选择元器件。

（2）对元器件进行测试　对元器件进行简单测试，确保能够正常使用后，根据电路板上焊孔的距离将各元器件作成相应的形状。

（3）将元器件焊接在电路板上　按照焊接工艺的要求将各元器件焊接到电路板上。

（4）完成电路安装　按照焊接工艺的要求用导线进行线路的连接，完成电路的安装。

（5）电路调试及波形分析　当电源接通后，便可在负载两端得到脉动的直流电压，其输出电压的波形可以用示波器进行测量，分析如下：

1）电阻性负载时。

① $\alpha=0°$ 时的波形分析。图 1-53a 所示为 $\alpha=0°$ 时负载和晶闸管两端的理论波形。在电源电压 u_2 正半周区间内，A 端处于高电位而 B 端处于低电位，触发脉冲在电源电压的过零点，即 $\alpha=0°$ 时刻加入，触发晶闸管 VT_1 导通，此时二极管 VD_2 也因承受正向电压而导通，负载电压 u_d 等于 u_2。

在电源电压 u_2 负半周区间内，B 端处于高电位而 A 端处于低电位，触发脉冲在电源电压的负向过零点时加入，触发晶闸管 VT_3 导通，晶闸管 VT_1 关断，此时二极管 VD_1 也因承受正向电压而导通。负载电压的波形是与前半个周期形状相同的电压波形，这样在负载上得

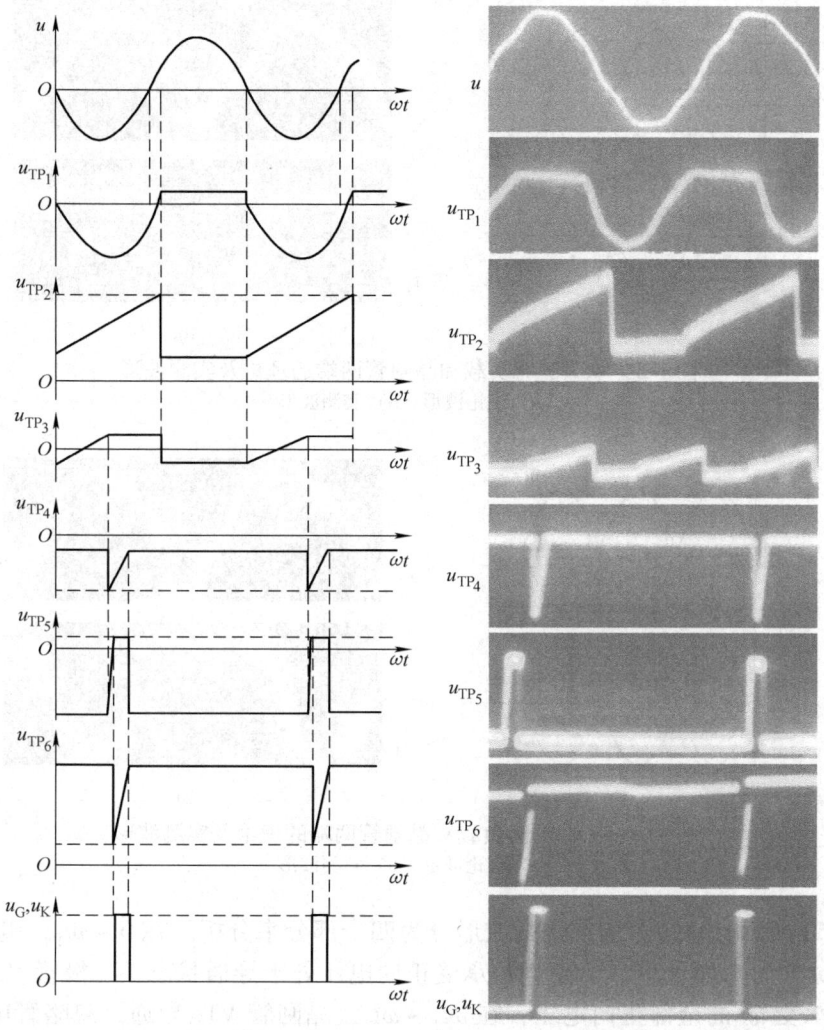

图 1-52 锯齿波同步移相触发电路各点电压理论及实测波形（$\alpha = 90°$）

到的输出电压的波形是和单相半波可控整流 $\alpha = 0°$ 时输出电压波形相同的两部分。

图 1-53b 所示为 $\alpha = 0°$ 时负载和晶闸管两端的实测波形。在一个周期内晶闸管 VT_1 和 VT_3 交替导通，当晶闸管导通时，忽略晶闸管的管电压降，晶闸管两端的电压近似为零；在晶闸管截止期间，由于另一只晶闸管处于导通状态，因此截止的晶闸管承受 u_2 全部反向电压。

② $\alpha = 30°$ 时的波形分析。改变触发延迟角 α 的大小即可改变输出电压的波形，图 1-54 所示为 $\alpha = 30°$ 时负载和晶闸管两端的理论及实测波形。

当电源电压 u_2 处于正半周时，在 $\alpha = 30°$（ωt_1 时刻）时触发晶闸管 VT_1 导通，此时二极管 VD_2 也因承受正向电压而导通，负载电压 u_d 等于 u_2，在电源电压 u_2 过零时晶闸管 VT_1（ωt_2 时刻）关断；当电源电压 u_2 处于负半周时，在相同的触发延迟角 $\alpha = 30°$（ωt_3 时刻）时触发晶闸管 VT_3 导通，此时二极管 VD_1 也因承受正向电压而导通，负载电压是与前半个周期形状相同的电压波形，直到 u_2 过零时（ωt_4 时刻），VT_3 截止。

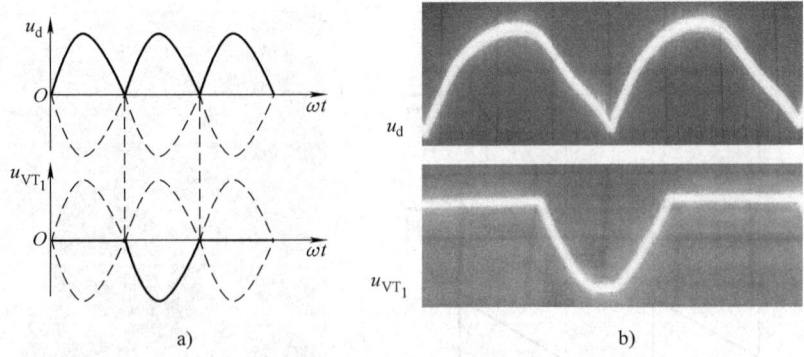

图 1-53　α=0°时负载和晶闸管两端的理论及实测波形
a）理论波形　b）实测波形

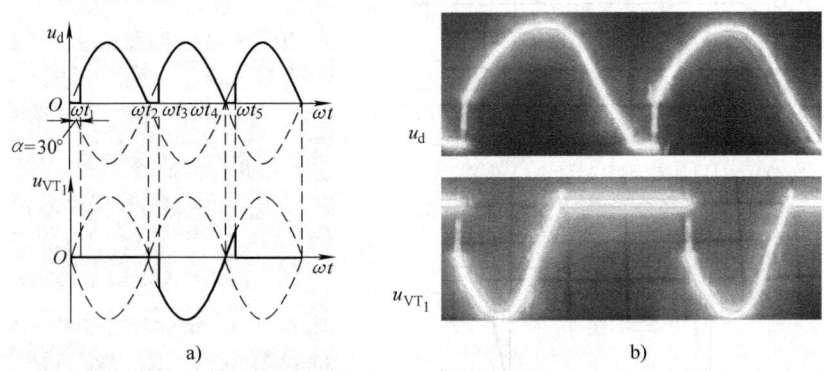

图 1-54　α=30°时负载和晶闸管两端的理论及实测波形
a）理论波形　b）实测波形

如图 1-54 所示，将一个周期内的波形分为四个部分来分析。在 $0\sim\omega t_1$，电源电压 u_2 正半周，触发脉冲尚未加入，二极管 VD_2 承受正向电压处于导通状态，二极管 VD_1 反偏截止，晶闸管 VT_1 承受 u_2 的全部正向电压；在 $\omega t_1\sim\omega t_2$，晶闸管 VT_1 导通，忽略管电压降，晶闸管两端的电压近似为零；在 $\omega t_2\sim\omega t_3$，晶闸管 VT_1 关断。由于二极管 VD_1 承受正向电压处于导通状态，使得晶闸管 VT_1 两端不承受电压；$\omega t_3\sim\omega t_4$，晶闸管 VT_3 被触发导通后，VT_1 承受 u_2 全部反向电压。

③ α=60°时的波形分析。通过改变触发脉冲的加入时刻，可以分别得到触发延迟角 α 为 60°时负载和晶闸管两端的理论及实测波形，如图 1-55 所示。

由以上的分析和测试可以得出：

a. 两只晶闸管 VT_1 和 VT_3 的阴极连接在一起，触发脉冲同时送给两只晶闸管的门极，能被触发导通的只能是承受正向电压的一只晶闸管。

b. 两只二极管 VD_1 和 VD_2 的阳极连接在一起，晶闸管能否导通仅取决于电源电压的高低，也就是说，两只二极管中阴极电位低的导通。

c. 移相范围为 0°~180°。

2）阻感性负载时。如图 1-46 所示，假设负载中电感很大，且电路已工作于稳态。在 u_2 正半周，触发延迟角 α 给晶闸管 VT_1 加触发脉冲，u_2 经 VT_1 和 VD_2 向负载供电。u_2 过零变负时，因电感作用使电流连续，VT_1 继续导通。但因 A 点电位低于 B 点电位。使得电流从 VD_2

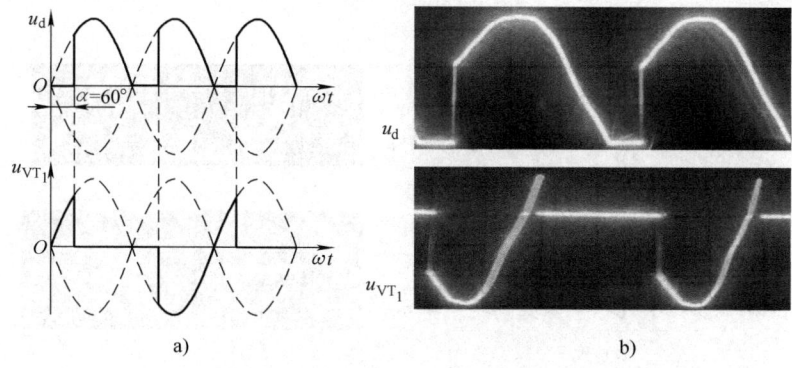

图 1-55 α=60°时负载和晶闸管两端的理论及实测波形
a) 理论波形 b) 实测波形

转移至 VD_1，VD_2 关断，电流不再流经变压器二次绕组，而是由 VT_1 和 VD_1 续流。此阶段，忽略元器件的导通状态电压降，则 $u_d=0$，不像全控桥式整流电路那样出现 u_d 为负的情况。

在 u_2 负半周触发延迟角 α 时刻触发 VT_3，VT_3 导通，则向 VT_1 加反压使之关断，u_2 经 VT_3 和 VD_1 向负载供电，u_2 过零变正时，VD_2 导通，VD_1 关断。VT_3 和 VD_2 续流，u_d 又为零。此后重复以上过程。图 1-56～图 1-58 所示为带阻感性负载的单相桥式半控整流电路在 α=30°、60°、90°时负载和晶闸管两端的理论及实测波形。

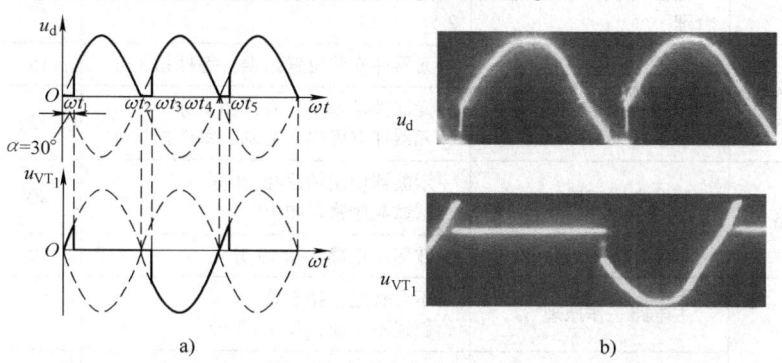

图 1-56 α=30°时负载和晶闸管两端的理论波形与实测波形
a) 理论波形 b) 实测波形

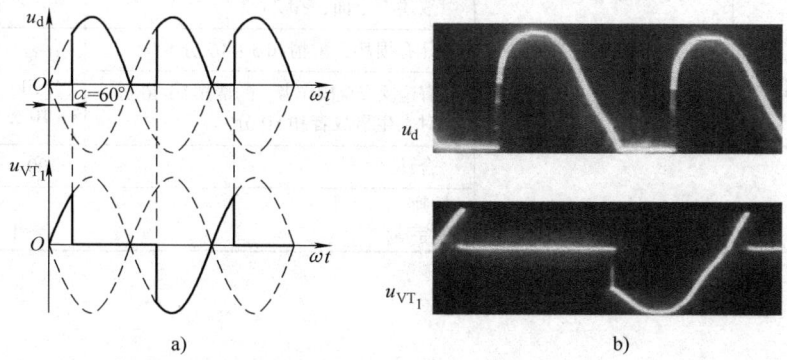

图 1-57 α=60°时负载和晶闸管两端的理论波形与实测波形
a) 理论波形 b) 实测波形

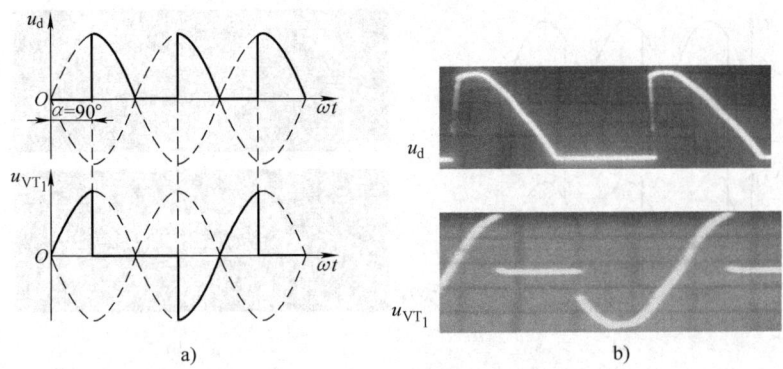

图 1-58 $\alpha = 90°$ 时负载和晶闸管两端的理论波形与实测波形
a) 理论波形 b) 实测波形

成绩评分标准（见表 1-14）

表 1-14 成绩评分标准

序号	主要内容	考核要求	评分标准	配分	扣分	得分
1	元器件检测筛选	测试元器件方法正确	测试方法不对，每次扣 2 分	5		
		元器件技术参数选择合理	元器件技术参数相差太大，每件扣 2 分	5		
2	元器件安装、焊接	元器件安装位置正确	元器件安装位置错误，每件扣 3 分	15		
		元器件焊接符合工艺要求	元器件排列不整齐，扣 5 分 元器件有虚焊、毛刺，每件扣 3 分	15		
3	调试电路	调试方法正确	示波器使用错误扣 10 分 调试顺序错误扣 10 分	20		
		正确给出观察点、波形	波形不正确，扣 10 分	20		
4	原理叙述	主电路工作原理	不会叙述，扣 5 分 叙述不全面，扣 2~3 分	5		
		触发电路工作原理	不会叙述，扣 5 分 叙述不全面，扣 2~3 分	5		
		同步的原理	不会叙述，扣 5 分 叙述不全面，扣 2~3 分	10		
5	安全文明生产	工具、仪表完好无损	凡有损坏，酌情扣 5~10 分	从总分扣 5~10 分		
		安全生产文明操作	有违反安全操作者，酌情扣 5~10 分 对发生事故者扣 50 分			
备注			合计	100		
			教师签字		年 月 日	

习题

1. 填空题

1）单相桥式半控整流电路的主电路由_____和_____构成，两只晶闸管的阴极接在一起，触发脉冲_____，只有_____晶闸管导通。

2）单相桥式半控整流电路的移相范围为_____，晶闸管两端承受的最大电压为_____。

3）在单相桥式半控整流阻感性负载电路中，欲采用切除触发脉冲或使 α 增大至 180°的方式使主电路阻断时，会发生原导通的晶闸管_____，两只整流二极管_____的现象，称为失控。

2. 问答题

1）单相桥式半控整流电路中续流二极管的作用是什么？在何种情况下，流过续流二极管的电流平均值大于流过晶闸管的电流平均值？

2）锯齿波同步移相触发电路的组成及原理是怎样的？

3. 计算题

单相桥式半控整流电路，负载 $R_d = 50\Omega$，在负载两端测得当触发延迟角 $\alpha = 90°$ 时的输出电压 $u_d = 99V$，求：①电流电压 u_2 的大小；②计算触发延迟角 $\alpha = 0°$ 时输出电压和负载的电流的大小，并以 2 倍的余量考虑，选择晶闸管的型号。

模块二　三相可控整流电路

项目 2.1　三相半波可控整流电路

单相可控整流电路元器件少，线路简单调整方便，但输出电压的脉动较大，当所带的负载容量较大时，会因单相供电而引起三相电网不平衡，故只适用于小容量的设备。当容量较大、输出电压脉动要求较小、对控制的快速性有要求时，则多采用三相可控整流电路。三相可控整电路的形式有三相半波、三相全控桥、三相半控桥、双反星形电路及适合于较大功率应用的十二相整流电路等。纵观多相可控整流电路的形式，最基本的是三相半波可控整流电路。其他类型可视为三相半波电路以不同方式串联或并联而成。

项目目的

1）理解三相触发电路的工作原理及各集成电路的工作原理。
2）掌握三相半波可控整流电路的工作原理。
3）能够根据要求进行电路参数的计算，并选择元器件。

项目内容

1）能利用示波器测量出三相触发电路的各点波形。
2）能够独立完成三相半波可控整流电路的安装、调试与测量。

相关知识点析

一、KC 系列集成电路的工作原理

1. KC04 晶闸管移相触发器内部电路说明

KC04 晶闸管移相触发器可用于单相、三相全控桥式供电装置中作晶闸管的双路脉冲移相触发。KC04 输出两路相位差 180°的移相脉冲，可方便地构成全控桥式触发电路。该电路具有输出负载能力大，移相性能好，正、负半周相位值均衡性好，移相范围宽，对同步电压要求小等功能与特点，其实物如图 2-1 所示。

图 2-1　KC04 芯片实物

KC04 电路内部原理如图 2-2 所示。$V_1 \sim V_3$ 对同步电压进行检测，在同步电压过零点时 V_1、V_2、V_3 均截止，从而使 V_4 导通，V_4 导通则使 "4" 端外接的积分电容 C_1 放电。当过零结束后，V_4 恢复截止状态。

C_1 接在 V_5 的集电极，组成密勒积分器，形成线性增大的锯齿波，锯齿波的斜率由 "3" 端外接的电阻和积分电容 C_1 的数值所决定。V_6 是比较放大级，锯齿波、外部的移相电压及偏移电压在 V_6 的基极进行综合比较放大，当 V_6 基极的输入电流大于零时，V_6 导通，外接的 R 和 C 将 V_6 集电极的脉冲进行微分，输入 V_7 基极，在 V_7 集电极得到一定宽度的移相脉

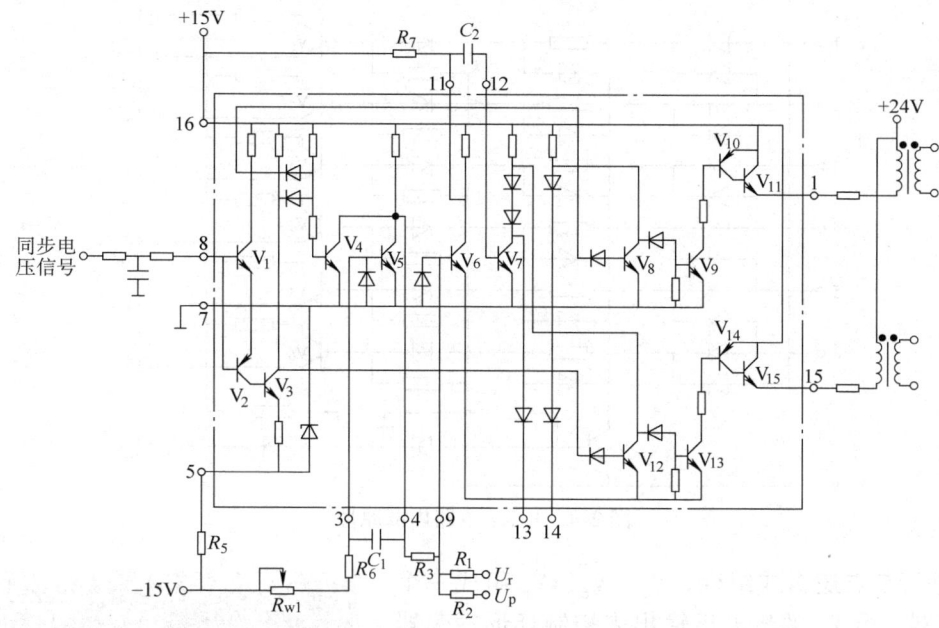

图 2-2 KC04 电路内部原理

冲。在 V_7 集电极上得到的脉冲是正、负半周都有的相隔 180°的脉冲。经过 V_8 和 V_{12} 分别截去负半周和正半周的脉冲,得到正相和反相的触发脉冲。$V_9 \sim V_{15}$ 是功率放大级,分别对正、负半周的脉冲作功率放大,使两个输出端都有 100mA 的输出能力。"13"、"14"端提供脉冲列调制和脉冲封锁的控制端。

2. KC41 六路双脉冲形成器内部电路说明

KC41 六路双脉冲形成器是三相全控桥式触发电路中的必备电路,具有双脉冲形成和电子开关控制封锁双脉冲形成两种功能,其实物如图 2-3 所示。

KC41 电路是脉冲逻辑电路,内部电路原理如图2-4所示。当把移相触发器输出的触发脉冲输入到 KC41 电路的"1"~"6"端时,由输入二极管完成了补脉冲,再由 $V_1 \sim V_6$ 进行电流放大分六路输出。补脉冲按端于

图 2-3 KC41 芯片实物

2→1,3→2,4→3,5→4,6→5,1→6 顺序排列组合。V_7 是电子开关,当控制"7"端接逻辑"0"电平时 V_7 截止,各路有输出触发脉冲。当控制"7"端接逻辑"1"电平(+15V)时,V_7 导通,各路无输出。

3. KC42 脉冲列调制形成器内部电路说明

KC42 脉冲列调制形成器主要用于作晶闸管三相桥式全控整流电路的脉冲列调制源。同样,它也适用于三相半控、单相全控、单相半控电路中作脉冲列调制源。电路具有脉冲占空比可调性好,频率调节范围宽,触发脉冲上升沿可与调制信号同步等优点。KC42 脉冲列调制形成器也可作为可控的方波发生器用于其他的电子电路中,其实物如图 2-5 所示。

KC42 电路内部原理如图 2-6 所示。以三相全控桥式电路为例,来自三个触发器(KC04)的"13"端的触发脉冲信号分别送入 KC42 电路的"2"、"4"、"12"端,由 V_1、

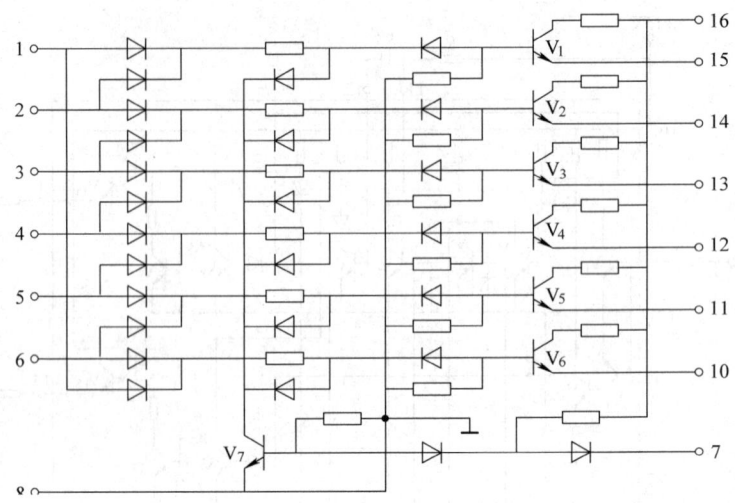

图 2-4 KC41 电路内部原理

V_2、V_3 进行节点逻辑或组合。V_5、V_6、V_8 组成一个环形振荡器，由 V_4 的集电极输出来控制环形振荡器的起振和停振，当没有输入脉冲时，V_4 导通振荡器停振；反之，V_4 截止振荡器起振。V_6 集电极输出是一系列与来自三相六个触发脉冲的前沿同步间隙 60°的脉冲。经 V_7 倒相放大分别输入三个触发器 (KC04) 的"14"端。此时，从 KC04 电路的"1"和"15"端输出是调制后的脉冲列触发脉冲。

图 2-5 KC42 芯片实物

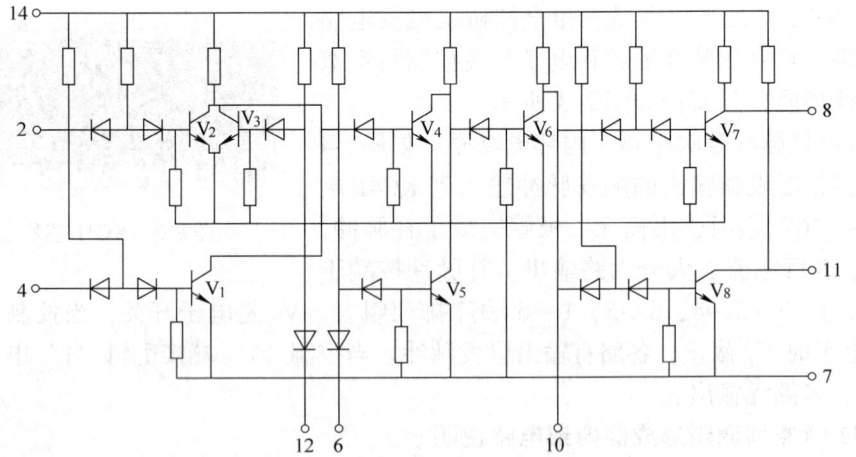

图 2-6 KC42 电路内部原理

如将 KC42 电路用于单相整流电路中则"2"、"4"、"12"三个输入端只需使用一个，其他两个接低电位（0V）。

4. 三相触发电路的工作原理

其电路的工作原理如图 2-7 所示。在原 KC04、KC41 和 KC42 三相集成触发电路的基础上，

模块二 三相可控整流电路　49

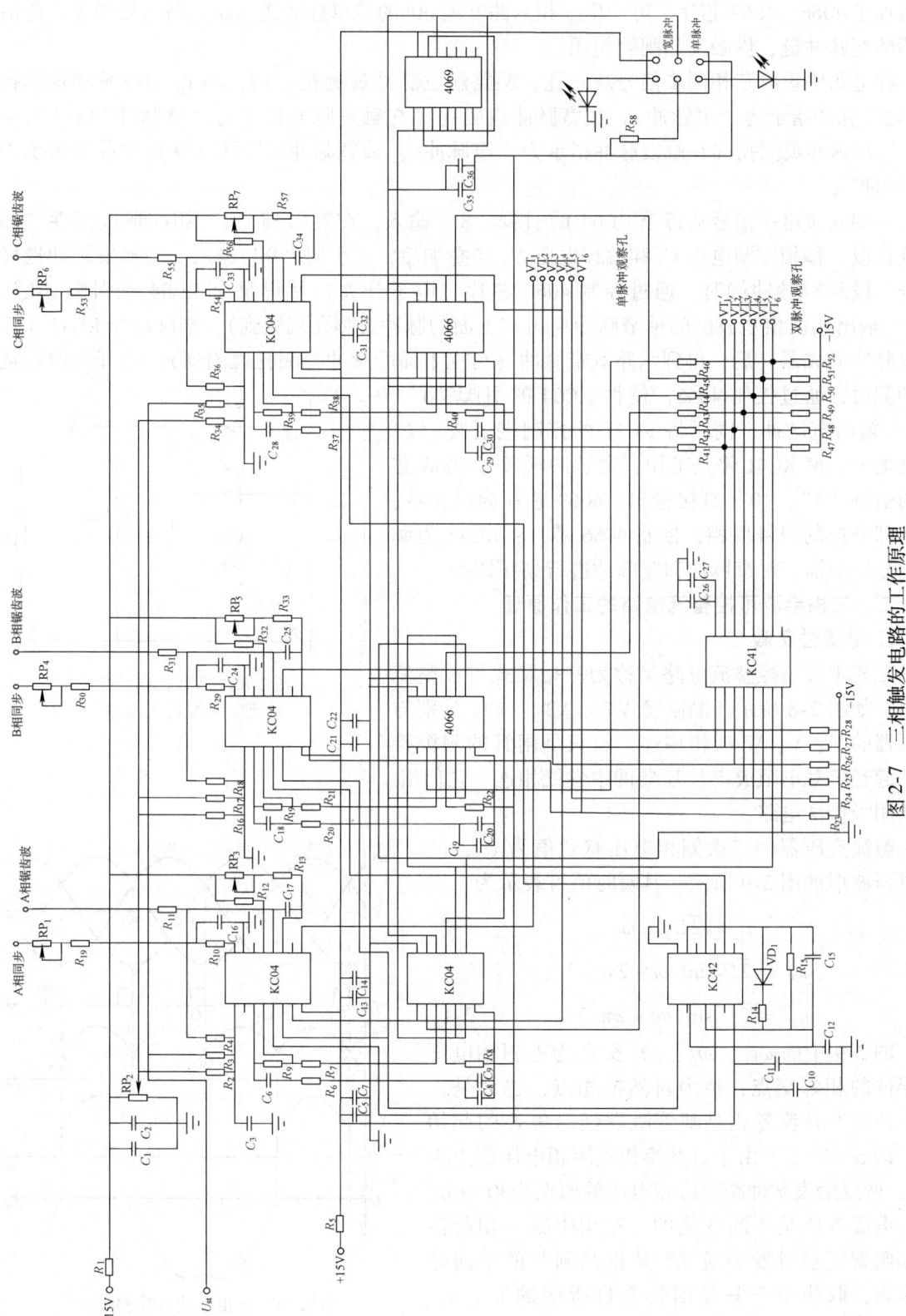

图 2-7 三相触发电路的工作原理

又增加了 4066、4069 芯片，可产生三相六路互差 60°的双窄脉冲或三相六路后沿固定、前沿可调的宽脉冲链，供触发晶闸管使用。

在电路中设有三相同步信号观测孔、两路触发脉冲观测孔。$VT_1 \sim VT_6$ 为单脉冲观测孔（在触发脉冲指示为"窄脉冲"）或宽脉冲观测孔（在触发脉冲指示为"窄脉冲"）；$VT_1' \sim VT_6'$ 为双脉冲观测孔（在触发脉冲指示为"窄脉冲"）或宽脉冲观测孔（在触发脉冲指示为"窄脉冲"）。

三相同步电压信号从每个 KC04 的引脚"8"输入，在其引脚"4"相应形成线性增加的锯齿波，移相控制电压 U_{ct} 和偏移电压 U_b 经叠加后，从引脚"9"输入。当触发脉冲选择的开关拨到窄脉冲侧时，通过控制 4066 芯片（电子开关）使得每个 KC04 从引脚"1"、"15"输出相位相差 180°的单窄脉冲（可在上面的脉冲观测孔观测到），窄脉冲经 KC41（六路双脉冲形成器）后，得到六路双窄脉冲（可在下面的脉冲观测孔观测到）。将开关拨到宽脉冲侧时，通过控制 4066，使得 KC04 的引脚"1"、"15"输出宽脉冲，同时将 KC41 的控制端引脚"7"接高电平，使 KC41 停止工作，宽脉冲则通过 4066 芯片的引脚"3"、"9"直接输出。4069 芯片为反相器，它将部分控制信号反相，控制 4066 芯片；KC42 为调制信号发生器，对窄脉冲和宽脉冲进行高频调制。

二、三相半波可控整流电路的工作原理

1. 电阻性负载

三相半波可控整流电路又称为三相零式可控整流电路，如图 2-8 所示。晶闸管 VT_1、VT_2、VT_3 分别与变压器的 U、V、W 三相相连，三只晶闸管的阴极接在一起经负载电阻 R 与变压器的中性线相连，它们组成共阴极接法电路。

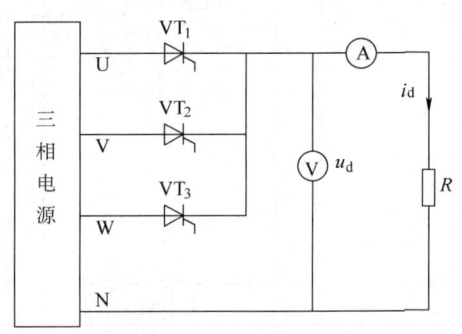

图 2-8 三相半波可控整流电阻性负载电路

整流变压器的二次侧相电压有效值为 U_2，三相电压波形如图 2-9 所示，其瞬时值可表示为

$$u_U = \sqrt{2}U_2\sin\omega t$$
$$u_V = \sqrt{2}U_2\sin(\omega t - 2\pi/3)$$
$$u_W = \sqrt{2}U_2\sin(\omega t + 2\pi/3) \qquad (2-1)$$

图 2-9 中的 ωt_1、ωt_2、ωt_3 交点为电源相电压正半波的相邻交点，称为自然换相点，也就是三相半波可控整流各相晶闸管触发延迟角 α 的起始点，即 $\alpha = 0°$ 点。由于自然换相点距相电压原点为 30°，所以触发脉冲距对应相电压的原点为 30°+α。

电源电压是不断变化的，三相中哪一相所接的晶闸管可被触发导通呢？依据晶闸管的单向导电原则，取决于三只晶闸管各自所接的 u_U、u_V、u_W 中哪一相电压瞬时值最高，则该相所接晶闸管

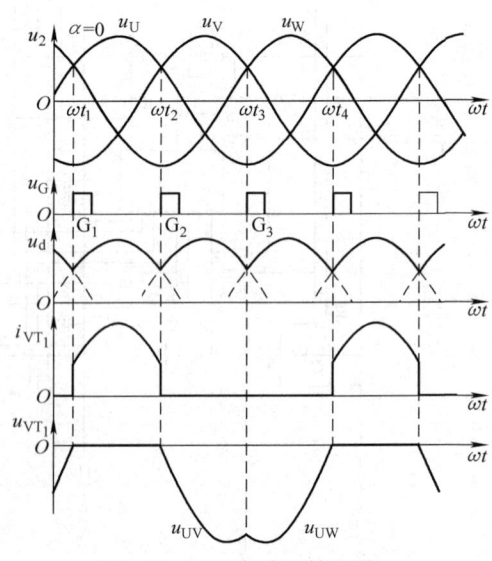

图 2-9 三相半波可控整流电路 $\alpha = 0°$ 时的波形

可被触发导通，而另外两只管子则承受反向电压而关断。

下面分析当触发延迟角 α 不同时，整流电路的工作原理。

（1）α=0°时的波形分析　图 2-9 所示为三相半波可控整流电路 α=0°时的波形。

设电路正常工作，经过 ωt_1 时刻，U 相的 VT_1 开始承受正向电压，触发电路送出脉冲 u_{G1}，VT_1 被触发导通，输出电压 $u_d = u_U$。

经过 ωt_2 时刻，V 相的 VT_2 开始承受正向电压，触发电路送出脉冲 u_{G2}，则 VT_2 导通，VT_1 承受 u_{UV} 反压而关断，输出电压 $u_d = u_V$。

经过 ωt_3 时刻，W 相的 VT_3 开始承受正向电压，触发电路送出脉冲 u_{G3}，则 VT_3 导通，VT_2 承受 u_{VW} 反压而关断，输出电压 $u_d = u_W$。

经过 ωt_4 时刻 U 相的 VT_1 再次被触发导通，输出电压 $u_d = u_U$，这样就完成了一个周期的换相过程。

（2）α=30°时的波形分析　图 2-10 所示为三相半波可控整流电路 α=30°时的波形。设电路正常工作，W 相 VT_3 已导通，经过自然换相点 ωt_1 时，虽然 U 相 VT_1 开始承受正向电压，但触发脉冲尚未送到，VT_1 无法导通，于是 VT_3 仍承受正向电压 u_W 继续导通。当过 U 相自然换相点 30°，即 α=30°时，触发电路送出触发脉冲 u_{G1}，VT_1 被触发导通，VT_3 则承受反压 u_{WU} 而关断，输出电压 u_d 波形由 u_W 波形换成 u_U 波形，其他两相也以此类推轮流导通与关断。

需要指出的是，当 α=30°时，整流电路输出电压 u_d 波形处于连续和断续的临界状态，各相晶闸管依然导通 120°，一旦 α>30°，电压 u_d 波形将会间断，各相晶闸管的导通角将小于 120°。

（3）α=60°时的波形分析　图 2-11 所示为三相半波可控整流电路 α=60°时的波形。在 ωt_1 时 U 相晶闸管 VT_1 承受正向电压，被 u_{G1} 触发导通，$u_d = u_U$，到电压 u_U 过零变负（ωt_2）时关断，此时 VT_2 虽承受正向电压，但由于 u_{G2} 未到，不能导通。在 u_{G2} 来到之前，各管均不导通，输出电压 $u_d = 0$。同理晶闸管 VT_2、VT_3 的工作过程与 VT_1 相同，输出电压的波形出现断续。

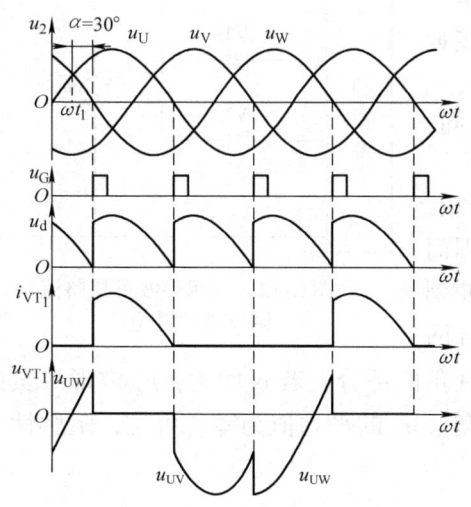

图 2-10　三相半波可控整流电路 α=30°时的波形

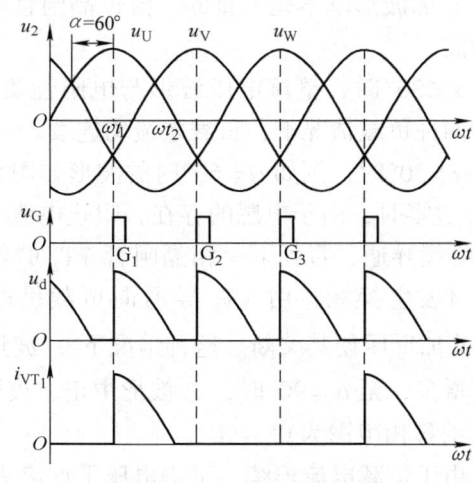

图 2-11　三相半波可控整流电路 α=60°时的波形

通过改变触发延迟角的大小，就可以得到不同的输出电压，但是，当触发脉冲后移到150°时，由于晶闸管已不再承受正向电压，无法导通，所以，$\alpha = 150°$时，输出电压$u_d = 0$。

由以上的分析和测试可以得出：

1）改变对晶闸管施加脉冲的时刻，就能改变整流电路输出电压u_d的波形。当$\alpha = 0°$时，输出电压最大；α增大，输出电压减小，$\alpha = 150°$时，输出电压为零。三相半波可控整流电路的移相范围是$0° \sim 150°$。

2）当$\alpha \leq 30°$时，u_d波形连续，各相晶闸管的导通角均为$\theta = 120°$；当$\alpha > 30°$时，u_d波形断续，晶闸管关断点均在各自相电压过零处，各相晶闸管的导通角$\theta < 120°$（$\theta = 120° - \alpha$）。

3）阳极承受的电压u_{VT}的波形，在电流连续时，由三段组成：晶闸管导通时，$u_{VT} = 0$（忽略管电压降）；其他任一相导通时，都使晶闸管承受相应的线电压；在波形间断期间，各相晶闸管均不导通，晶闸管承受的电压为所在相的相电压。

4）三相半波可控整流电路电阻性负载参数的计算公式见表2-1。

表2-1 三相半波可控整流电路电阻性负载参数的计算公式

电路参数		计算公式
输出电压平均值U_d	$0° \leq \alpha \leq 30°$	$U_d = 1.17 U_2 \cos\alpha$
	$30° \leq \alpha \leq 150°$	$U_d = 0.675 U_2 \left[1 + \cos\left(\frac{\pi}{6} + \alpha\right) \right]$
负载电流平均值I_d		$I_d = U_d / R_d$
流过晶闸管的电流平均值I_{dVT}		$I_{dVT} = \frac{1}{3} I_d$
晶闸管承受的电压最大值V_{TM}		$U_{TM} = \sqrt{6} U_2$

2. 阻感性负载

如果负载为阻感性负载，且L值很大，其电路如图2-12所示，波形如图2-13所示。在波形中，整流电流i_d的波形基本是平直的，流过晶闸管的电流接近矩形波。

$\alpha \leq 30°$时，整流电压波形与电阻性负载时相同，因为两种负载情况下，负载电流均连续。

$\alpha > 30°$时，例如$\alpha = 60°$时的波形如图2-13所示。当u_2过零时，由于电感的存在，阻止电流下降，因而VT_1继续导通，直到下一相晶闸管VT_2的触发脉冲到来，才发生换相，由VT_2导通向负载供电，同时向VT_1施加反压使其关断。这种情况下u_d波形中出现负的部分，若α增大，u_d波形中负的部分将增多，至$\alpha = 90°$时，u_d波形中正、负面积相等，u_d的平均值为零。可见，阻感性负载时α的移相范围为$0° \sim 90°$。

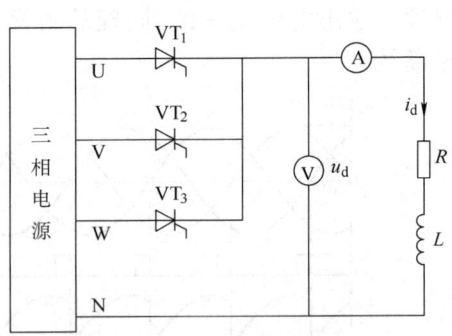

图2-12 三相半波可控整流阻感性负载电路

由于负载电流连续，可得电压平均值为

$$U_d = 1.17 U_2 \cos\alpha \tag{2-2}$$

如果负载中的电感量不是很大，则当 $\alpha > 30°$ 后，与电感量足够大的情况相比较，u_d 中负的部分可能减少，整流电压平均值 u_d 略微增加。

晶闸管电流的有效值为

$$I_{VT} = \frac{1}{\sqrt{3}} I_d = 0.577 I_d \qquad (2-3)$$

由此可求出晶闸管的额定电流为

$$I_{VT(AV)} = \frac{I_d}{1.57} = 0.368 I_{VT} \qquad (2-4)$$

晶闸管两端电压波形如图 2-13 所示，由于负载电流连续，晶闸管最大正、反向电压峰值均为变压器二次侧线电压峰值，即

$$u_{FM} = u_{RM} = 2.45 u_2 \qquad (2-5)$$

图 2-13 中所给 i_d 波形有一定的脉动，这是电路工作的实际情况，因为负载中电感量不可能也不必非常大，往往只要能保证负载电流连续即可，这样 i_d 实际上是有波动的，不是完全平直的水平线。通常，为了简化分析及定量计算，可以将 i_d 近似为一条水平线，这种近似对分析和计算的准确性并不产生很大影响。

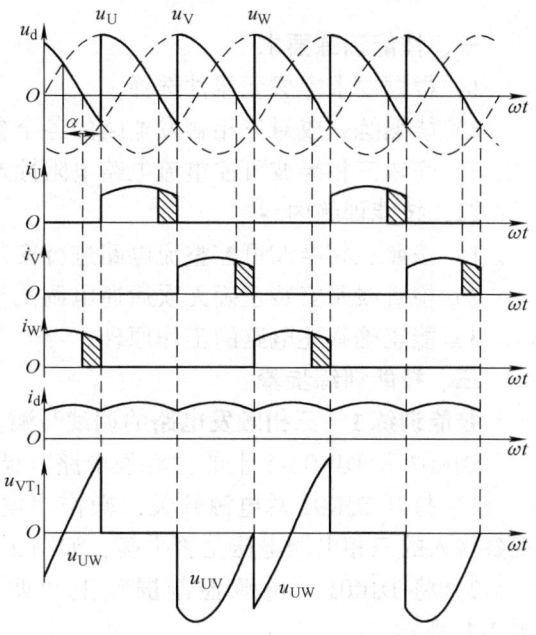

图 2-13 三相半波可控阻感性负载整流电路 $\alpha = 60°$ 时的波形

若将三只晶闸管的阳极接在一起就构成了共阳极接法的三相半波可控整流电路，此电路中晶闸管只有在阳极电位高于阴极电位时才能导通，因此在共阳极接法中，工作在整流状态的晶闸管只有在电源相电压负半周才能被触发导通，换相总是换到阴极电位更负的那一相。其工作情况、波形和数量关系与共阴极接法时相似，仅输出极性相反，这里不再重复。

设备、工具和材料准备

(1) 工具　电工通用工具、电烙铁、镊子等。
(2) 仪表　MF47 型万用表、双踪示波器。
(3) 器材　训练器材见表 2-2、表 2-3。

表 2-2　主电路训练器材

序号	符号	名称	型号与规格	件数
1	VT_1、VT_2、VT_3	晶闸管	KP1-8	3
2	R	电阻	900Ω	2
3	L	电感	700mH	1

表 2-3　触发电路训练器材

序号	型号	备注	件数
1	DJK01 型电源控制屏	该控制屏包含"三相电源输出"等几个模块	1
2	DJK02-1 型三相晶闸管触发电路	该电路包含"触发电路"，"正、反桥功放"等几个模块	1
3	DJK06 型给定及实验器件	该电路包含"给定"等模块	1

操作步骤

一、技能训练要求

1）根据要求完成元器件选择。
2）能熟练完成对三相触发电路的各个参数点波形的测量。
3）完成三相半波可控整流电路电阻性及阻感性负载波形的分析与测量。

二、技能训练内容

1）按照三相半波可控整流电路进行安装与接线。
2）检查线路安装正确无误后通电调试与测量，并根据要求画出各点的波形。
3）能正确叙述电路的工作原理。

三、技能训练步骤

技能训练1　三相触发电路的调试与测量（在实验台上完成调试与测量）

DJK02 和 DJK02-1 上的"触发电路"调试与测量步骤如下：

1）打开 DJK01 总电源开关，操作"电源控制屏"上的"三相电网电压指示"开关，观察输入的三相电网电压是否平衡，如图 2-14 所示。

2）将 DJK01"电源控制屏"上"调速电源选择"开关拨至"直流调速"侧，如图 2-15 所示。

图 2-14　三相电网电压指示

图 2-15　调速电源选择

3）用 10 芯的扁平电缆，将 DJK02 的"三相同步信号输出"端和 DJK02-1"三相同步信号输入"端相连，打开 DJK02-1 电源开关，拨动"触发脉冲指示"开关，使"窄"的发光管亮，如图 2-16 所示。

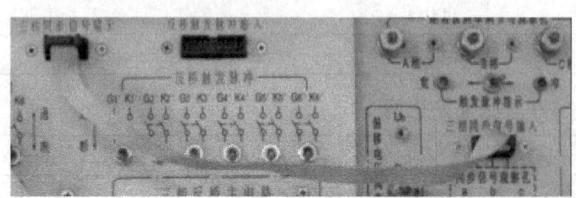

图 2-16　触发脉冲指示

4) 观察 A(U)、B(V)、C(W)三相的锯齿波,并调节 A、B、C 三相锯齿波斜率调节电位器(在各观测孔左侧),如图 2-17 所示,使三相锯齿波斜率尽可能一致,所得波形如图 2-18 所示。

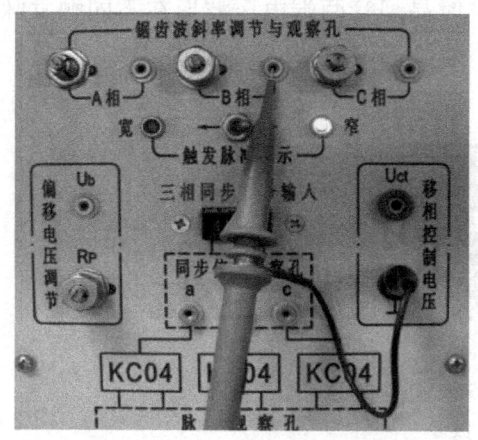

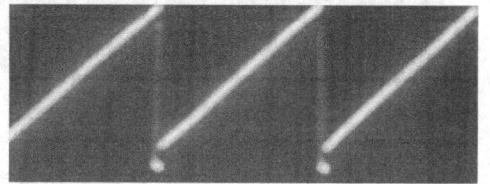

图 2-17 调节电位器　　　　　　　图 2-18 三相锯齿波的波形

5) 将 DJK06 上的"给定"输出 U_G 直接与 DJK02-1 上的移相控制电压 U_{ct} 相连接,如图 2-19 所示,将给定开关 S_2 拨到接地位置(即 $U_{ct}=0$),调节 DJK02-1 上的偏移电压电位器,用双踪示波器观察 A 相同步电压信号和"双脉冲观察孔"VT_1 的输出波形,使 $\alpha=150°$。

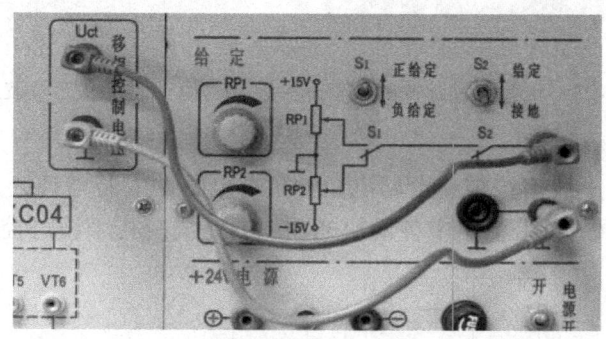

图 2-19 用双踪示波器观察

6) 适当增加给定 U_G 的正电压输出,观测 DJK02-1 上"脉冲观察孔"的波形,此时应观测到窄脉冲和宽脉冲,如图 2-20 所示。

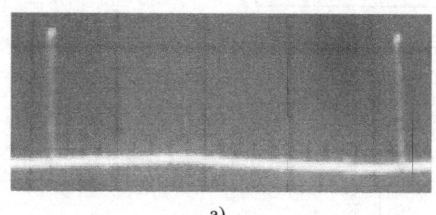
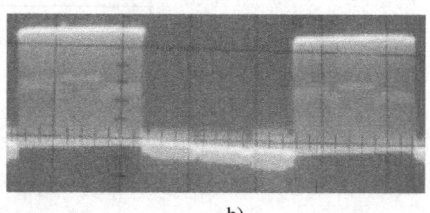

a)　　　　　　　　　　　　　　b)

图 2-20 窄脉冲和宽脉冲
a) 窄脉冲　b) 宽脉冲

7）将 DJK02-1 面板上的 U_{lf} 端接地，用 20 芯的扁平电缆，将 DJK02-1 的"正桥触发脉冲输出"端和 DJK02"正桥触发脉冲输入"端相连，并将 DJK02"正桥触发脉冲"的六个开关拨至"通"，观察正桥 $VT_1 \sim VT_6$ 晶闸管门极和阴极之间的触发脉冲是否正常。如图 2-21 和图 2-22 所示为三相半波可控整流电路 $\alpha = 60°$ 时晶闸管两端电压波形在不同触发脉冲状态下的波形。

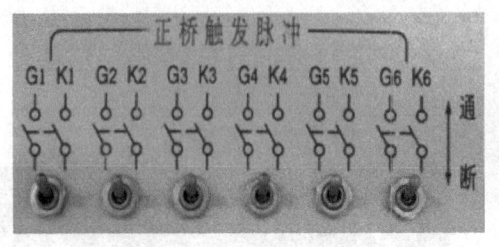
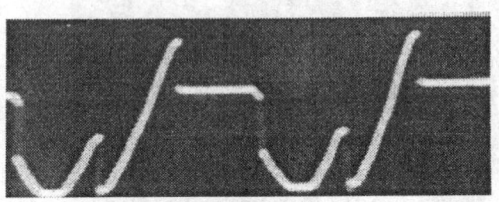

a) b)

图 2-21 正桥触发脉冲的六个开关拨至"通"时的状态及波形

a）开关状态 b）波形

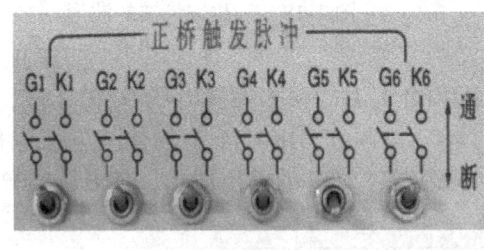
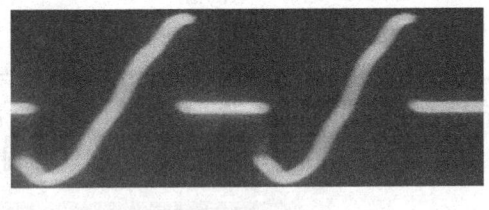

a) b)

图 2-22 正桥触发脉冲的五个开关拨至"通"时的状态及波形

a）开关状态 b）波形

技能训练 2 三相半波可控整流电路电阻性负载电路的安装与调试

1）对照图 2-23，根据图 2-24 中各模块的功能，完成三相半波可控整流电路电阻性负载

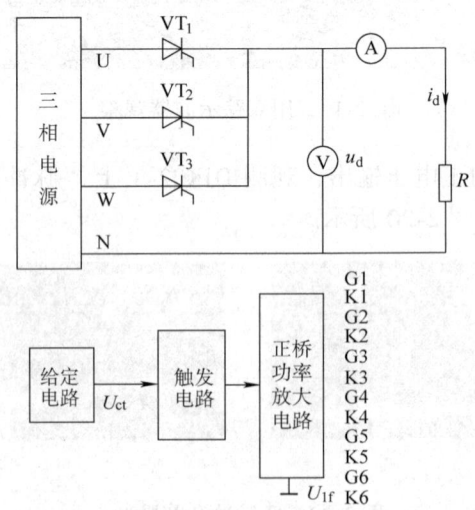

图 2-23 三相半波可控整流电路电阻性负载接线

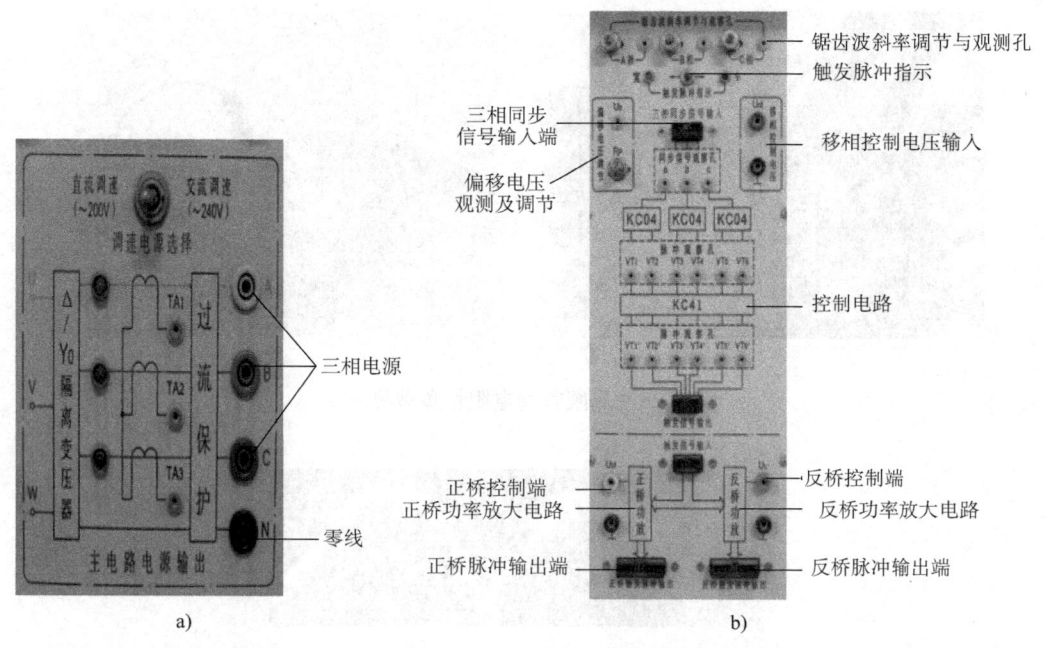

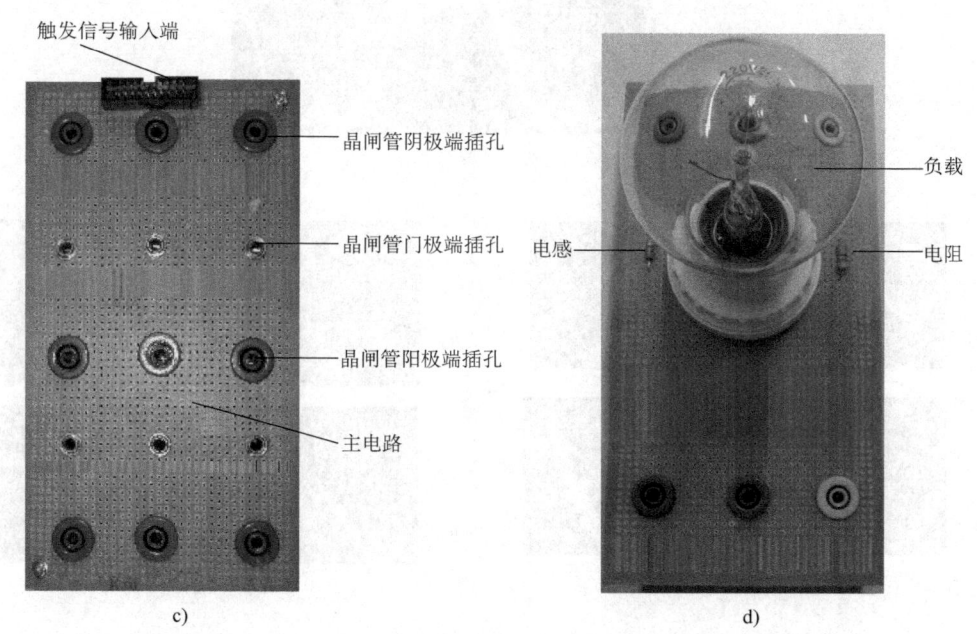

图 2-24 实物连接各模块功能

a) 三相主电路电源输出　b) 触发电路模块
c) 晶闸管主电路模块　d) 负载电路模块

电路的连接。

2) 晶闸管和电阻性负载测量如图 2-25 所示,分别测量 $\alpha = 0°$、$30°$、$60°$ 时整流输出电压 u_d 和晶闸管两端电压 u_{vt} 的波形,如图 2-26 所示。

图 2-25 晶闸管和电阻性负载测量

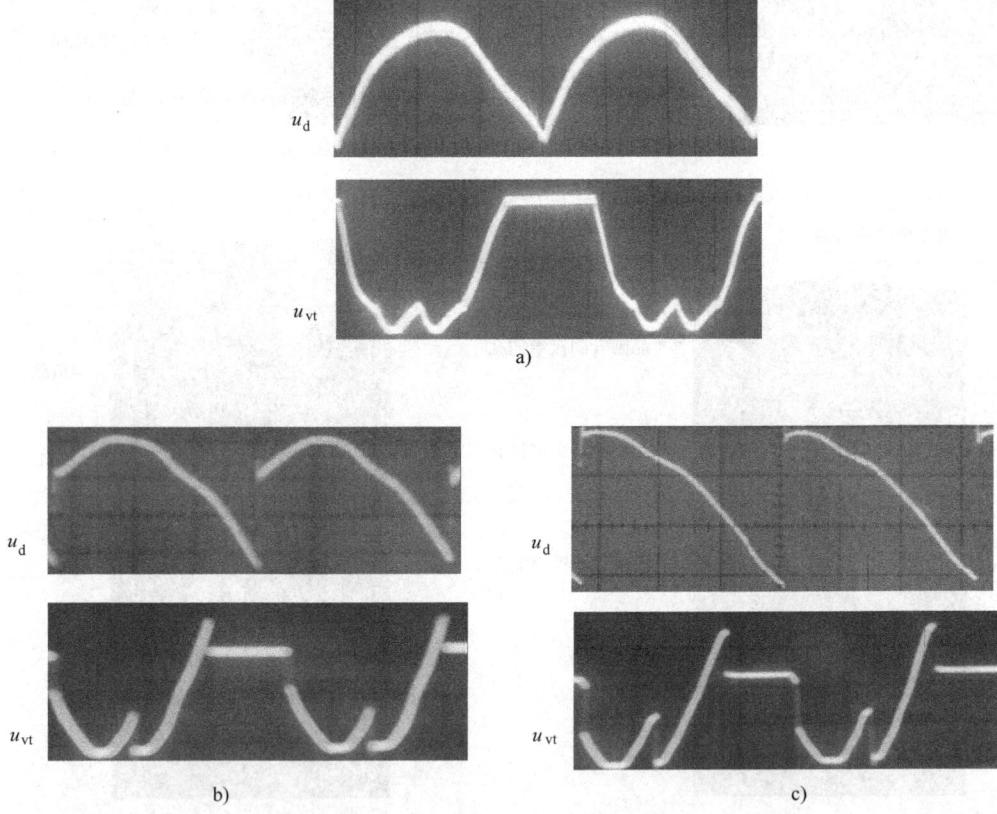

图 2-26 $\alpha=0°$、$30°$ 和 $60°$ 时的负载和晶闸管两端的实测波形
a) $\alpha=0°$ 的实测波形 b) $\alpha=30°$ 的实测波形 c) $\alpha=60°$ 的实测波形

技能训练 3　三相半波可控整流电路阻感性负载电路的安装与调试

1) 对照图 2-27，根据图 2-24 中各模块的功能，完成三相半波可控整流电路阻感性负载电路的连接。

2) 晶闸管和阻感性负载测量如图 2-28 所示，分别测量 $\alpha=0°$、$30°$、$60°$ 时整流输出电压 u_d 和晶闸管两端电压 u_{vt} 的波形，如图 2-29 所示。

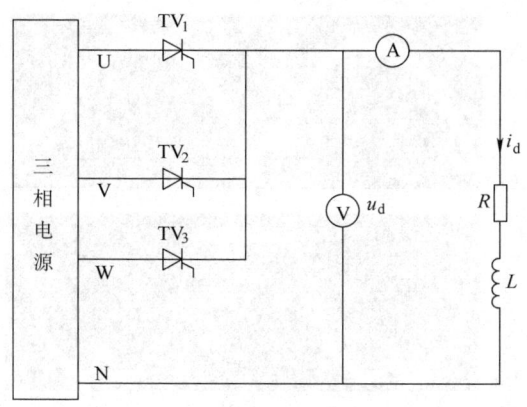

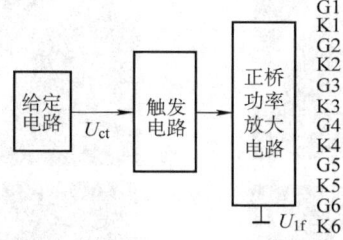

图 2-27 三相半波可控整流电路阻感性负载接线

图 2-28 晶闸管和阻感性负载测量

四、测量中的注意事项

1）三相触发信号不用的要将开关关掉。

2）调节 A(U)、B(V)、C(W) 三相锯齿波斜率调节电位器，使三相锯齿波斜率尽可能一致。

3）DJK02-1 面板上的 U_{lf} 端接地。

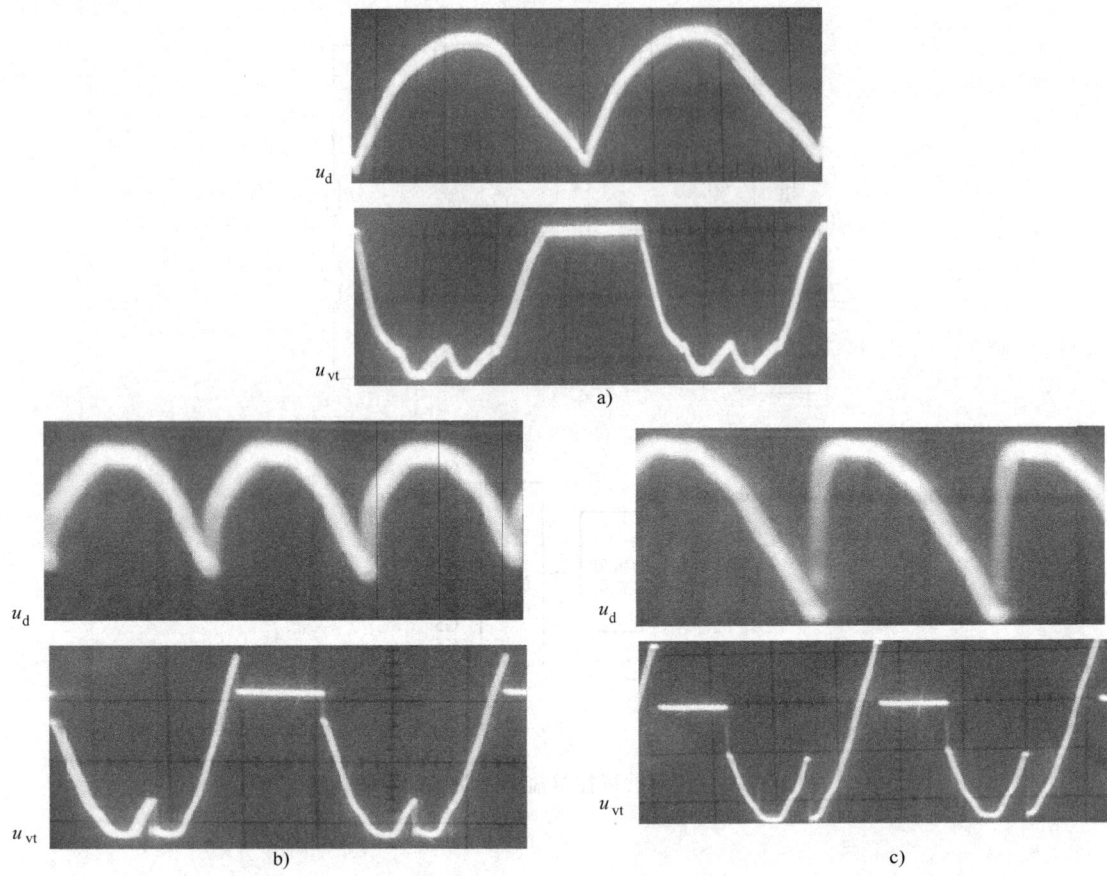

图 2-29 α=0°、30°和60°时的负载和晶闸管两端的实测波形
a) α=0°的实测波形 b) α=30°的实测波形 c) α=60°的实测波形

成绩评分标准（见表2-4）

表 2-4 成绩评分标准

序号	主要内容	考核要求	评分标准	配分	扣分	得分
1	元器件检测筛选	测试元器件方法正确	测试方法不对，每次扣2分	5		
		元器件技术参数选择合理	元器件技术参数相差太大，每件扣2分	5		
2	元器件安装、焊接	元器件安装位置正确	元器件安装位置错误，每件扣3分	15		
		元器件焊接符合工艺要求	元器件排列不整齐，扣5分 元器件有虚焊、毛刺，每件扣3分	15		
3	调试电路	调试方法正确	示波器使用错误扣10分 调试顺序错误扣10分	20		
		正确给出观察点、波形	波形不正确，扣10分	20		
4	原理叙述	主电路工作原理	不会叙述，扣5分 叙述不全面，扣2~3分	5		
		触发电路工作原理	不会叙述，扣5分 叙述不全面，扣2~3分	5		

序号	主要内容	考核要求	评分标准	配分	扣分	得分
4	原理叙述	同步的原理	不会叙述，扣5分 叙述不全面，扣2~3分	10		
5	安全文明生产	工具、仪表完好无损	凡有损坏，酌情扣5~10分	从总分扣5~10分		
		安全生产文明操作	有违反安全操作者，酌情扣5~10分 对发生事故者扣50分			
			合计	100		
备注			教师签字		年 月 日	

习题

1. 填空题

1）三相半波可控整流电路的自然换相点是_____。
2）三相半波可控整流电路中的三只晶闸管的触发脉冲相位按相序依次互差_____。
3）三相半波可控整流电路按连接方式可分为_____和_____两种。
4）对于三相半波可控整流电路，换相重叠角的影响，将使用输出电压平均值_____。
5）电阻性负载三相半波可控整流电路中，晶闸管所承受的最大正向电压等于_____，设 U_2 为相电压有效值。
6）三相半波可控整流电路阻感性负载时，α 的移相范围为_____。

2. 问答题

三相半波整流电路的共阴极接法与共阳极接法，a、b两相的自然换相点是同一点吗？如果不是，它们在相位上相差多少？

3. 计算题

三相半波可控整流电路带大电感性负载，$\alpha = \pi/3$，$R = 2\Omega$，$U_2 = 220V$，试计算负载电流 i_d，并按2倍裕量确定晶闸管的额定电流和电压。

项目2.2 三相桥式半控整流电路

在中等容量的整流装置或要求不可逆的电力拖动系统中，一般采用的是简单的、经济的三相桥式半控整流电路。它由共阴极接法的三相半波可控整流电路与共阳极接法的三相半波不可控整流电路串联而成，因此这种电路兼有可控与不可控两种特性。共阳极组三只整流二极管总是在自然换相点换相，使电流换到比阴极电位更低的一相，而共阴极组三只晶闸管则要在触发后才能换到阳极电位高的一个。输出整流电压 u_d 的波形是三组整流电压波形之和，改变共阴极组晶闸管的触发延迟角 α，可获得(0~2.34)U_2的直流可调电压。

项目目的

1）掌握三相桥式半控整流电路在电阻性负载及阻感性负载时的工作原理。
2）掌握三相桥式半控整流电路在不同触发延迟角下的输出电压及电流波形。

3) 能够独立完成电路的安装并调试出电路在电阻性负载时的工作波形。

项目内容

1) 按照三相半控桥式整流电路原理图完成电路的接线。
2) 检查接线正确无误后通电调试,测量出负载电压值和电流值,并根据要求能画出不同触发延迟角的波形。

相关知识点析

一、三相桥式半控整流电路电阻性负载的工作原理

当 $\alpha = 0°$ 时,电路波形是连续的波形,输出电压最大。

当 $\alpha = 30°$ 时,触发 VT_1 使其导通,在其后的 30°导通角范围内 VT_1、VD_6 导通,$u_d = u_{UV}$,30°后,在自然换相点处 VD_6 换相给 VD_2,而 VT_1 继续导通,此时 $u_d = u_{UW}$,直至 90°后晶闸管 VT_1 换相给 VT_3,其后过程分析类似,于是可得输出电压波形 u_d,如图 2-30 所示。

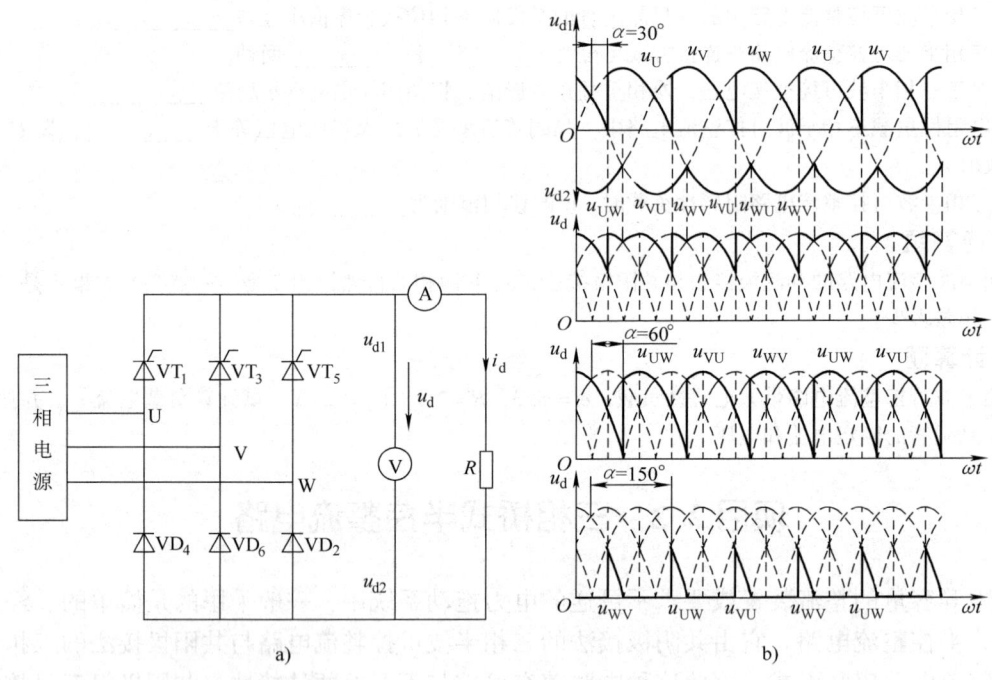

图 2-30 三相桥式半控整流电路电阻性负载电路及波形
a) 电路 b) $\alpha = 30°$、60°和150°时的波形

图 2-30b 分别给出 $\alpha = 30°$、60°和150°时 u_d 的波形。对波形分析可见,三只晶闸管触发脉冲相位差120°。$\alpha = 60°$时是输出电压 u_d 波形连续和断续的临界状态;而当 $\alpha \geqslant 60°$时,u_d 在一个周期内脉动只有三次。当 $\alpha = 180°$时,$u_d = 0$,因此移相范围为180°。输出电压的计算可按连续及断续两种情况进行,但其计算结果相同,即 $0° \leqslant \alpha \leqslant 180°$均为

$$U_d = 1.17U_2(1+\cos\alpha) \tag{2-6}$$

二、三相桥式半控整流电路阻感性负载的工作原理

电路如图 2-31a 所示,当负载接有电感时,就会存在电感的储存和释放能量情况,这时当线电压由零变负后,由于负载电感中能量的释放使导通的晶闸管不能关断,负载电流由导通晶闸管与同一相上的整流二极管形成闭合电路而不经过电源,即半控电路本身有续流作用,与单相桥式半控整流电路一样,电感中储能的释放通过自身电路而不经过电源变压器。在输出电压连续时,电感性负载与电阻性负载时输出电压相同。在输出电压断续时,电感性负载与电阻性负载时的输出电压也相同。因此,负载电压没有负半波出现而为零(忽略了二极管和晶闸管导通时的管电压降)。

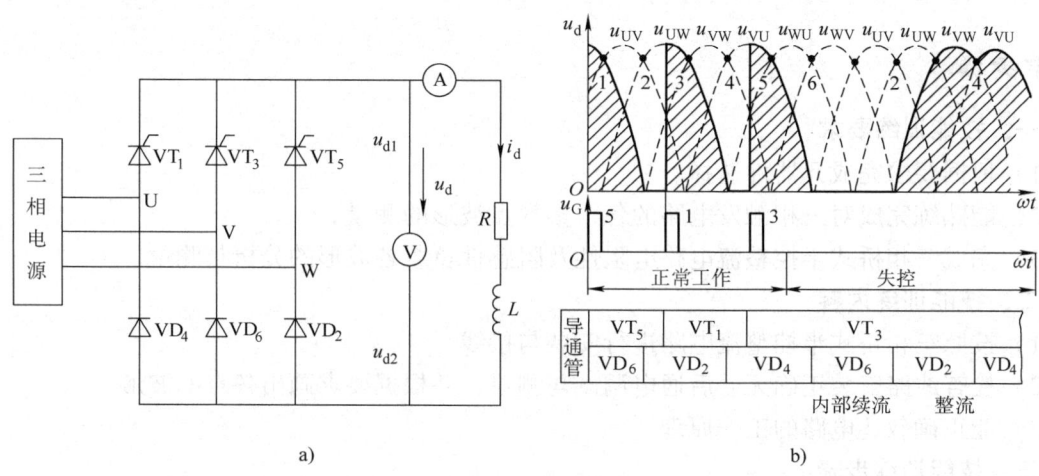

图 2-31 三相桥式半控整流电路阻感性负载及波形
a) 电路 b) 正常及失控时的 u_d 波形

电感性负载时,晶闸管和二极管在同一周期内均导通 120°,但是,如果突然失去门极脉冲,也会像单相半控桥式整流电路一样,发生失控现象,即一只导通的晶闸管轮流与三只整流二极管轮流导通,整流输出失去控制,且导通的晶闸管很可能因过热而损坏。负载两端的电压 u_d 波形如图 2-31b 所示。因此,为了防止失控现象,一般仍另接续流二极管。

阻感性负载时输出电压 u_d 波形,u_{VT} 的波形及计算与电阻性负载相同。

设备、工具和材料准备

(1) 工具　电工通用工具、电烙铁、镊子等。
(2) 仪表　MF47 型万用表、双踪示波器。
(3) 器材　训练器材见表 2-5、表 2-6。

表 2-5　主电路训练器材

序号	符号	名称	型号与规格	件数
1	VT_1、VT_3、VT_5	晶闸管	KP1-8	3
2	VD_2、VD_4、VD_6	二极管	1N5408	3

序号	符号	名称	型号与规格	件数
3	R	电阻	900Ω	2
4	L	电感	700mH	1

表 2-6 触发电路训练器材

序号	型号	备注	件数
1	DJK01 电路电源控制屏	该控制屏包含"三相电源输出"等几个模块	1
2	DJK02-1 电路三相晶闸管触发电路	该电路包含"触发电路","正、反桥功放"等几个模块	1
3	DJK06 电路给定及实验器件	该电路包含"给定"等模块	1

操作步骤

一、技能训练要求

1)根据要求完成元器件选择。
2)能熟练完成对三相触发电路的各个参数点波形的测量。
3)完成三相桥式半控整流电路电阻性及阻感性负载各波形的分析与测量。

二、技能训练内容

1)按照三相桥式半控整流电路进行安装与接线。
2)检查线路安装正确无误后通电调试与测量,并根据要求画出各点的波形。
3)能正确叙述电路的工作原理。

三、技能训练步骤

技能训练 三相桥式半控整流电路电阻性负载的安装、调试及波形分析

1)对照图 2-32,根据图 2-24 中各模块的功能,完成三相桥式半控整流电路电阻性负载

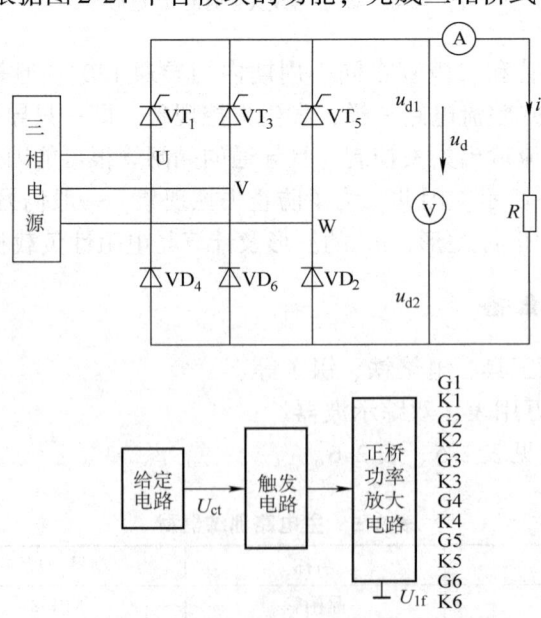

图 2-32 三相桥式半控整流电路电阻性负载接线

电路的连接。

2）晶闸管和电阻性负载测量图如图 2-25 所示，分别测量 $\alpha = 0°$、$30°$ 和 $60°$ 时整流输出电压 u_d 和晶闸管两端电压 u_{vt} 的波形，如图 2-33 所示。

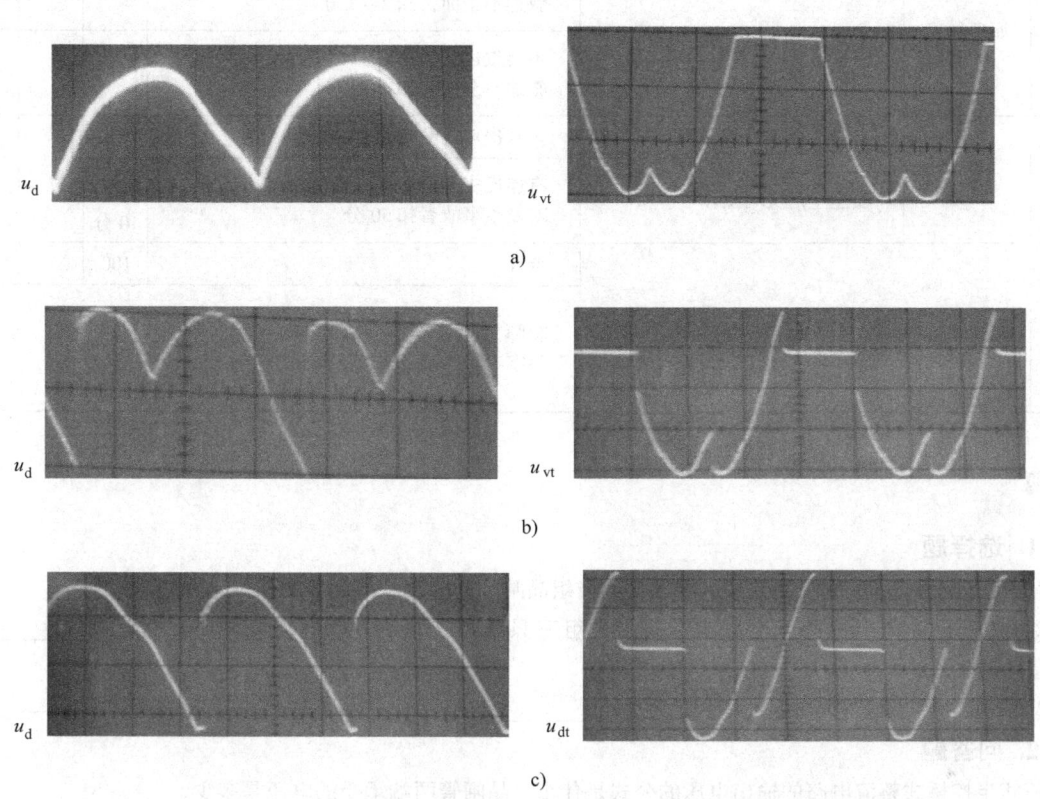

图 2-33　$\alpha = 0°$、$30°$ 和 $60°$ 时的负载和晶闸管两端的实测波形
a）$\alpha = 0°$ 时的输出电压波形　b）$\alpha = 30°$ 时的输出电压波形　c）$\alpha = 60°$ 时的输出电压波形

成绩评分标准（见表 2-7）

表 2-7　成绩评分标准

序号	主要内容	考核要求	评分标准	配分	扣分	得分
1	元器件检测筛选	测试元器件方法正确	测试方法不对，每次扣 2 分	5		
		元器件技术参数选择合理	元器件技术参数相差太大，每件扣 2 分	5		
2	元器件安装、焊接	元器件安装位置正确	元器件安装位置错误，每件扣 3 分	15		
		元器件焊接符合工艺要求	元器件排列不整齐，扣 5 分 元器件有虚焊、毛刺，每件扣 3 分	15		
3	调试电路	调试方法正确	示波器使用错误扣 10 分 调试顺序错误扣 10 分	20		
		正确给出观察点、波形	波形不正确，扣 10 分	20		
4	原理叙述	主电路工作原理	不会叙述，扣 5 分 叙述不全面，扣 2~3 分	5		

序号	主要内容	考核要求	评分标准	配分	扣分	得分
4	原理叙述	触发电路工作原理	不会叙述，扣5分 叙述不全面，扣2~3分	5		
		同步的原理	不会叙述，扣5分 叙述不全面，扣2~3分	10		
5	安全文明生产	工具、仪表完好无损	凡有损坏，酌情扣5~10分	从总分扣5~10分		
		安全生产文明操作	有违反安全操作者，酌情扣5~10分 对发生事故者扣50分			
			合计	100		
备注			教师签字　　　　　　年　月　日			

习题

1. 选择题

1）在三相桥式半控整流电路中，要求共阴极组晶闸管的触发脉冲之间的相位差为_____。

2）在三相桥式半控整流电路中，共阳极组三只整流二极管 VD_4、VD_6 和 VD_2 总是在_____换相。

3）三相桥式半控整流电路的移相范围为_____。

2. 问答题

三相半控桥式整流电路的输出电压的公式是什么？晶闸管两端承受的电压是多少？

3. 计算题

1）有一个三相半控桥式整流电路，接在二次相电压为200V的三相变压器上，求其输出电压平均值的调节范围。

2）三相半控桥式整流电路，接在二次相电压为220V的三相变压器上。

求：①触发延迟角 $\alpha = 60°$ 时，整流输出电压平均值；②触发延迟角 $\alpha = 90°$ 时，整流输出电压平均值。

项目2.3　三相桥式全控整流电路

三相全控桥式整流电路可以看做是共阴极接法的三相半波（VT_1、VT_3、VT_5）和共阳极接法的三相半波（VT_4、VT_6、VT_2）的串联组合。由于共阴极组在正半周导电，流经变压器的是正向电流；而共阳极组在负半周导电，流经变压器的是反向电流。因此，变压器绕组中没有直流磁通，且每相绕组正、负半周都有电流流过，提高了变压器的利用率。共阴极组的输出电压是输入电压的正半周，共阳极组的输出电压是输入电压的负半周，总的输出电压是正、负两个输出电压的串联。三相桥式全控整流电路多用于大功率直流电动机或要求实现有源逆变的负载。

项目目的

1) 掌握三相桥式全控整流电路的结构、工作原理、波形分析和数量关系。
2) 熟练完成电路的安装并调试出电路在电阻性负载和阻感性负载时的工作波形。

项目内容

1) 按照三相桥式全控整流电路原理图完成接线。
2) 检查接线正确无误后通电调试与测量,并根据要求画出各点的波形。

相关知识点析

一、三相桥式全控整流电路电阻性负载的工作原理

三相桥式全控整流电路如图2-34所示,为了保证整流装置能启动工作,或在电流断续后能再次导通,必须对共阴极组及共阳极组的各一只晶闸管同时加触发脉冲,使它们导通,才能形成电流电路。为此可采用两种方法:一种是宽脉冲触发,使每个脉冲宽度大于60°(80°~100°),这样,在换相时,相隔60°的一个脉冲出现时,前一个脉冲还未消失(见图2-35),使电路在任何换相点均有相邻两只晶闸管被触发,保证电流电路的形成;另一种方法是在触发某一只晶闸管的同时给前一只晶闸管补发一个脉冲(称为辅助脉冲),例如,对 VT_1 发送1号脉冲的同时给 VT_6 补发一个6号辅助脉冲,这样 VT_1 与 VT_6 就能同时被触发导通,如图2-35所示,亦能起同样效果,此方法称为双窄脉冲触发。第二种方法虽然电路复杂,但可减小触发电路功率与脉冲变压器的体积,故这种触发方式用得较多。

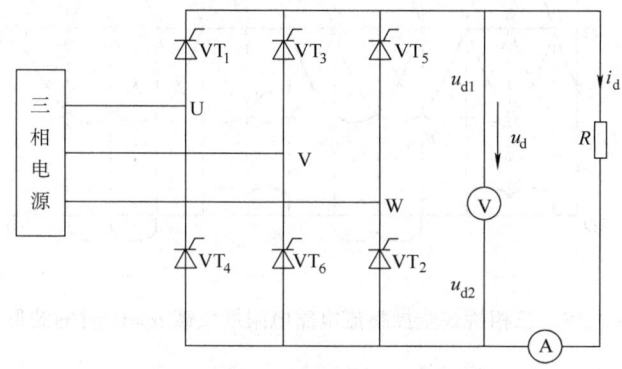

图2-34 三相桥式全控整流电路

(1) $\alpha = 0°$ 时的波形 各波形如图2-35所示,此时各晶闸管在自然换相点换相,此点为相电压波形交点,亦为线电压波形交点。为便于分析,将相电压波形在一个周期内分为六等分。

在时间段 I:在 $\omega t = 30°$ 处,即 $\alpha = 0°$ 时同时触发 VT_6、VT_1,由于此阶段 U 相电位最高,V 相电位最低,故这两只晶闸管导通。电流通路为:U 相→VT_1→R→VT_6→V 相。输出电压 $u_d = u_U - u_V = u_{UV}$,VT_1 的端电压 $u_{VT1} = 0$。

在时间段 II:U 相电位仍最高,VT_1 仍保持导通,但电位最低的已由 V 相转化为 W 相,在 $\omega t = 90°$ 时触发导通,则因承受反压而关断,这时电流通路为:U 相→VT_1→R→VT_2→W

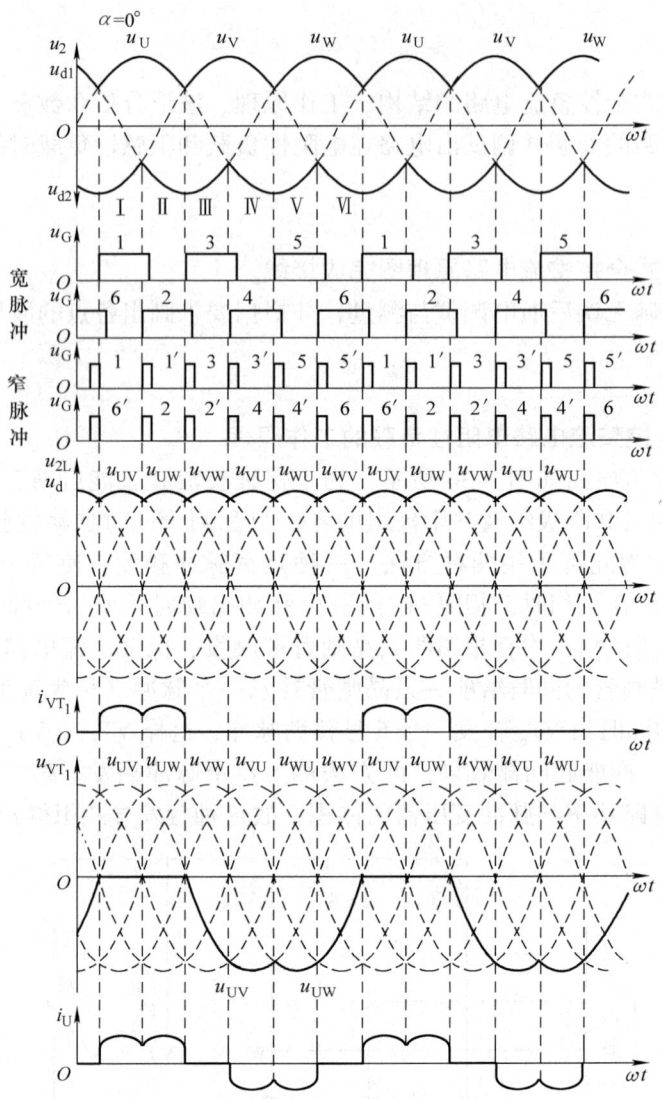

图 2-35 三相桥式全控整流电路电阻性负载 $\alpha=0°$ 时的波形

相，$u_d = u_{UW}$，u_{vt1} 仍为零。

在时间段Ⅲ：W 相电位仍最低，继续导通，V 相电位已最高，在 $\omega t = 150°$ 时触发导通，从而关断，电流由 U 相换相到 V 相，通路为：V 相→VT_3→R→VT_2→W 相。$u_d = u_{VW}$，VT_1 则承受反压 u_{UV}。

依此类推，在时间段Ⅳ，VT_3、VT_4 导通，$u_d = u_{VU}$，$u_{vt1} = u_{UV}$；时间段Ⅴ，VT_4、VT_5 导通，$u_d = u_{WU}$，$u_{vt1} = u_{UW}$；时间段Ⅵ，VT_5、VT_6 导通，$u_d = u_{WV}$，$u_{vt1} = u_{UW}$。

从上述分析可得如下结论：

1）三相桥式全控整流电路任一时刻必须有两只晶闸管同时导通，才能构成电流电路，其中一只在共阴极组，另一只在共阳极组，而且这两只导通的晶闸管不在同一相内。因此，负载电压是两相电压之差，即线电压，一个周期内有六次脉动，它为线电压的包络线。

2) 晶闸管在一个周期内导通120°，关断240°，晶闸管换相只在本组内进行，每隔120°换相一次。

3) 共阴极组及共阳极组内各管脉冲相位差为120°，接在同一相的不同组晶闸管脉冲相位差为180°。晶闸管按顺序轮流导通，相邻顺序晶闸管脉冲相位差为60°，即每隔60°换相一次。

4) 晶闸管承受的最大反向电压为变压器二次侧线电压峰值。

5) 变压器二次绕组流过正、负两个方向的电流，消除了变压器的直流磁化，提高了变压器的利用率。

(2) $\alpha = 30°$时的波形　与0°时的波形不同之处是晶闸管起始导通时刻推迟了30°，即晶闸管从自然换相点向后移30°开始换相，组成u_d的每一段线电压亦推迟了30°，故u_d的平均值降低。晶闸管电压、电流波形及变压器二次电流随之变化，如图2-36所示。

(3) $\alpha = 60°$时的波形　u_d波形处于连续与断续的临界状态。所以，当$\alpha < 60°$时，u_d波形连续，i_d波形与u_d波形一样，也连续，如图2-37所示。

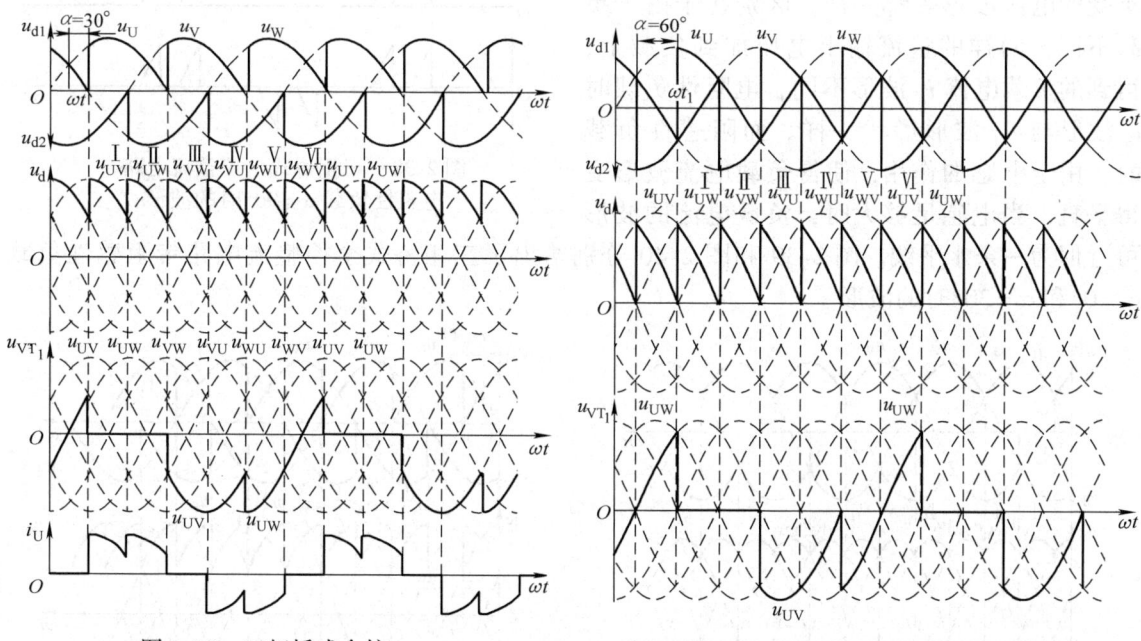

图2-36　三相桥式全控
整流电路电阻性负载$\alpha = 30°$时的波形

图2-37　三相桥式全控整流电路
电阻性负载$\alpha = 60°$时的波形

当整流输出电压连续，$\alpha \leq 60°$时的平均值为

$$U_d = \frac{1}{\frac{\pi}{3}} \int_{\frac{\pi}{3}+\alpha}^{\frac{2\pi}{3}+\alpha} \sqrt{6} U_2 \sin\omega t \, d(\omega t) = 2.34 U_2 \cos\alpha \tag{2-7}$$

(4) $\alpha > 60°$（如$\alpha = 90°$）时的波形　波形如图2-38所示，u_d、i_d波形断续。当$\alpha = 120°$时，加在晶闸管的线电压为零，晶闸管不能导通，此时$u_d = 0$，所以，电阻性负载时移相范围为120°。

电阻性负载且$\alpha > 60°$时，整流电压平均值为

$$U_\mathrm{d} = \frac{3}{\pi}\int_{\frac{\pi}{3}+\alpha}^{\pi}\sqrt{6}U_2\sin\omega t\,\mathrm{d}(\omega t) = 2.34U_2\left[1+\cos\left(\frac{\pi}{3}+\alpha\right)\right] \tag{2-8}$$

二、三相桥式全控整流电路阻感性负载的工作原理

三相桥式全控整流电路大多用于向阻感性负载和反电动势阻感性负载供电（即用于直流电动机传动），下面主要分析阻感性负载时的情况，对于带反电动势阻感性负载的情况，只需在阻感性负载的基础上掌握其特点，即可把握其工作情况。

当 $\alpha \leq 60°$ 时，u_d 波形连续，电路的工作情况与带电阻性负载时十分相似，各晶闸管的通断情况、输出整流电压 u_d 波形、晶闸管承受的电压波形等都一样。区别在于由于负载不同，同样的整流输出电压加到负载上，得到的负载电流 i_d 波形不同，电阻性负载时 i_d 波形与 u_d 波形形状一样。而阻感性负载时，由于电感的作用，使得负载电流波形变得平直，当电感足够大时，负载电流的波形

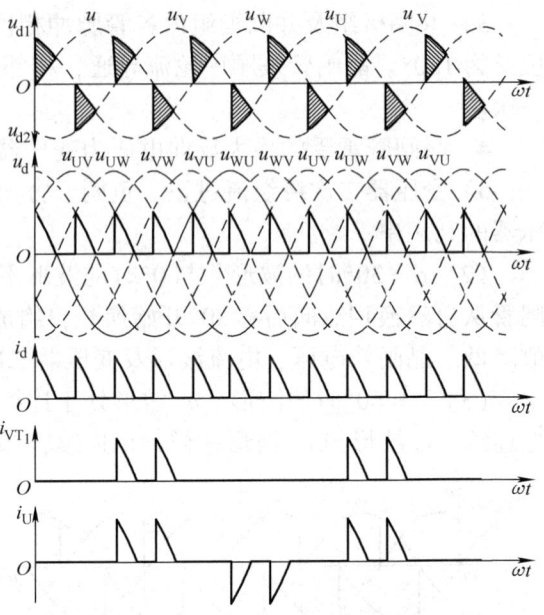

图 2-38 三相桥式全控整流电路电阻性负载 $\alpha = 90°$ 时的波形

可近似为一条水平线。图 2-39 和图 2-40 分别给出了三相桥式全控整流电路带阻感性负载 $\alpha = 0°$ 和 $\alpha = 30°$ 时的波形。

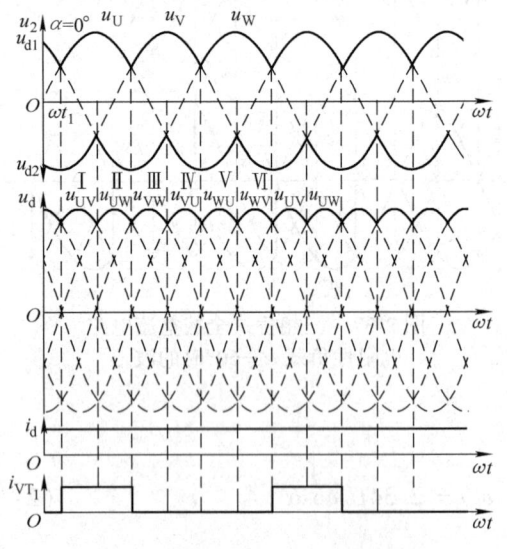

图 2-39 三相桥式全控整流电路阻感性负载 $\alpha = 0°$ 时的波形

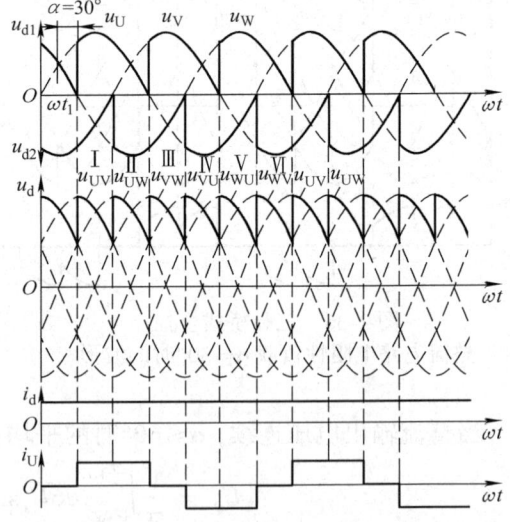

图 2-40 三相桥式全控整流电路带阻感性负载 $\alpha = 30°$ 时的波形

图 2-39 中除给出 u_d 波形和 i_d 波形外，还给出了晶闸管 VT_1，电流 i_{VT_1} 的波形，可与电阻性负载时的情况进行比较。由波形可知，在晶闸管 VT_1 导通段，i_{VT_1} 波形由负载电流 i_d 波

形决定。

图 2-40 中除给出 u_d 波形和 i_d 波形外，还给出了变压器二次侧 U 相电流 i_U 的波形。

当 $\alpha > 60°$ 时，阻感性负载时的工作情况与电阻性负载时不同，电阻性负载时 u_d 波形不会出现负的部分，而阻感性负载时，由于电感 L 的作用，u_d 波形会出现负的部分。图 2-41 给出了 $\alpha = 90°$ 时的波形。若电感 L 值足够大，u_d 中正、负面积将基本相等，u_d 平均值近似为零。这表明，阻感性负载时，三相桥式全控整流电路的 α 移相范围为 $0° \sim 90°$。

在以上的分析中已经说明，整流输出电压 u_d 的波形在一周期内脉动六次，且每次脉动的波形相同，因此在计算其平均值时，只需对一个脉波（即 1/6 周期）进行计算即可。此外，以线电压的过零点为时间坐标的零点，于是可得到当整流输出电压连续时（即阻感性负载时，或电阻性负载 $\alpha \leq 60°$ 时）的平均值为

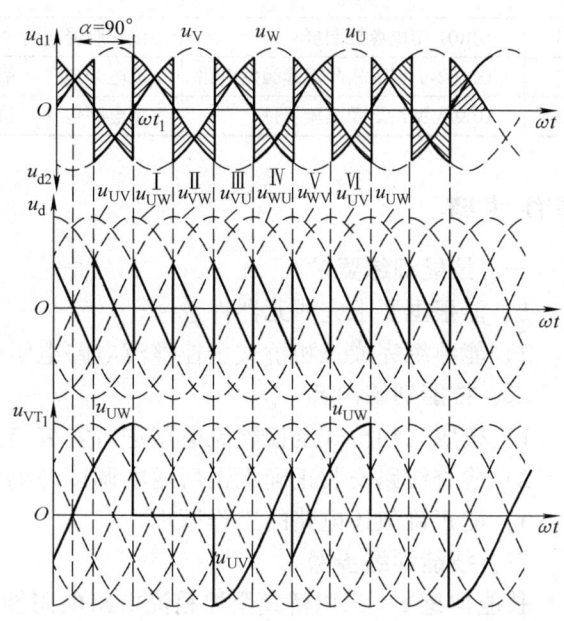

图 2-41　三相桥式全控整流电路带阻感性负载 $\alpha = 90°$ 时的波形

$$U_d = \frac{1}{\frac{\pi}{3}} \int_{\frac{\pi}{3}+\alpha}^{\frac{2\pi}{3}+\alpha} \sqrt{6} U_2 \sin\omega t \, d(\omega t) = 2.34 U_2 \cos\alpha \tag{2-9}$$

电阻性负载且 $\alpha > 60°$ 时，整流电压平均值为

$$U_d = \frac{3}{\pi} \int_{\frac{\pi}{3}+\alpha}^{\pi} \sqrt{6} U_2 \sin\omega t \, d(\omega t) = 2.34 U_2 \left[1 + \cos\left(\frac{\pi}{3} + \alpha\right)\right] \tag{2-10}$$

输出电流平均值为 $I_d = U_d/R$。晶闸管电压、电流等的定量分析与三相半波时一致。

设备、工具和材料准备

（1）工具　电工通用工具、电烙铁、镊子等。
（2）仪表　MF47 型万用表、双踪示波器。
（3）器材　训练器材见表 2-8、表 2-9。

表 2-8　主电路训练器材

序号	符号	名称	型号与规格	件数
1	$VT_1 \sim VT_6$	晶闸管	KP1-8	6
2	R	电阻	900Ω	1
3	L	电感	700mH	1

表 2-9 触发电路训练器材

序号	型号	备注	件数
1	DJK01 型电源控制屏	该控制屏包含"三相电源输出"等几个模块	1
2	DJK02-1 型三相晶闸管触发电路	该电路包含"触发电路","正、反桥功放"等几个模块	1
3	DJK06 型给定及实验器件	该电路包含"给定"等模块	1

操作步骤

一、技能训练要求

1) 能根据要求完成元器件选择。

2) 能熟练完成三相桥式全控整流电路电阻性及阻感性负载各波形的分析与测量。

二、技能训练内容

1) 按照三相桥式全控整流电路进行安装与接线。

2) 检查线路安装正确无误后通电调试与测量,并根据要求画出各点的波形。

3) 能正确叙述电路的工作原理。

三、技能训练步骤

技能训练 1　三相桥式全控整流电路电阻性负载的安装、调试及波形分析

1) 对照图 2-42,根据图 2-24 中各模块的功能,完成三相桥式全控整流电路电阻性负载电路的连接。

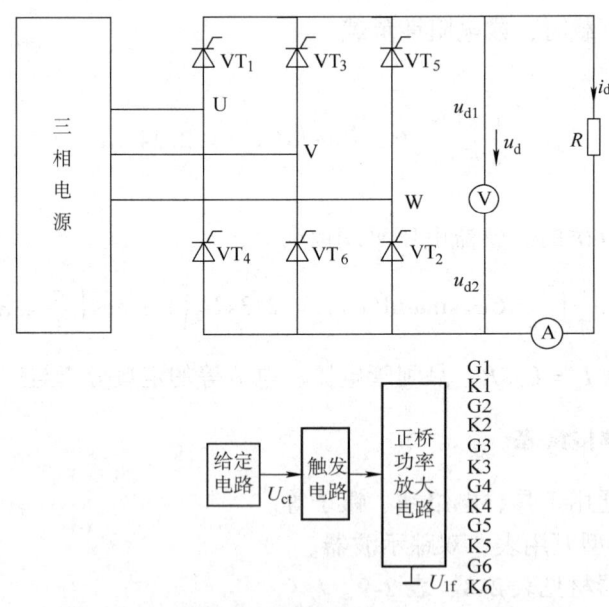

图 2-42　三相桥式全控整流电路电阻性负载接线

2) 晶闸管和电阻性负载测量图如图 2-25 所示,分别测量 $\alpha = 0°$、30°和 60°时整流输出电压 u_d 和晶闸管两端电压 u_{VT} 的波形,如图 2-43 所示。

技能训练 2　三相桥式全控整流电路阻感性负载的安装、调试及波形分析

1) 对照图 2-44,根据图 2-24 中各模块的功能,完成三相桥式全控整流电路阻感性负载电路的连接。

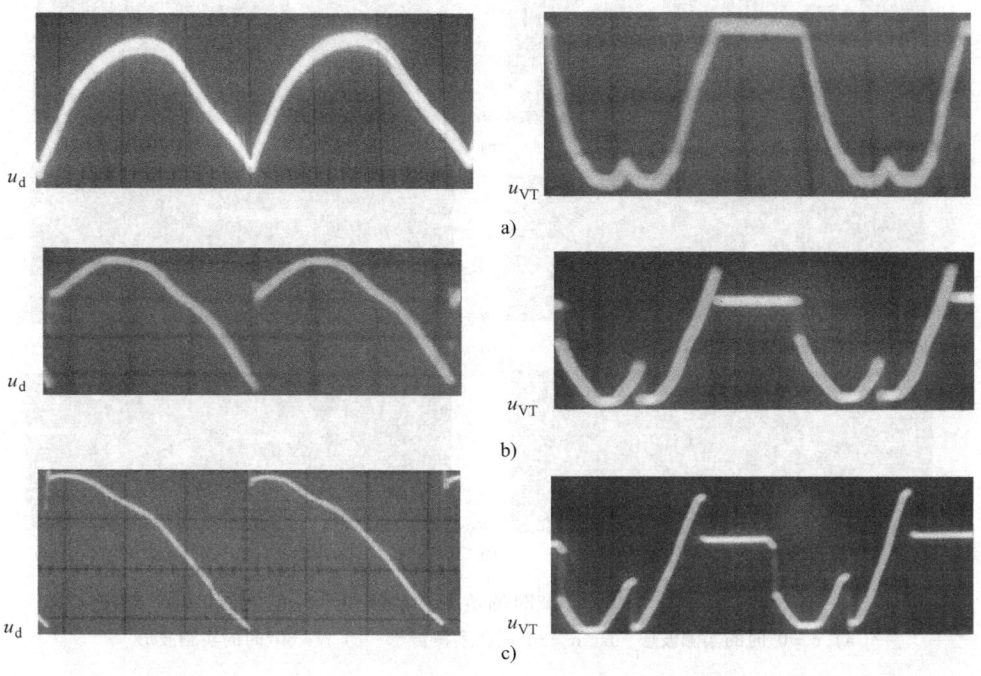

图 2-43 α=0°、30°和60°时的负载和晶闸管两端的实测波形
a) α=0°时的实测波形 b) α=30°时的实测波形 c) α=60°时的实测波形

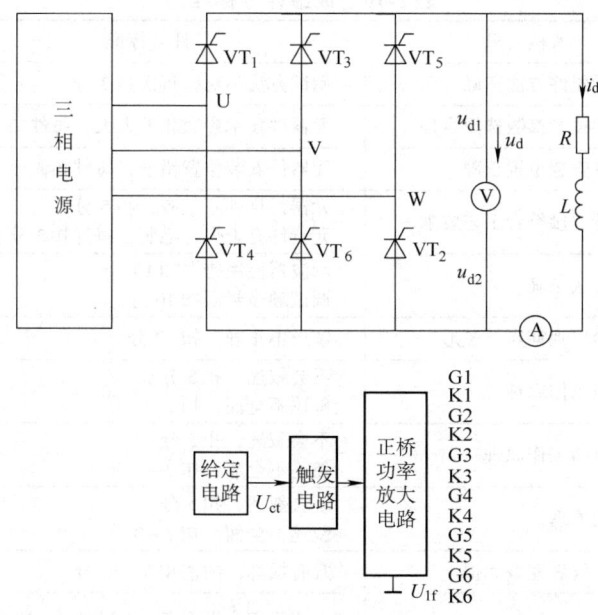

图 2-44 三相桥式全控整流电路阻感性负载接线

2）晶闸管和阻感性负载测量图如图2-28所示，分别测量α=0°、30°和60°时整流输出电压 u_d 和晶闸管两端电压 u_{VT} 的波形，如图2-45所示。

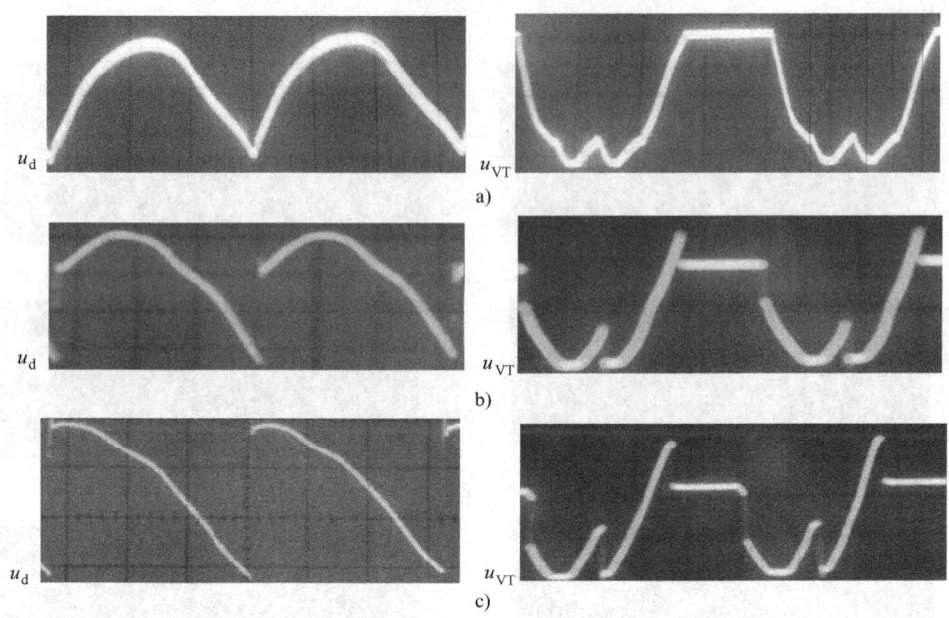

图 2-45 α=0°、30°和60°时的负载和晶闸管两端的实测波形
a) α=0°时的实测波形 b) α=30°时的实测波形 c) α=60°时的实测波形

成绩评分标准（见表2-10）

表 2-10 成绩评分标准

序号	主要内容	考核要求	评分标准	配分	扣分	得分
1	元器件检测筛选	测试元器件方法正确	测试方法不对，每次扣2分	5		
		元器件技术参数选择合理	元器件技术参数相差太大，每件扣2分	5		
2	元器件安装、焊接	元器件安装位置正确	元器件安装位置错误，每件扣3分	15		
		元器件焊接符合工艺要求	元器件排列不整齐，扣5分 元器件有虚焊、毛刺，每件扣3分	15		
3	调试电路	调试方法正确	示波器使用错误扣10分 调试顺序错误扣10分	20		
		正确给出观察点、波形	波形不正确，扣10分	20		
4	原理叙述	主电路工作原理	不会叙述，扣5分 叙述不全面，扣2~3分	5		
		触发电路工作原理	不会叙述，扣5分 叙述不全面，扣2~3分	5		
		同步的原理	不会叙述，扣5分 叙述不全面，扣2~3分	10		
5	安全文明生产	工具、仪表完好无损	凡有损坏，酌情扣5~10分	从总分扣5~10分		
		安全生产文明操作	有违反安全操作者，酌情扣5~10分 对发生事故者扣50分			
备注			合计	100		
			教师签字	年 月 日		

习题

1. 填空题

1) 三相桥式全控整流电路带电阻性负载工作中，共阴极组中处于导通状态的晶闸管对应的是_____的相电压，而共阳极组中处于导通的晶闸管对应的是_____的相电压；这种电路触发延迟角 α 的移相范围是_____，u_d 波形连续的条件是_____。

2) 三相桥式全控整流电路带阻感性负载时，设交流侧电抗为零，直流电感 L 为足够大。当 $\alpha = 30°$ 时，三相电流有效值与直流电流的关系为 $I = $ _____ I_d。

3) 三相全控桥式整流电路在 $\alpha \leqslant 60°$ 时输出的平均电压 U_d 的计算式为 $U_d = $ _____。

2. 问答题

1) 在三相桥式全控整流电路中，电阻性负载，如果有一只晶闸管不能导通，此时的整流电压 u_d 波形如何？如果有一个晶闸管被击穿而短路，其他晶闸管受什么影响？

2) 简要说明三相全控桥式整流电路可以采用哪两种脉冲形式？

3. 计算题

1) 三相桥式全控整流电路带电阻性负载工作，设交流电压有效值 $U_2 = 400\text{V}$，负载电阻 $R_d = 10\Omega$，触发延迟角 $\alpha = 30°$，试求：输出电压平均值 U_d 和输出电流平均值 I_d。

2) 三相半波可控整流电路，$u_2 = 100\text{V}$，带阻感性负载，$R = 5\Omega$，L 值极大，当 $\alpha = 60°$ 时，要求：①画出 u_d、i_d 和 i_{VT_1} 的波形；②计算 u_d、i_d。

模块三 交流调压电路

项目 3.1 单相交流调压电路

把两只晶闸管反并联后串联在交流电路中，通过对晶闸管的控制就可以控制交流电力。这种电路不改变交流电的频率，称为交流电力控制电路。在每半个周波内通过对晶闸管开通相位的控制，可以方便地调节输出电压的有效值，这种电路称为交流调压电路。交流调压广泛应用于工业加热、灯光控制、异步电动机的调速以及电解、电镀的交流侧调压等场合。

项目目的

1）掌握单相交流调压电路在电阻性负载及阻感性负载时的工作原理。
2）能熟练调试出单相交流调压电路在电阻性负载及阻感性负载时的工作波形。

项目内容

熟练完成单相交流调压触发电路与单相交流调压电路的安装、调试及波形分析。

相关知识点析

一、单相交流调压电路的工作原理

图 3-1 所示为单相交流调压电路。它由晶闸管 VT_1、VT_4，负载电阻 R 组成，和整流电路一样，交流调压电路的工作情况也和负载性质有很大的关系。

1. 电阻性负载

图 3-2 所示为单相交流调压电路电阻性负载波形。设 u_d、i_d 为整流输出电压和负载电流的瞬时值，u_2 为单相电源输出电压，u_{VT} 为晶闸管两端电压瞬时值。

在交流电源 u_2 的正半周和负半周，分别对 VT_1 和 VT_4 的导通角 α 进行控制就可以调节输出电压。正、负半周 α 起始时刻（$\alpha = 0°$）均为电压过零时刻。在稳态情况下，应使正、负半周的 α 相等。可以看出，负载电压波形是电源电压波形的一部分，负载电流（即电源电流）和负载电压的波形相同。

从图 3-2 可以看出，α 的移相范围为 $0 \leq \alpha \leq \pi$。$\alpha = 0$ 时，相当于晶闸管一直接通，输出电压为最大值，$u_d = u_2$；随着 α 的增大，u_d 逐渐降低；直到 $\alpha = \pi$ 时，$u_d = 0$。此外，$\alpha = 0$ 时，随着 α 的增大，输入电流滞后于电压且发生畸变。由输出波形求得负载电压的有效值为

$$U_d = \sqrt{\frac{1}{\pi}\int_0^\pi (\sqrt{2}U_2\sin\omega t)^2 \mathrm{d}(\omega t)} = U_2\sqrt{\frac{\sin 2\alpha}{2\pi} + \frac{\pi - \alpha}{\pi}} \tag{3-1}$$

晶闸管电流有效值为

$$I_{VT} = \sqrt{\frac{1}{2\pi}\int_\alpha^\pi \left(\frac{\sqrt{2}U_2\sin\omega t}{R}\right)^2 \mathrm{d}(\omega t)} = \frac{U_2}{R}\sqrt{\frac{1}{2}\left(1 - \frac{\alpha}{\pi} + \frac{\sin 2\alpha}{2\pi}\right)} \tag{3-2}$$

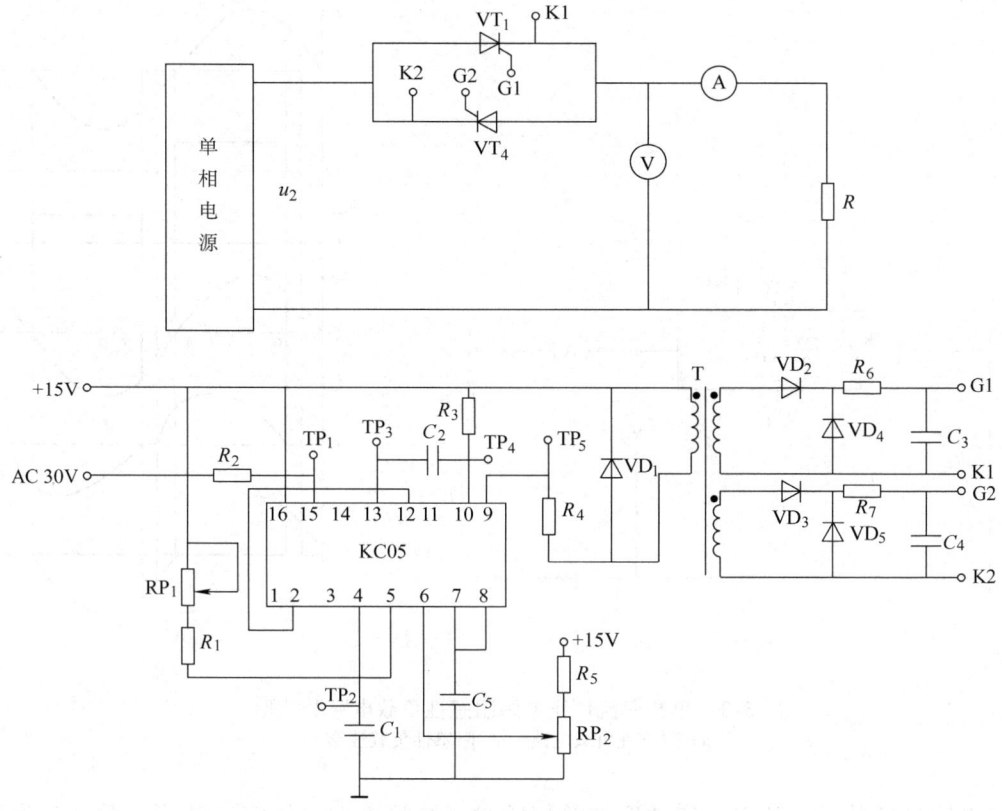

图 3-1 单相交流调压电路

晶闸管电流有效值为

$$I_d = \frac{U_d}{R} \tag{3-3}$$

2. 阻感性负载

在图 3-1 中负载电阻上串联电感组成阻感性负载电路，电路及其波形如图 3-3 所示。设负载的阻抗角为 $\varphi = \arctan(\omega L/R)$。如果用导线把晶闸管完全短接，稳态时负载电流应是正弦波，其相位滞后于电源电压 u_2 的角度为 φ。在用晶闸管控制时，很显然只能进行滞后控制，使负载电流更为滞后，而无法使其超前。为了方便起见，把 $\alpha = 0°$ 的时刻仍定在电源电压过零的时刻，显然，阻感性负载下稳态时 α 的移相范围应为够 $\varphi \leq \alpha \leq \pi$。

上述电路在导通角为 α 时，负载电压有效值 U_d 为

$$U_d = \sqrt{\frac{1}{\pi}\int_\alpha^{\alpha+\theta}(\sqrt{2}U_2\sin\omega t)^2 d(\omega t)} \tag{3-4}$$

综上所述，单相交流调压有如下特点：

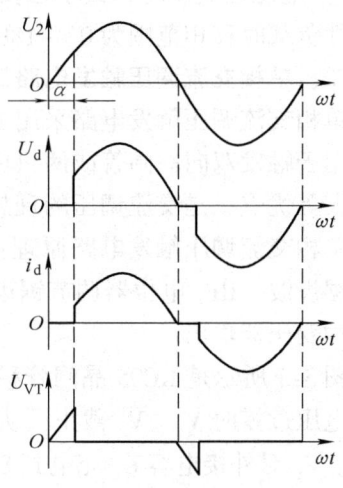

图 3-2 单相交流调压电路电阻性负载波形

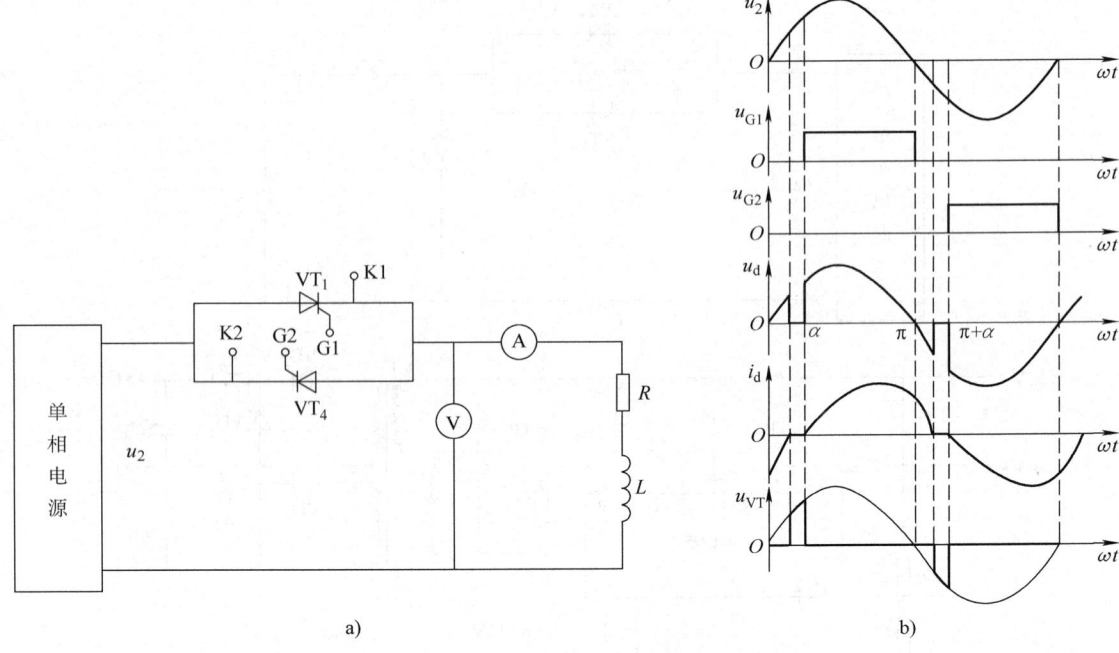

图 3-3 单相交流调压电路阻感性负载电路及波形
a) 阻感性负载电路　b) 阻感性负载波形

1) 电阻性负载时，负载电流波形与单相桥式可控整流交流侧电流波形一致。改变触发延迟角 α 可以连续改变负载电压有效值，达到交流调压的目的。单相交流调压的触发电路完全可以套用整流触发电路。

2) 电感性负载时，不能用窄脉冲触发。否则当 $\alpha < \varphi$ 时，会出现一只晶闸管无法导通，产生很大直流分量电流，烧毁熔断器或晶闸管。

3) 电感性负载时，最小触发延迟角 $\alpha_{\min} = \varphi$（阻抗角）。所以 α 的移相范围为 $\varphi \sim 180°$，电阻性负载时移相范围为 $0° \sim 180°$。

二、单相交流调压触发电路工作原理

单相交流调压触发电路采用 KC05 集成晶闸管移相触发器，如图 3-4 所示。该集成触发器适用于触发双向晶闸管或两只反向并联晶闸管组成的交流调压电路，具有失交保护、输出电流大等优点，是交流调压的理想触发电路。

单相交流调压触发电路原理：同步电压由 KC05 的引脚 15、16 输入，在 TP_2 点可以观测到锯齿波、RP_1 电位器调节锯齿波的斜率、RP_2 电位器调节移相角度，触发脉冲从引脚 9，经脉冲变压器输出。

图 3-5 所示是 KC05 晶闸管移相触发器内部电路原理图。V_1、V_2 组成同步检测电路，当同步电压过零时 V_1、V_2 截止，从而使 V_3、V_4、V_5 导通，V_4 导通，使 V_{11} 基极被短接，V_{11} 截止。V_5 对外接电容 C_1 充电到 8V 左右。同步电压过零结束时，V_1、V_2 导通，V_3、V_4、V_5 恢复截止。C_1 电容经 V_6 恒流放电，形成线性下降的锯齿波。锯齿波的斜率由 5 端的外接锯齿波斜率电位器 RP_1 调节。锯齿波 U_B 送至 V_8 与 6 端引入 V_9 的移相控制电压 U_C 进行比较，

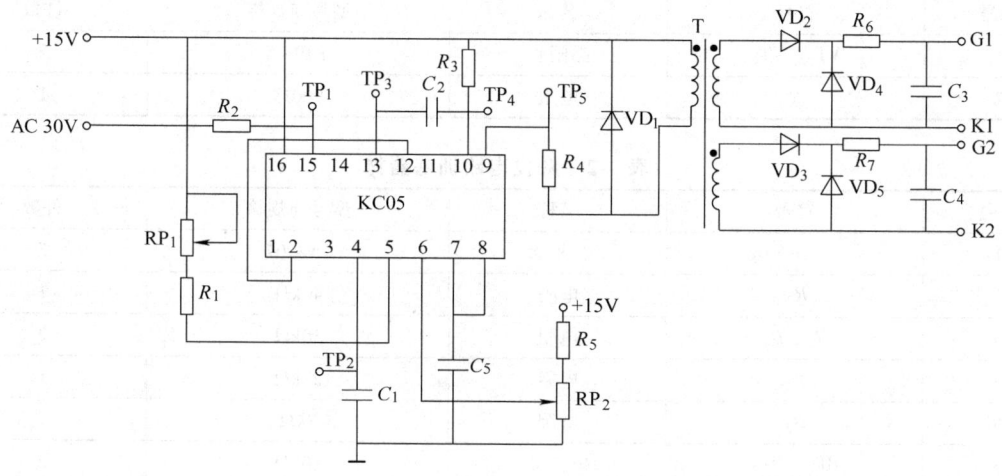

图 3-4　KC05 单相交流调压触发电路

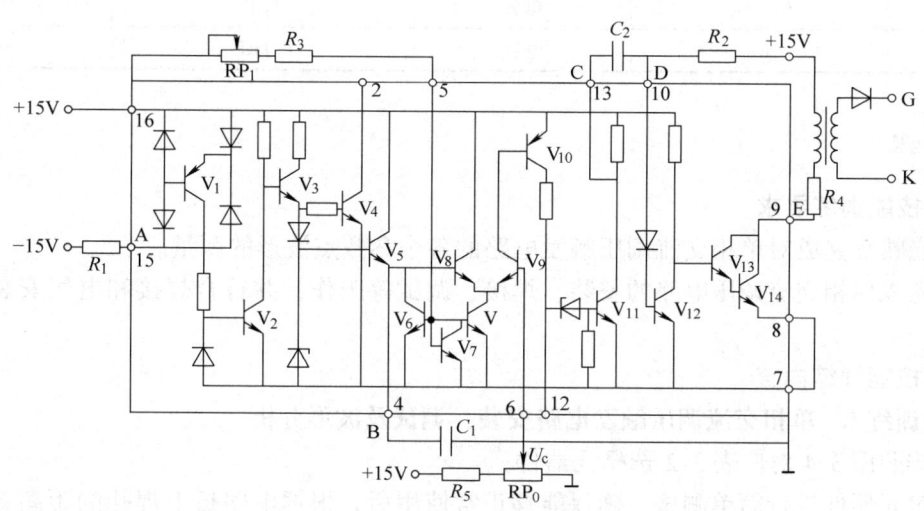

图 3-5　KC05 晶闸管移相触发器内部电路原理图

当 $U_C > U_B$ 时，V_{10}、V_{11} 导通，V_{12} 截止，V_{13}、V_{14} 导通，输出脉冲。V_4 还起失交保护作用，在移相电压与锯齿波失交时晶闸管保持全导通。

对于不同的同步电压，KC05 电路同步限流电阻 R_1 的选择可按如下经验公式计算，即

$$R_1 = 同步电压/3 \tag{3-5}$$

设备、工具和材料准备

（1）工具　电工通用工具、电烙铁、镊子等。

（2）仪表　MF47 型万用表、双踪示波器。

（3）器材　训练器材见表 3-1、表 3-2。

表 3-1 主电路训练器材

序号	符号	名称	型号与规格	件数
1	VT_1、VT_4	晶闸管	KP1-8	2
2	R	电阻	900Ω	1

表 3-2 触发电路训练器材

序号	符号	名称	型号与规格	件数
1	$VD_1 \sim VD_5$	二极管	1N4007	5
2	R_1	电阻	40kΩ	1
3	R_2、R_3	电阻	30kΩ	2
4	R_4	电阻	27kΩ	1
5	R_5	电阻	3kΩ	1
6	RP_1、RP_2	电位器	10kΩ	2
7	C_1	电容器	0.47μF	1
8	C_2	电容器	0.047μF	1
9	C_3、C_4	电容	1μF	2
10	C_5	电容	0.1μF	1

操作步骤

一、技能训练要求

1）能熟练完成对单相交流调压触发电路的各个参数点波形的测量。

2）完成单相交流调压电路的安装、焊接、调试等工作，并符合焊接和电气安装的工艺要求。

二、技能训练内容

技能训练1 单相交流调压触发电路安装、调试及波形分析

1）按照图3-4对应表3-2选择元器件。

2）对元器件进行简单测试，确保能够正常使用后，根据电路板上焊孔的距离将各元器件作成相应的形状。

3）按照焊接工艺的要求，参照图3-6所示的接线将各元器件焊接到电路板上。

4）按照焊接工艺的要求用导线进行线路的连接，完成触发电路的安装。图3-7所示为完成安装的电路板。

5）单相交流调压触发电路的调试。用示波器观察单相交流调压触发电路，得到各观察点理论及实测波形如图3-8所示。

技能训练2 单相交流调压电路的安装、调试及波形分析

1）按照图3-1对应表3-1选择元器件。

2）对元器件进行简单测试，确保能够正常使用后，根据电路板上焊孔的距离将各元器件作成相应的形状。

3）按照焊接工艺的要求将各元器件焊接到电路板上。

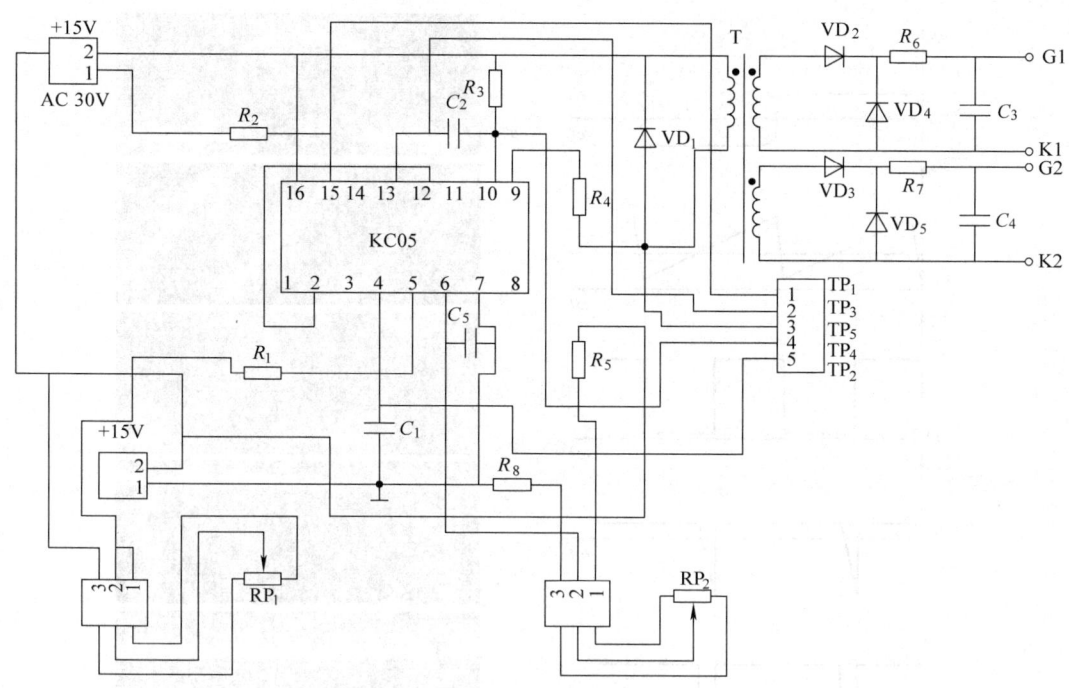

图 3-6 单相交流调压触发电路接线

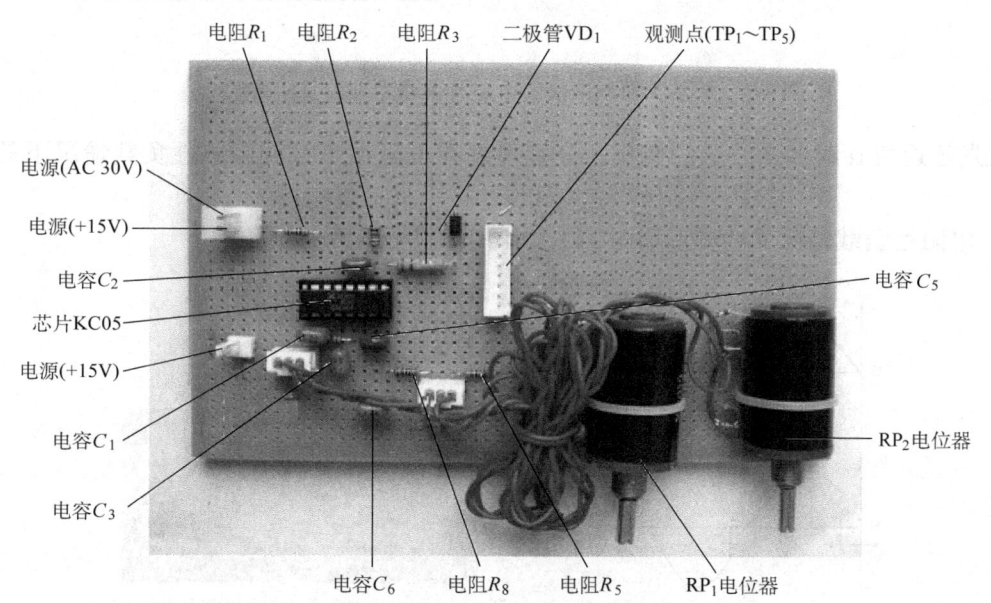

图 3-7 单相交流调压触发电路的电路板

4) 按照焊接工艺的要求用导线进行线路的连接,完成整个电路的安装。

5) 整个电路调试及波形分析。当接通电源后,便可在负载两端得到脉动的直流电压,其输出电压的波形可以用示波器进行测量,将触发器的输出脉冲端 "G1"、"K1"、"G2" 和 "K2" 分别接至主电路相应晶闸管的门极和阴极。接上电阻性负载,用示波器观察负载电压 u_d、晶闸管两端电压 u_{VT} 的波形。调节 "单相调压触发电路" 上的电位器 RP_2,观察在

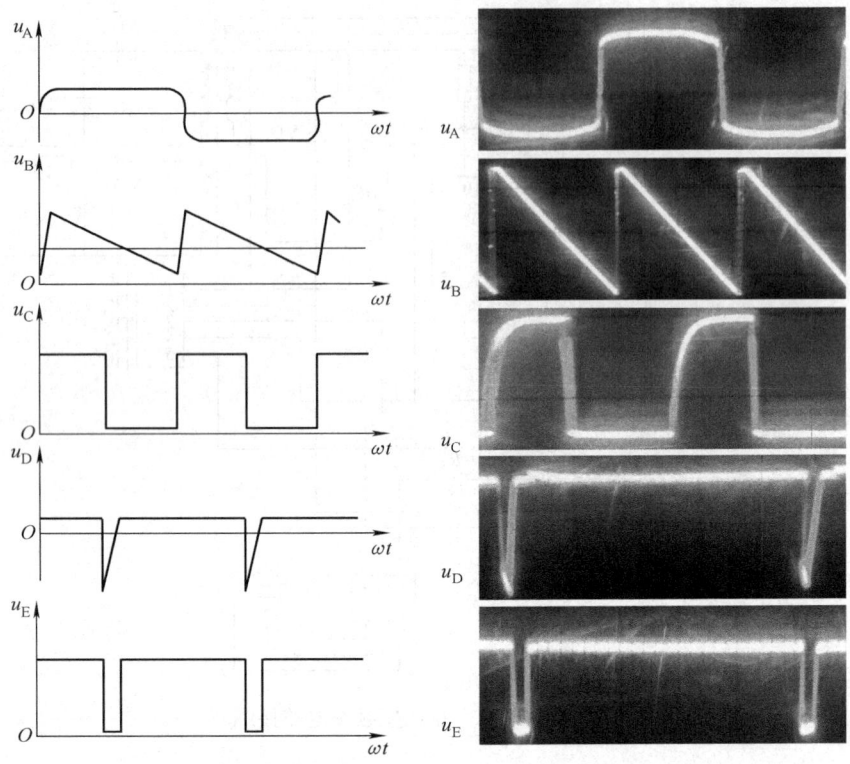

图 3-8　单相交流调压触发电路各观测点理论及实测波形

不同触发延迟角 α 时各点波形的变化，分别得到在电阻性负载和阻感性负载情况下的实际波形。

① 电阻性负载情况下的波形如图 3-9、图 3-10 所示。

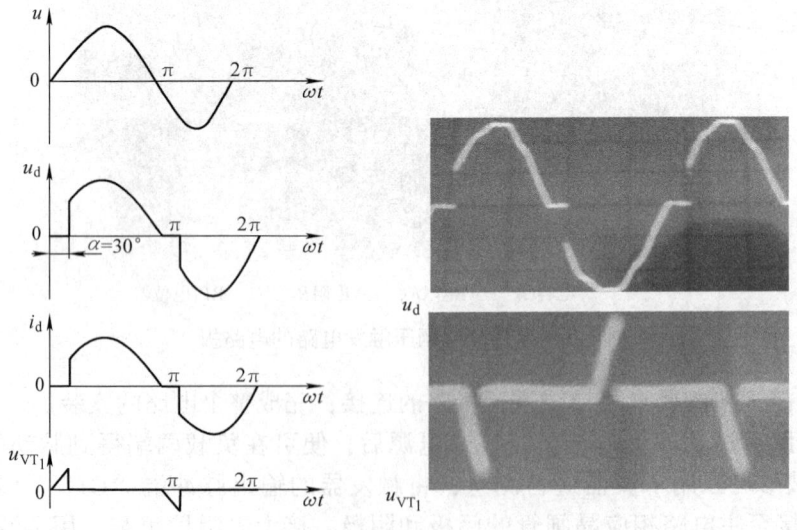

图 3-9　α = 30°时的理论及实测波形

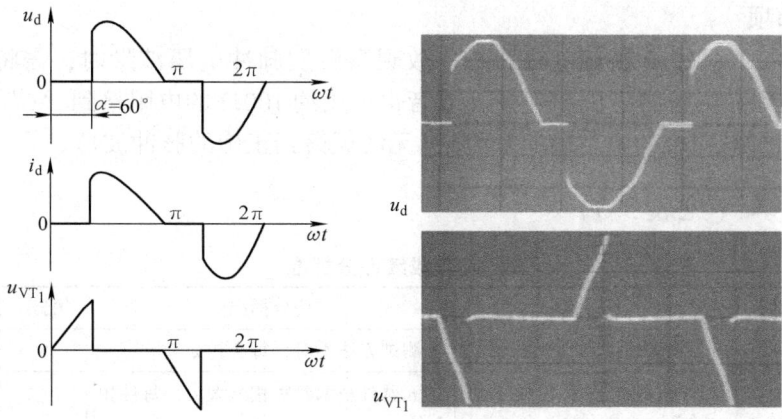

图 3-10　$\alpha = 60°$ 时的理论及实测波形

② 阻感性负载情况下的波形如图 3-11、图 3-12 所示。

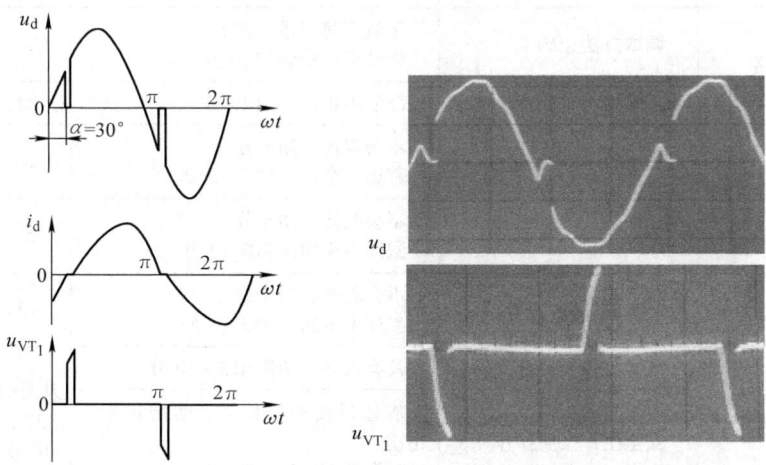

图 3-11　$\alpha = 30°$ 时的理论及实测波形

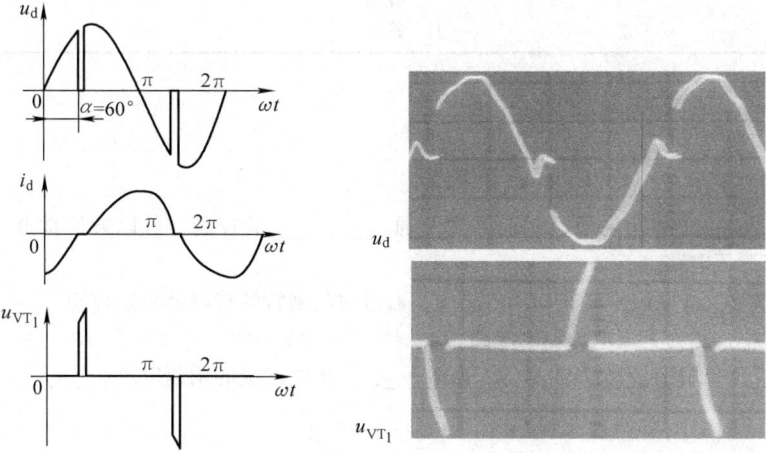

图 3-12　$\alpha = 60°$ 时的理论及实测波形

三、注意事项

由于"G"、"K"输出端有电容影响,故观察触发脉冲电压波形时,需将输出端"G"和"K"分别接到晶闸管的门极和阴极(或者也可用约100Ω的电阻接到"G"、"K"两端,来模拟晶闸管门极与阴极的电阻值);否则,无法观察到正确的脉冲波形。

成绩评分标准(见表3-3)

表3-3 成绩评分标准

序号	主要内容	考核要求	评分标准	配分	扣分	得分
1	元器件检测筛选	测试元器件方法正确	测试方法不对,每次扣2分	5		
		元器件技术参数选择合理	元器件技术参数相差太大,每件扣2分	5		
2	元器件安装、焊接	元器件安装位置正确	元器件安装位置错误,每件扣3分	15		
		元器件焊接符合工艺要求	元器件排列不整齐,扣5分 元器件有虚焊、毛刺,每件扣3分	15		
3	调试电路	调试方法正确	示波器使用错误扣10分 调试顺序错误扣10分	20		
		正确给出观察点、波形	波形不正确,扣10分	20		
4	原理叙述	主电路工作原理	不会叙述,扣5分 叙述不全面,扣2~3分	5		
		触发电路工作原理	不会叙述,扣5分 叙述不全面,扣2~3分	5		
		同步的原理	不会叙述,扣5分 叙述不全面,扣2~3分	10		
5	安全文明生产	工具、仪表完好无损	凡有损坏,酌情扣5~10分	从总分扣5~10分		
		安全生产文明操作	有违反安全操作者,酌情扣5~10分 对发生事故者扣50分			
备注			合计	100		
			教师签字		年 月 日	

习题

1. 填空题

1)在每_____个周期内通过对晶闸管开通_____的控制,可以方便地调节输出的有效值,这种电路称为交流调压电路。

2)把两只晶闸管反并联后串联在交流电路中,通过对晶闸管的控制就可以控制_____,这种电路不改变交流电的频率,称为交流电力控制电路。

3)交流调压广泛应用于_____、_____、异步电动机的调速以及_____的交流侧调压等场合。

2. 问答题

单相交流调压电路电感性负载,负载阻抗角为30°,问触发延迟角α的有效移相范围?

3. 计算题

1）单相交流调压电路，其中 u_2 为工频交流电，$L=5.516\text{mH}$，$R=1\Omega$，求触发延迟角的移相范围和负载电流有效值。

2）单相调压电路带阻感性负载，电源电压 $u_2=220\text{V}$，频率 $f=50\text{Hz}$，负载电阻 $R=10\Omega$，感抗 $\omega L=10\Omega$，若触发延迟角 $\alpha=90°$，求晶闸管的导通角 θ，输出电压有效值 u_d。

项目3.2 三相交流调压电路

单相交流调压适用于单相负载。如果单相负载容量过大，就会造成三相不平衡，影响电网供电质量，因而容量较大的负载大部分都为三相负载。要适应三相负载的要求，就需要三相交流调压。

项目目的

1）了解三相交流调压触发电路的工作原理。
2）掌握三相交流调压电路在电阻性负载时的工作原理。

项目内容

完成三相交流调压电路电阻性负载的接线、调试及波形分析。

相关知识点析

一、三相交流调压电路电阻性负载的工作原理

本节引入 DJDK-1 型电力电子技术及电动机控制实验装置作为装置，以实验性质来学习三相交流调压电路。其电路如图 3-13 所示，用三对反并联晶闸管作为开关元件，分别接至负载就构成了三相全波星形无中性线调压电路。图 3-13 中晶闸管均在 DJK02 上，用其正桥，将三相可调电阻接成三相星形联结负载，其所用的交流表均在 DJK01 控制屏的面板上。

通过改变触发脉冲的触发延迟角 α，便可以控制加在负载上的电压的大小。对于不带零线的调压电路，为使三相电流构成通路，任意时刻至少要有两只晶闸管同时导通。对触发脉冲电路的要求是：首先，三相正（或负）触发脉冲依次间隔 120°，而每一相正、负触发脉冲间隔 180°；其次，为了保证电路起始工作时能两相同时导通，以及在感性负载和触发延迟角较大时，仍能保持两相同时导通，与三相全控整流桥一样，要求采用双脉冲或宽脉冲触发（脉宽大于 60°）。为了保证输出电压对称可调，应保持触发脉冲与电源电压同步。下面具体分析触

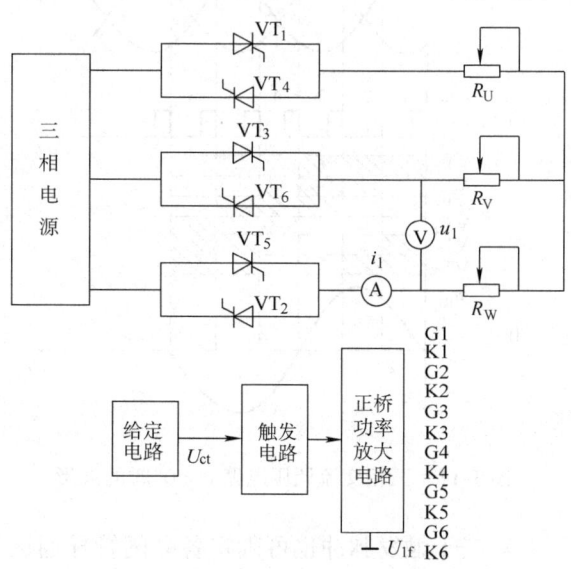

图 3-13 三相交流调压电路

发脉冲相位与调压电路输出电压的关系。

1. 触发延迟角 $\alpha = 0°$

在相应每相电压的过零处给晶闸管外加触发脉冲,即过零变正时触发正向晶闸管,过零变负时触发反向晶闸管。这时晶闸管相当于二极管,三相正、反方向电流都畅通,相当于一般的三相交流电路。根据图 3-14a 得到图 3-14b 所示的触发脉冲分配图,脉冲间隔 60°。

对应于触发脉冲分配图可以确定各晶闸管的导通区间。例如,VT_1 在 U 相电压过零变正时导通,变负时承受反向电压而自然关断,而 VT_4 在 U 相电压过零变负时导通,变正时承受反向电压而自然关断。这样 VT_1 在 U 相电压正半周导通,VT_4 在 U 相电压负半周导通。V、W 两相导通情况与此相同。晶闸管导通顺序为 VT_1、VT_2、VT_3、VT_4、VT_5、VT_6,每管导通角 $\theta = 180°$,除换相点外,任何时刻都有 3 只晶闸管导通。晶闸管 $VT_1 \sim VT_6$ 的导通区间如图 3-14c 所示。

由导通区间可以判断各相负载所获得的电压。由于各相在整个正半周正向晶闸管导通,而负半周反向晶闸管导通,所以负载上获得的调压电压仍为完整的正弦波。$\alpha = 0°$ 时如果忽略晶闸管的管电压降,此时调压电路相当于一般的三相交流电路,加到其负载上的电压是额定电源电压。图 3-14d 所示为 U 相负载电压波形。

归纳 $\alpha = 0°$ 时的导通特点是:每只晶闸管持续导通 180°;每 60° 区间有三只晶闸管同时导通。

2. 触发延迟角 $\alpha = 30°$

各相电压过零 30° 后触发相应晶闸管。以 U 相为例,u_U 过零变正 30° 后发出 VT_1 的触发脉冲 u_{G1},u_U 过零变负 30° 后发出 VT_4 的触发脉冲 u_{G4}。V、W 两相类似。图 3-15b 所示为触发脉冲分配图。

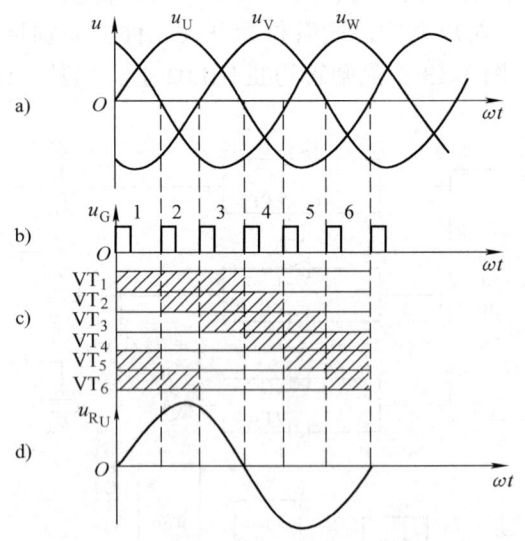
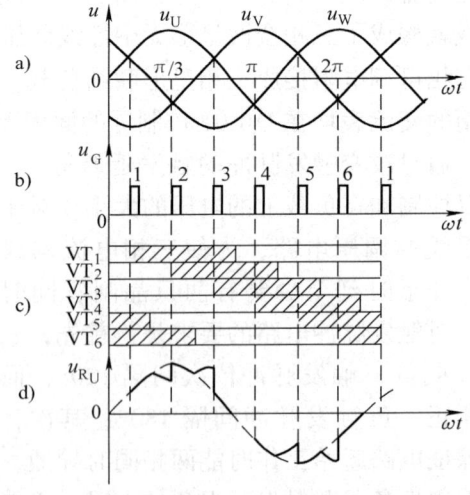

图 3-14 三相交流调压电路 $\alpha = 0°$ 时的波形　　　图 3-15 三相交流调压电路 $\alpha = 30°$ 时的波形

对应于触发脉冲也可确定各晶闸管导通区间。VT_1 从 u_{G1} 发出触发脉冲开始导通,u_U 过零变负时关断,VT_4 从 u_{G4} 发出触发脉冲时导通,则 u_U 过零变正时关断。V、W 两相类似。

图 3-15c 所示为晶闸管的导通区间图。同样，由导通区间可计算各相负载所获得的调压电压，以 U 相正半周为例，各区间晶闸管的导通情况、负载电压情况见表 3-4。

相负半周各时域输出电压与正半周反向对称。V、W 两相各时域电压分析方法同上。图 3-15d 所示为 U 相负载电压波形。

表 3-4 $\alpha = 30°$ 时各区间晶闸管的导通情况、负载电压情况

ωt	0°~30°	30°~60°	60°~90°	90°~120°	120°~150°	150°~180°
晶闸管导通情况	VT_5、VT_6 导通	VT_1、VT_5 导通	VT_1、VT_6 导通	VT_1、VT_2 导通	VT_1、VT_6 导通	VT_1、VT_2、VT_3 导通
u_{R_U}	0	u_U	$(1/2)u_U$	u_U	$(1/2)u_U$	u_U

归纳 $\alpha = 30°$ 时的导通特点是：每只晶闸管持续导通 150°；有的区间由两只晶闸管同时导通构成两相流通电路，有的区间三只晶闸管同时导通构成三相流通电路。

3. 触发延迟角 $\alpha = 60°$

$\alpha = 60°$ 情况下的波形分析与 $\alpha = 30°$ 相似。图 3-16 所示是 $\alpha = 60°$ 时的脉冲分配图、导通区间和 U 相负载电压波形。归纳 $\alpha = 60°$ 时的导通特点是：每只晶闸管导通 120°；每个区间由两只晶闸管构成电路。

二、三相交流调压触发电路的工作原理

三相交流调压触发电路包括给定电路，触发电路和正、反桥功放电路组成。电压给定电路原理图如图 3-17 所示。

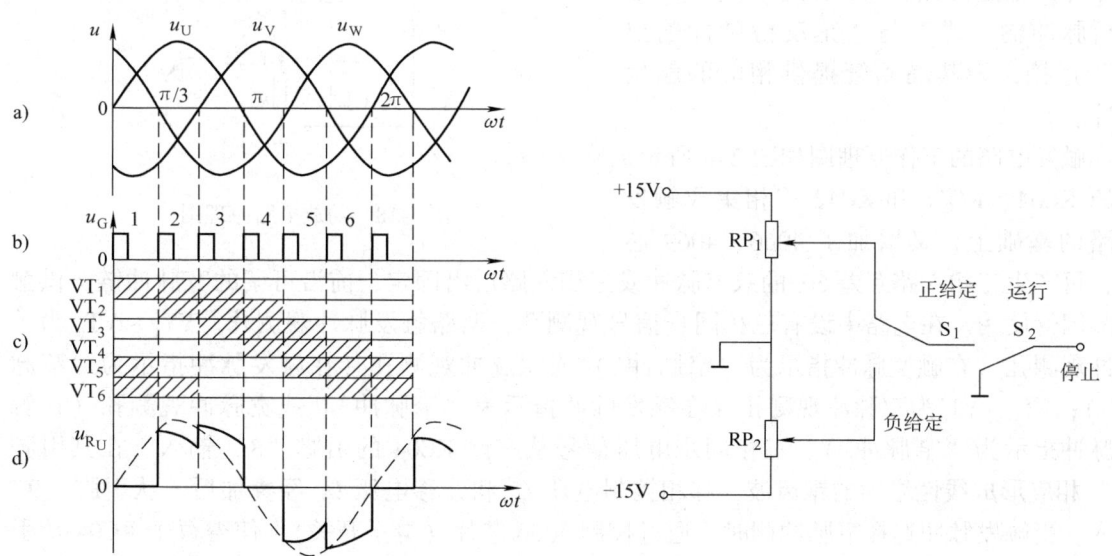

图 3-16 三相交流调压电路 $\alpha = 60°$ 时的波形　　图 3-17 电压给定电路原理图

电压给定由两个电位器 RP_1、RP_2 及两个开关 S_1、S_2 组成。S_1 为正、负极性切换开关，输出的正、负电压的大小分别由 RP_1、RP_2 来调节，其输出电压范围为 $0 \sim \pm 15V$；S_2 为输出控制开关，拨到"运行"侧，允许电压输出，拨到"停止"侧，则输出恒为零。

按如下步骤拨动 S_1、S_2，可获得以下信号：

1）将 S_2 拨到"运行"侧，S_1 拨到"正给定"侧，调节 RP_1 使给定输出一定的正电压，拨动 S_2 到"停止"侧，此时可获得从正电压突跳到 0V 的阶跃信号，再拨动 S_2 到"运行"侧，此时可获得从 0V 突跳到正电压的阶跃信号。

2）将 S_2 拨到"运行"侧，S_1 拨到"负给定"侧，调节 RP_2 使给定输出一定的负电压，拨动 S_2 到"停止"侧，此时可获得从负电压突跳到 0V 的阶跃信号，再拨动 S_2 到"运行"侧，此时可获得从 0V 突跳到负电压的阶跃信号。

3）将 S_2 拨到"运行"侧，拨动 S_1，分别调节 RP_1 和 RP_2 使输出一定的正、负电压，当 S_1 从"正给定"侧拨到"负给定"侧，得到从正电压到负电压的跳变。当 S_1 从"负给定"侧拨到"正给定"侧，得到从负电压到正电压的跳变。

正、反桥功放电路的原理以正桥的一路为例，如图 3-18 所示；由晶闸管触发电路输出的脉冲信号经功放电路中的 V_2、V_3 晶体管放大后由脉冲变压器 T_1 输出。将 U_{1f} 接地才可使 V_3 工作，脉冲变压器输出脉冲；正桥共有六路功放电路，其余的五路电路完全与这一路一致；反桥功放和正桥功放线路完全一致，只是控制端不一样，将 U_{1f} 改为 U_{1r}。经功放电路放大的触发脉冲，通过专用的 20 芯扁平线将"正反桥脉冲输入端"与"正反桥脉冲输出端"连接，为其晶闸管提供相应的触发脉冲。

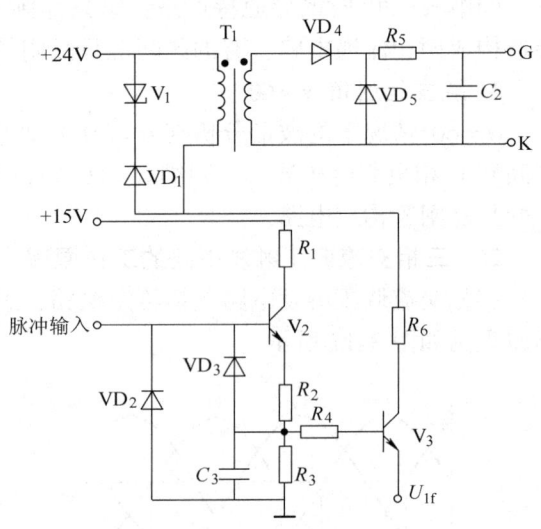

图 3-18 功放电路原理图

触发电路的工作原理图如图 2-7 所示。在原 KC04、KC41 和 KC42 三相集成触发电路的基础上，又增加了 4066、4069 芯片，可产生三相六路互差 60°的双窄脉冲或三相六路后沿固定、前沿可调的宽脉冲链，供触发晶闸管使用。在电路中设有三相同步信号观测孔、两路触发脉冲观测孔。$VT_1 \sim VT_6$ 为单脉冲观测孔（在触发脉冲指示为"窄脉冲"）或宽脉冲观测孔（在触发脉冲指示为"窄脉冲"）；$VT'_1 \sim VT'_6$ 为双脉冲观测孔（在触发脉冲指示为"窄脉冲"）或宽脉冲观测孔（在触发脉冲指示为"窄脉冲"）。三相同步电压信号从三路 KC04 的引脚"8"输入，在其引脚"4"相应形成线性增加的锯齿波，移相控制电压 U_{ct} 和偏移电压 U_b 经叠加后，从引脚"9"输入。当触发脉冲选择窄脉冲侧时，通过控制 4066 芯片（电子开关），使得每个 KC04 从引脚"1"、"15"输出相位相差 180°的单窄脉冲（可在上面的 $VT_1 \sim VT_6$ 脉冲观测孔观测到），窄脉冲经 KC41（六路双脉冲形成器）后，得到六路双窄脉冲（可在下面的 $VT'_1 \sim VT'_6$ 脉冲观测孔观测到）。当选择宽脉冲侧时，通过控制 4066 芯片，使得 KC04 的引脚"1"、"15"输出宽脉冲，同时将 KC41 的控制端引脚"7"接高电平，使 KC41 停止工作，宽脉冲则通过 4066 芯片的引脚"3"、"9"直接输出。4069 芯片为反相器，它将部分控制信号反相，用以控制 4066 芯片；KC42 为调制信号发生器，对窄脉冲和宽脉冲进行高频调制。

设备、工具和材料准备

（1）工具　电工通用工具等。
（2）仪表　MF47 型万用表、双踪示波器。
（3）器材　训练器材见表 3-5。

表 3-5　训练器材

序号	型号	备注	件数
1	DJK01 型电源控制屏	该控制屏包含"三相电源输出"等几个模块	1
2	DJK02-1 型三相晶闸管触发电路	该电路包含"触发电路"、"正、反桥功放"等几个模块	1
3	DJK06 型给定及实验器件	该电路包含"给定"等模块	1
4	DJK02 型晶闸管主电路		1
5	D42 型三相可调电阻		1

操作步骤

一、技能训练要求

能熟练完成三相交流调压电路电阻性负载电路的安装与调试。

二、技能训练内容

技能训练　三相交流调压电路电阻性负载的接线、调试及波形分析

1）按照图 3-13 对应表 3-5 选择实验模块。

2）根据图 2-24 中各模块的功能，完成三相交流调压电路电阻性负载电路的连接。

3）整个电路调试及波形分析。将触发器的输出脉冲端"G1"、"K1"、"G2"、"K2"、"G3"、"K3"、"G4"、"K4"、"G5"、"K5"、"G6"、"K6"分别接至主电路相应晶闸管的门极和阴极。接上电阻性负载，用示波器观察负载电压 u_d、晶闸管两端电压 u_{VT} 的波形。

在任一时刻，可能是三相中各有一只晶闸管导通，这时负载相电压就是电源相电压；也可能两相中各有一只晶闸管导通，另一相不导通，这时导通相的负载相电压是电源线电压的 1/2。根据任一时刻导通晶闸管的个数以及半个周波内电流是否连续，且可将 0°～150° 的移相范围分为如下三段：

① 0°≤α<60° 范围内，电路处于三只晶闸管导通与两只晶闸管导通的交替状态，每只晶闸管导通角为 180°-α。但 α=0° 时是一种特殊情况，一直是三只晶闸管导通。

② 60°≤α<90° 范围内，任一时刻都是两只晶闸管导通，每只晶闸管的导通角为 120°。

③ 90°≤α<150° 范围内，电路处于两只晶闸管导通与无晶闸管导通的交替状态，每只晶闸管导通角为 300°-2α，而且这个导通角被分割为不连续的两部分，在半周波内形成两个断续的波头，各占 150°-α。如图 3-19、图 3-20 所示分别为不同 α 时负载 R_U 相电压理论及实测波形。

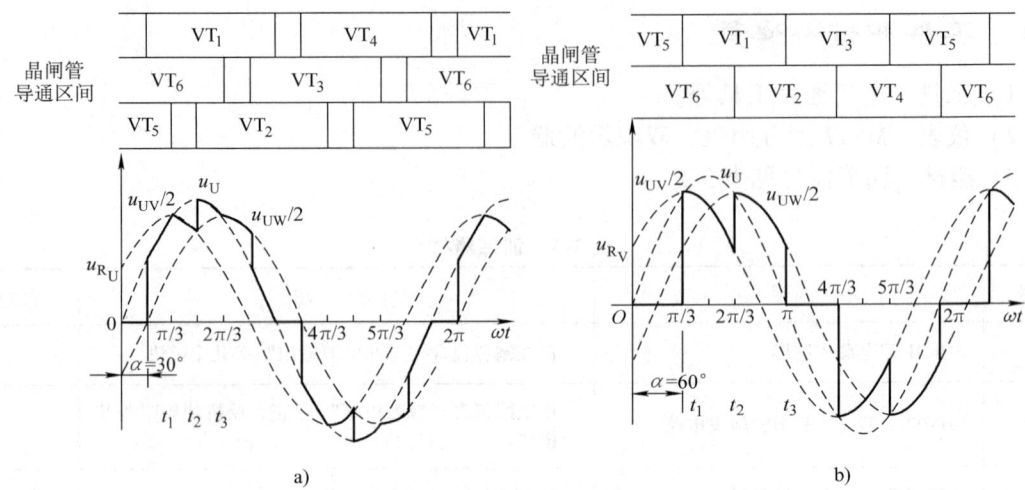

图 3-19 三相交流调压电路不同 α 时负载 R_U 相电压理论波形
a) $\alpha = 30°$ b) $\alpha = 60°$

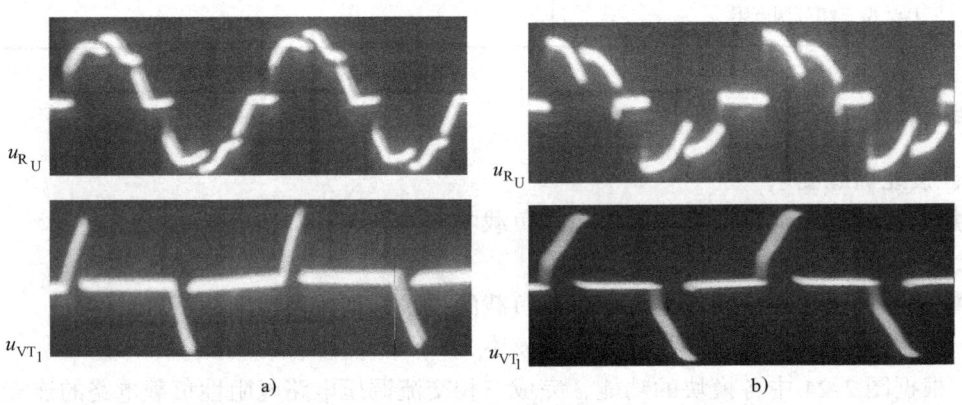

图 3-20 $\alpha = 30°$、$\alpha = 60°$ 时负载和晶闸管两端电压实测波形
a) $\alpha = 30°$ b) $\alpha = 60°$

④ 记录 $\alpha = 30° \sim 180°$ 时的输出电压有效值，填入表 3-6。

表 3-6 不同导通角时的输出电压有效值

α	30°	60°	90°	120°	150°	180°
U						

成绩评分标准（见表3-7）

表 3-7 成绩评分标准

序号	主要内容	考核要求	评分标准	配分	扣分	得分
1	元器件检测筛选	测试元器件方法正确	测试方法不对，每次扣2分	5		
		元器件技术参数选择合理	元器件技术参数相差太大，每件扣2分	5		

(续)

序号	主要内容	考核要求	评分标准	配分	扣分	得分
2	元器件安装、焊接	元器件安装位置正确	元器件安装位置错误，每件扣3分	15		
		元器件焊接符合工艺要求	元器件排列不整齐，扣5分 元器件有虚焊、毛刺，每件扣3分	15		
3	调试电路	调试方法正确	示波器使用错误扣10分 调试顺序错误扣10分	20		
		正确给出观察点、波形	波形不正确，扣10分	20		
4	原理叙述	主电路工作原理	不会叙述，扣5分 叙述不全面，扣2~3分	5		
		触发电路工作原理	不会叙述，扣5分 叙述不全面，扣2~3分	5		
		同步的原理	不会叙述，扣5分 叙述不全面，扣2~3分	10		
5	安全文明生产	工具、仪表完好无损	凡有损坏，酌情扣5~10分	从总分扣5~10分		
		安全生产文明操作	有违反安全操作者，酌情扣5~10分 对发生事故者扣50分			
备注			合计	100		
			教师签字		年 月 日	

习题

1. 填空题

1）调压时用相位控制，当负载电流流过时，至少要有一相的正向晶闸管和另一相的反向晶闸管同时导通，触发信号一般采用_____或_____触发。

2）三相的触发脉冲应依次相差_____，同一相的两只反并联晶闸管触发脉冲应相差_____。

3）三相交流调压触发电路包括_____、_____和_____组成。

2. 问答题

1）交流调压和可控整流有何异同？

2）试阐述三相交流调压电路的工作原理。

模块四　基于 MATLAB 软件的电力电子仿真

项目 4.1　MATLAB 软件及电力系统工具箱的使用

前面通过电路实物制作学习了电力电子的整流电路，但有些电路制作实物复杂，且达不到理想的效果，那么通过仿真技术来研究这些电路，从另一方面学习电力电子知识。以往仿真技术在电力电子技术领域中应用较少，主要是因为功率开关元件数学模型比较复杂，使仿真模型的建立非常困难。但 MATLAB 具有专门的仿真工具和电力系统模块库。因此，利用 MATLAB 软件的图形用户界面技术和仿真技术对电力电子技术进行仿真，能够将计算机虚拟实验与传统的实际工程实验有机地结合起来，能让学生较快地理解课程理论，并提高学生先进的实验技术和发挥想象力、创造力的空间。

项目目的

1) 了解 MATLAB 的简介。
2) 掌握 MATLAB 的基本界面、SIMULINK 的基本操作及电力系统工具箱的应用。
3) 创建二极管仿真模型及晶闸管仿真模型。

项目内容

1) 熟悉 MATLAB 的基本界面、SIMULINK 仿真工具及电力系统工具箱的使用。
2) 建立电力二极管及晶闸管的仿真模型，观察信号发生器输出波形。

相关知识点析

一、MATLAB 简介

1. MATLAB 概述

20 世纪 70 年代，美国新墨西哥大学计算机科学系主任 Cleve Moler 为了减轻学生编程的负担，用 FORTRAN 编写了最早的 MATLAB。1984 年由 Little、Moler、Steve Bangert 合作成立了的 MathWorks 公司正式把 MATLAB 推向市场。到 20 世纪 90 年代，MATLAB 已成为国际控制界的标准计算软件。

MATLAB 的名称源自 Matrix Laboratory，它是一种科学计算软件，专门以矩阵的形式处理数据。MATLAB 将高性能的数值计算和可视化集成在一起，并提供了大量的内置函数，从而被广泛地应用于科学计算、控制系统、信息处理等领域的分析、仿真和设计工作，而且利用 MATLAB 产品的开放式结构，可以非常容易地对 MATLAB 的功能进行扩充，从而在不断深化对问题认识的同时，不断完善 MATLAB 产品以提高产品自身的竞争能力。

MATLAB 将矩阵运算、数值分析、图形处理、编程技术结合在一起，为用户提供了一个强有力的科学及工程问题的分析计算和程序设计工具，它还提供了专业水平的符号计算、文字处理、可视化建模仿真和实时控制等功能，是具有全部语言功能和特征的新一代软件开发平台。

MATLAB 已发展成为适合众多学科、多种工作平台、功能强大的大型软件。在欧美等国家的高校，MATLAB 已成为线性代数、自动控制理论、数理统计、数字信号处理、时间序列分析、动态系统仿真等高级课程的基本教学工具，成为攻读学位的本科、硕士、博士生必须掌握的基本技能。在设计研究单位和工业开发部门，MATLAB 被广泛地应用于研究和解决各种具体问题。在中国，MATLAB 也已日益受到重视，短时间内就将盛行起来，因为无论哪个学科或工程领域都可以从 MATLAB 中找到合适的功能。

2. MATLAB 的突出优势

随着 MATLAB 的商业化以及软件本身的不断升级，MATLAB 的用户界面也越来越精致，更加接近 Windows 的标准界面，人机交互性能更强，操作更简单。同时，新版本的 MATLAB 提供了完整的联机查询、帮助系统，极大地方便了用户的使用。简单的编程环境提供了比较完备的调试系统，程序不必经过编译就可以直接运行，而且能够及时地报告出现的错误及进行出错原因分析。MATLAB 高级的矩阵/阵列语言，包含控制语句、函数、数据结构、输入和输出和具有面向对象编程特点。用户可以在命令窗口中将输入语句与执行命令同步，也可以先编写好一个较大的、复杂的应用程序（M 文件）后再一起运行。新版本的 MATLAB 语言是基于最流行的 C++ 语言基础上的，因此语法特征与 C++ 语言极为相似，而且更加简单、更加符合科技人员对数学表达式的书写格式。同时，使之更利于非计算机专业的科技人员使用。而且这种语言可移植性较好、可拓展性极强，这也是 MATLAB 能够深入到科学研究及工程计算各个领域的重要原因；有强大的科学计算机数据处理能力。MATLAB 是一个包含大量计算算法的集合，其拥有 600 多个工程中要用到的数学运算函数，可以方便地实现用户所需的各种计算功能。函数中所使用的算法都是科研和工程计算中的最新研究成果，而且前经过了各种优化和容错处理。MATLAB 自产生之日起就具有方便的数据可视化功能，以将相量和矩阵用图形表现出来，并且可以对图形进行标注和打印。高层次的作图包括二维和三维的可视化、图像处理、动画和表达式作图，可用于科学计算和工程绘图。

二、MATLAB 的基本界面

1. MATLAB 的启动及主窗口介绍

（1）启动 MATLAB　启动 MATLAB 的方法有很多，下面是最常用的方法。

1）双击系统桌面上的 MATLAB 图标 。

2）从桌面"开始"→"程序"→"MATLAB R2007a"。

启动 MATLAB 后，将进入 MATLAB 默认设置的桌面平台，如图 4-1 所示。

（2）MATLAB 的主窗口　MATLAB 的主窗口包含 6 个下拉菜单和 10 个功能按钮，用来进行整体的环境参数的设置，如图 4-2 所示。

2. MATLAB 的命令窗口

单击主窗口的"View"→"Command Window"命令，可以打开和关闭命令窗口（Command Window）。命令窗口（Command Window）如图 4-3 所示。

在提示符后面输入 MATLAB 程序，按下"Enter"键，MATLAB 将给出运行结果。

3. MATLAB 的历史窗口

单击主窗口的"View"→"Command History"命令，可以打开和关闭历史窗口（Command History）。历史窗口（Command History）如图 4-4 所示。

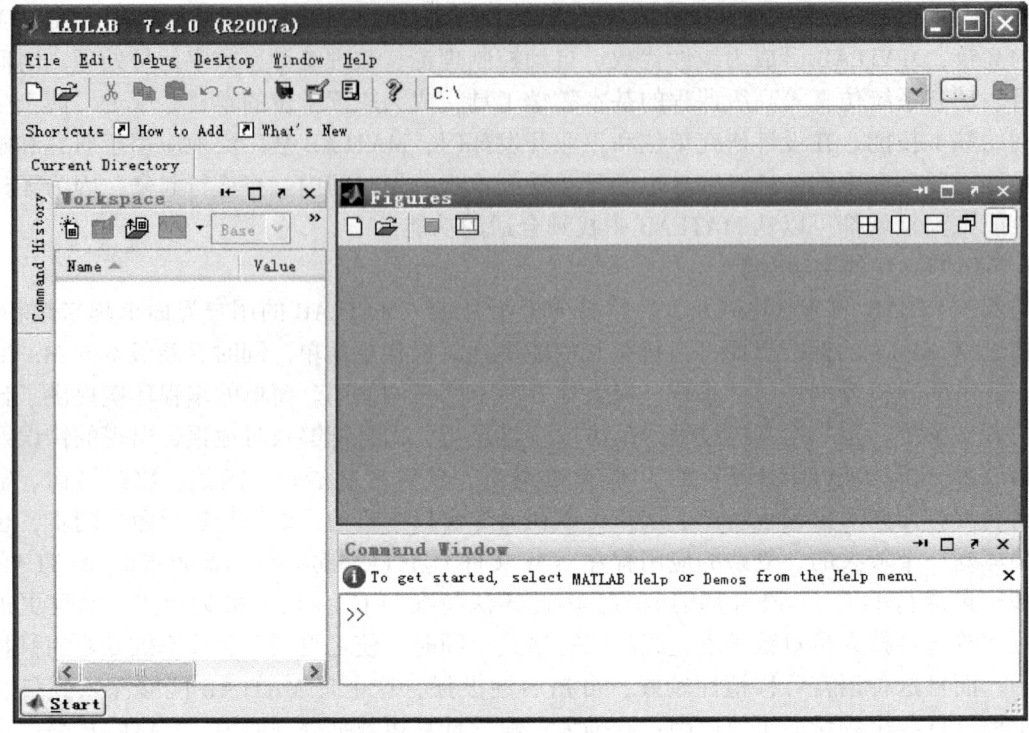

图 4-1　MATLAB 默认设置的桌面平台

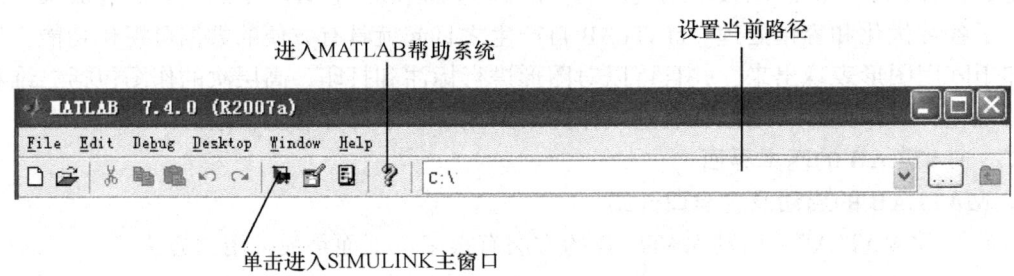

图 4-2　MATLAB 的主窗口的菜单和功能按钮

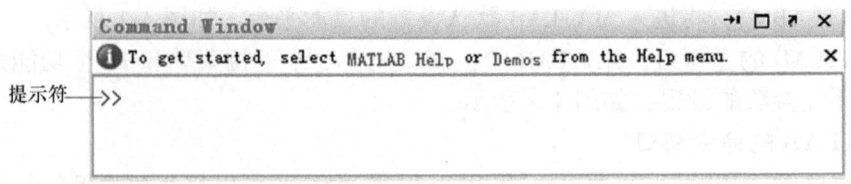

图 4-3　命令窗口（Command Window）

历史窗口显示所有命令的历史记录，并且标明使用时间。双击其中的一条命令行，即可以在命令窗口中执行该行命令，MATLAB 将给出运行结果。单击其中的一条命令行，再按下"Enter"键，MATLAB 也将给出运行结果。

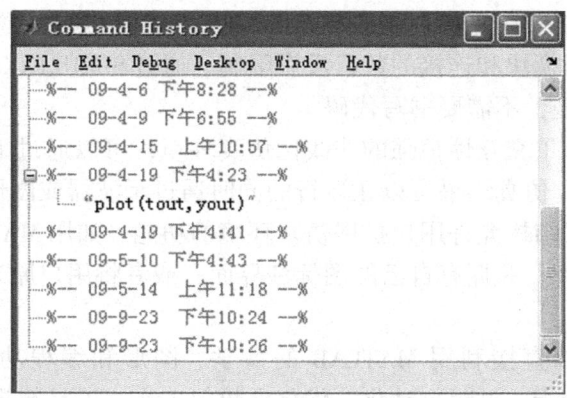

图 4-4 历史窗口（Command History）

4. MATLAB 的当前目录窗口

单击主窗口的"View"→"Current Directory"命令，可以打开和关闭当前目录窗口（Current Directory）。当前目录窗口（Current Directory）如图 4-5 所示。

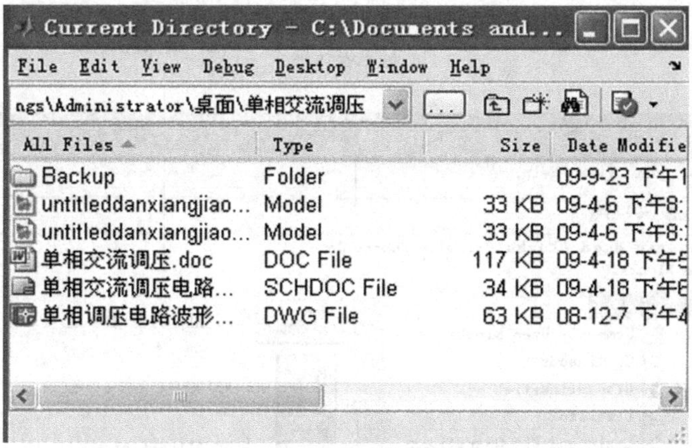

图 4-5 当前目录窗口（Current Directory）

当前目录窗口显示当前目录下的文件。双击其中的一个文件，将弹出程序编辑器窗口，在程序编辑器窗口中可以看到该文件的内容。

三、SIMULINK 仿真工具

SIMULINK 是 Mathworks 公司开发的 MATLAB 仿真工具之一，其主要功能是实现动态系统建模、仿真与分析。SIMULINK 支持线性系统仿真和非线性系统仿真；可以进行连续系统仿真，也可以进行离散系统仿真，或者两者混合的系统仿真；同时也支持具有多种采样速率的采样系统仿真。利用 SIMULINK 对系统进行仿真与分析，可以对系统进行适当地实时修正或者按照仿真的最佳效果来调试及确定控制系统的参数，以提高系统的性能，减少设计系统过程中反复修改的时间，从而实现高效率地开发实际系统的目标。

SIMULINK 是用来建模、分析和仿真各种动态系统的交互环境，包括连续系统、离散系统和混杂系统。SIMULINK 提供了采用鼠标拖放的方法建立系统框图模型的图形交互界面。

SIMULINK 提供了大量的功能模块，以方便用户快速地建立动态系统模型。建模时只需使用鼠标拖动库中的功能模块并将它们连接起来。使用者可以通过将模块组成子系统来建立多级模型。SIMULINK 对模块和连接的数目没有限制。通过 SIMULINK 提供的丰富的功能块，可以迅速地创建系统模型，不需要书写代码。

SIMULINK 框图提供了交互性很强的非线性仿真环境，可以通过下拉菜单执行仿真，或使用命令行进行批处理。仿真结果可以在运行的同时通过示波器或图形窗口显示。

SIMULINK 的开放式结构允许用户扩展仿真环境的功能。如用 MATLAB、FORTRAN 和 C 语言代码生成自定义块库，并拥有自己的图标和界面，或者将用户原来由 FORTRAN 或 C 语言编写的代码连接起来。

由于 SIMULINK 可以直接利用 MATLAB 的数学、图形和编程功能，用户可以直接在 SIMULINK 下完成数据分析、过程自动化、优化参数等工作。工具箱提供的高级的设计和分析能力可以通过 SIMULINK 的屏蔽手段在仿真过程中执行。

1. SIMULINK 的主窗口

（1）SIMULINK 的启动　启动 SIMULINK 有以下三种方法：

1）在 MATLAB 的命令窗口中输入"simulink"，按下"Enter"键，就可以打开 SIMULINK 的库浏览器，如图 4-6 所示。

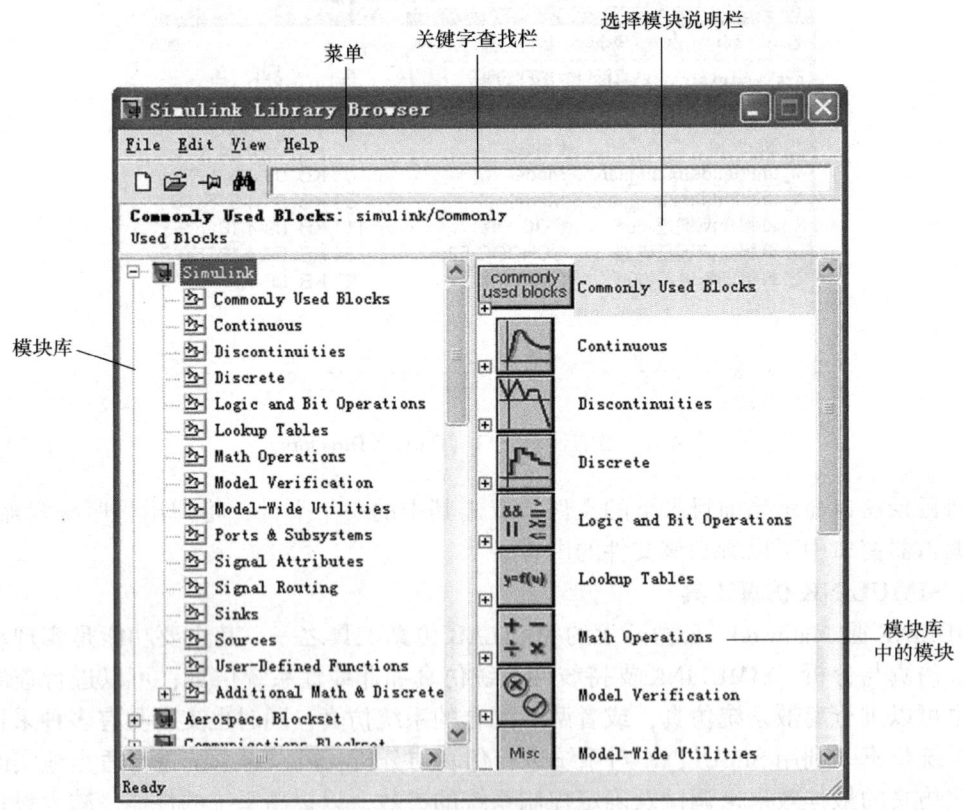

图 4-6　SIMULINK 的库浏览器

2）在 MATLAB 的工具栏中，单击"Simulink" 按钮，也可以打开 SIMULINK 的库浏览器。

（2）SIMULINK 的库浏览器说明　在图 4-6 所示的 SIMULINK 的库浏览器中，在界面的上方是标题栏、菜单栏、常用按钮和关键字填写栏。在关键字填写栏可以输入要查找的模块的关键字，按下"Enter"键，就可以查找相应功能模块。按钮的下面是对所选模块对象的文字说明。在界面的左边显示的是全部模块库，右边显示选中的模块库中的所有模块。

SIMULINK 提供了 9 个基本模块库，即 Continuous（连续系统模块库）、Discrete（离散系统模块库）、Functions&Tables（函数与表模块库）、Math（数学运算模块库）、Nonlinear（非线性系统模块库）、Signals&Systems（信号与系统模块库）、Sinks（输出模块库）、Sources（输入源模块库）、Subsystems（子系统模块库）等标准模块库。

2. SIMULINK 的基本操作

（1）打开 SIMULINK 的模型窗口　从 SIMULINK 的模型库选择所需要的标准功能模块，放在 SIMULINK 的模型窗口中，将所选择的标准功能模块连接起来，即可以构成所需要仿真的控制系统模型。

打开模型窗口通常有多种方法：

1）直接从 MATLAB 命令窗打开。

① 如果是新建一个控制系统模型，可以直接从 MATLAB 命令窗中单击"File"→"New"→"Model"命令，MATLAB 会打开一个新的模型窗口"untitled"，如图 4-7 所示。

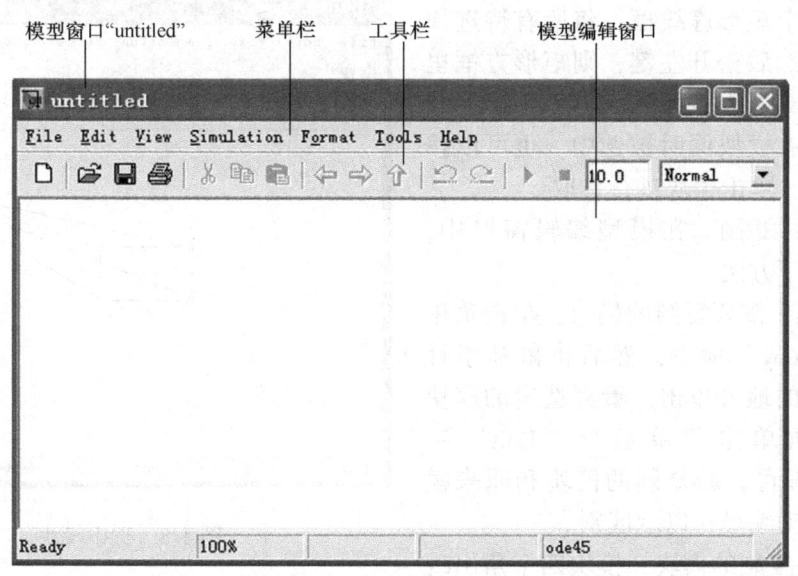

图 4-7　模型窗口"untitled"

② 如果一个控制系统模型已经存在，可以直接在 MATLAB 命令窗口中输入该控制系统模型的文件名，MATLAB 便会直接打开该控制系统模型的模型窗口。

2）从 SIMULINK 模块库浏览器中打开。

① 如果是新建一个控制系统模型，在 MATLAB 命令窗口中输入"simulink"命令，打开 SIMULINK 模块库浏览器窗口，单击"File"→"New"→"Model"命令，MATLAB 会打开一个新的模型窗口"untitled"。

② 如果是新建一个控制系统模型，在 SIMULINK 模块库浏览器窗口，单击图标，

MATLAB会打开一个新的模型窗口"untitled"。

③ 如果一个控制系统模型已经存在,在SIMULINK模块库浏览器窗口,单击"File"→"Open"命令,可以在"work"对话框中选择需要的模块,MATLAB便会直接打开该控制系统模型的模型窗口。

模型窗口"untitled"是一个无标题的空白窗口,是SIMULINK仿真工具用来构造控制系统模型的空白设计区。模型窗口中有7个主菜单项,每个主菜单项都有下拉菜单,每一个菜单项都是一条命令,单击即可执行菜单项命令规定的操作。菜单栏的下面是工具栏,工具栏为使用者提供了常用菜单项的快捷按钮。工具栏下面的空白处就是模型编辑窗口,使用者可以在此处编辑系统的仿真模型。

(2) 模块的操作 用鼠标可以直接把模块库中的功能模块拖到模型编辑窗口中,并可以对模块进行移动、复制、转向、改变大小、模块命名、颜色设定、功能设定等操作。

1) 将模块放到模型编辑窗口中。单击模块库中所选择的功能模块,可以直接把所选择的功能模块拖到模型编辑窗口中。

2) 模块的选中。在模型编辑窗口中,选中模块的方法有两种:

① 单击待选模块,模块四个角出现小黑块,表示已经选中。

② 如果需要选中一组模块,可以按住鼠标左键拖出一个矩形虚线框,将所有待选模块框在其中,然后松开左键,则矩形方框里所有的模块的四个角都出现小黑块,如图4-8所示,表示所有模块同时被选中。也可以按住"Shift"键,单击模块进行选取。

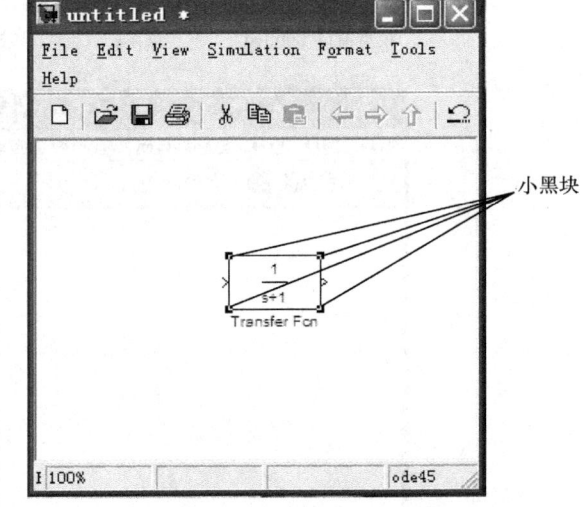

图4-8 选中模块

3) 模块的复制。在模型编辑窗口中,复制模块有以下方法。

① 首先选中需要复制的模块,单击菜单"Edit"→"Copy"命令,然后将鼠标指针移到准备粘贴的地方单击,看到选定的模块恢复原状,再单击菜单运行"Edit"→"Paste"命令即可。新复制的模块和原来模块的名称会自动编号,以示区别。

② 单击要复制的模块,模块四个角出现小黑块,表示已经选中,单击右键,在弹出的快捷菜单中选择"Copy"命令,再单击右键,在弹出的菜单中选择"Paste"命令,即可完成复制。

③ 还有一种更简单的复制操作方法,把鼠标指针放在需要复制的模块图标上,按住鼠标右键不放,将模块图标拖到目的地,松开鼠标右键,即可复制一个功能模块。

4) 模块的移动。将鼠标指针置于待移动模块图标上,然后按住鼠标左键不放,将模块图标拖到目的地,松开鼠标左键,即可完成模块移动。注意,在模块移动时,与模块相连的连线也会随之移动。

5) 模块的删除。在模型编辑窗口中,删除模块有以下方法:

① 选中需要删除的模块,按下"Delete"键,即可把所选定模块删除。

② 选中需要删除的模块，单击右键，在弹出的快捷菜单中选择"Cut"命令，即可把所选定模块删除。

③ 选中需要删除的模块，单击菜单"Edit"→"Clear"命令，即可把所选定模块删除。

6）模块的粘贴。在执行"Copy"、"Cut"等命令后，单击"Edit"→"Paste"命令即可完成模块的粘贴操作。也可以单击右键，在弹出的菜单中选择"Paste"命令，来完成模块的粘贴操作。

7）改变模块的尺寸大小。单击模块图标，模块四个角出现小黑块，再将鼠标指针移到模块四周的小黑块上，鼠标指针将会变成双箭头形状，此时按住鼠标左键不放，拖动鼠标，当图标尺寸大小符合需要时，松开鼠标左键即可。

8）改变模块的方向。一个标准功能模块就是一个控制环节。在绘制控制系统模型框图即连接模块时，要特别注意模块的输入、输出口与各模块间的信号流向。在 SIMULINK 中，模块总是由输入端口接收信号，从输出端口发送信号。输入端口位于模块左侧，输出端口位于模块右侧。但是在绘制反馈通道时则会有相反的要求，即输入端口不在模块左侧，那么输出端口就不在模块右侧，这时可以通过改变模块对象的方向来实现。

选中需要改变方向的模块，单击右键，在弹出的快捷菜单中选择"Format"→"Flip block"命令或直接按"Ctrl + I"组合键，可将功能模块旋转180°；如果选择"Format"→"Rotate block"命令或直接按"Ctrl + R"组合键，即可将功能模块顺时针旋转90°，如图4-9所示。

9）模块的命名。单击需要更改名称的模块名称，即可直接更改名称。名称在功能模块上的位置也可以变，选择"Format"→"Flip Name"命令，可以使模块名称在模块的上方、下方切换。若要隐藏模块名称可用"Format"→"Hide Name"命令来实现，如图4-10所示。

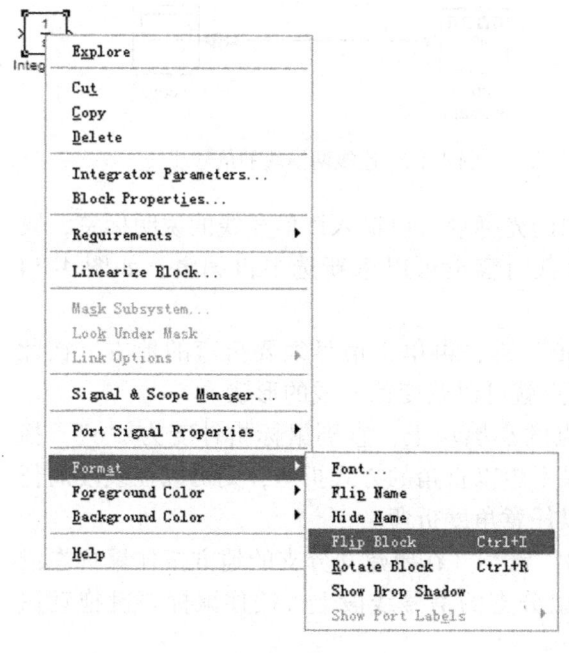

图4-9　改变模块的方向

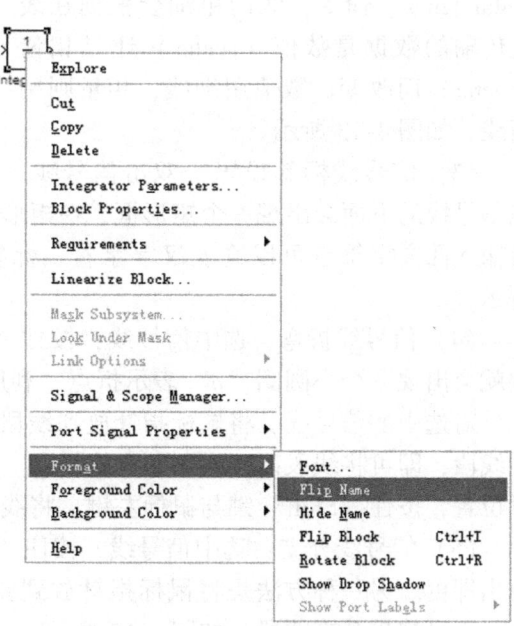

图4-10　模块的命名

10）设定模块颜色。模块的前景和背景颜色也可以改变，选择"Format"→"Foreground Color"命令可以改变模块的前景颜色，选择"Format"→"Background Color"命令可以改变模块的背景颜色，如图4-11所示。

3. 信号线的操作

（1）信号线的产生　信号线将各个模块图标连接在一起，形成一个能够描述一个控制系统的仿真模型。在模型窗口里拖动鼠标，可以在模块的输入与输出端口之间连接信号线。连接两个模块的方法是：鼠标左键点住输入或输出端口不放，看到鼠标指针变为十字形以后，拖到另外一个端口，鼠标指针将变为双十字形状，然后松开鼠标左键，于是一根最简单的信号线将两模块连接起来，信号线的箭头方向表示信号的流向，如图4-12所示。

单击信号线，可以选中该信号线，被选中的信号线的两端出现两个小黑块，然后，就可以对该信号线进行操作，如改变其粗细或对其设置标签，也可以把信号线折弯、分支、删除等。

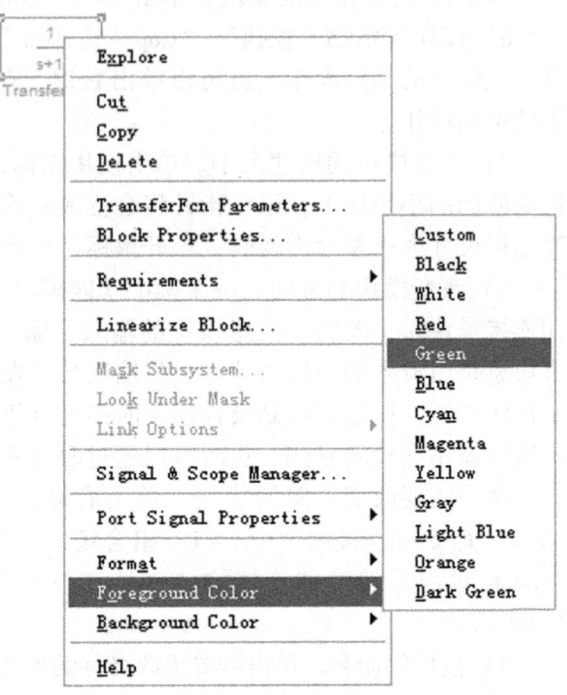

图4-11　改变模块的背景颜色

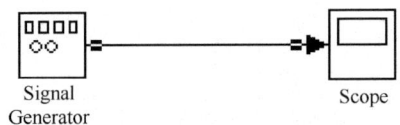

图4-12　连接两模块的信号线

（2）信号线的线型设定　在模型窗口里，单击菜单"Format"→"Wide Nonscalar Lines"命令，线的粗细会根据在线上传输的数据是数值（scalar）还是相量（vector）而改变。数值用细线，相量则用粗线，如图4-13所示。

（3）信号线标签设置　双击信号线，该信号线的下面会出现一个矩形框，在矩形框内的光标处可以输入该信号线的说明标签，既可输入西文字符也可以输入汉字字符。标签信息内容也可以重新选中再编辑，如图4-14所示。

（4）信号线折弯　选中信号线，按住"Shift"键，再单击信号线要折弯的地方，在此处就会出现一个小圆圈"o"表示折点，利用折点就可以改变信号线的形状。

对选中的信号线，将鼠标指针放到线段端点的小黑块上，直到鼠标指针变为"o"，拖动线段，即可将线段以转直角的方式折弯。如果不想以直角的方式折弯，则可以在线段的任意位置，按住"Shift"键与鼠标左键，将线段以任意角度折弯。

（5）信号线分支　选中信号线，按住"Ctrl"键，并在要建立分支的地方按住鼠标左键拖出即可。另一种方法是将鼠标指针放到要引出分支的信号线段上，按住鼠标右键拖动鼠标，也可拖出分支线段，如图4-15所示。

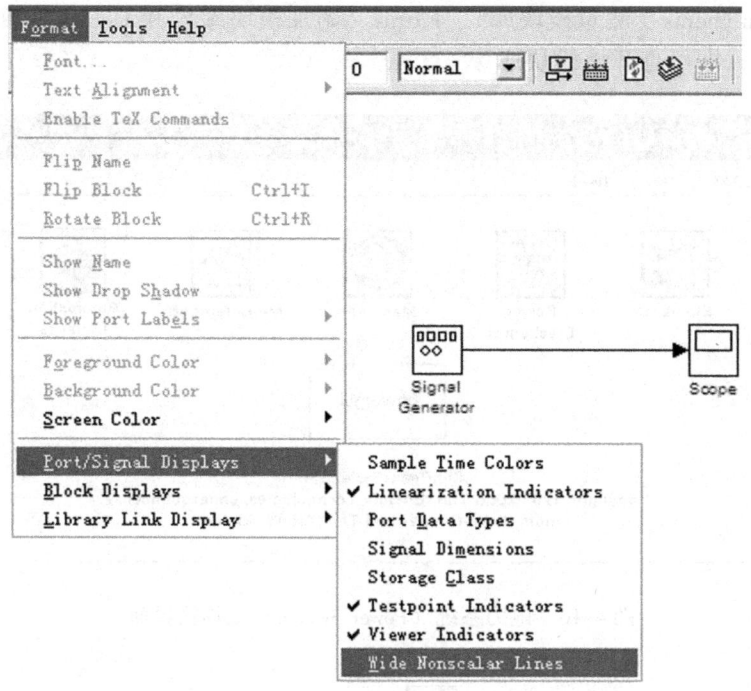

图 4-13　信号线的线型设定

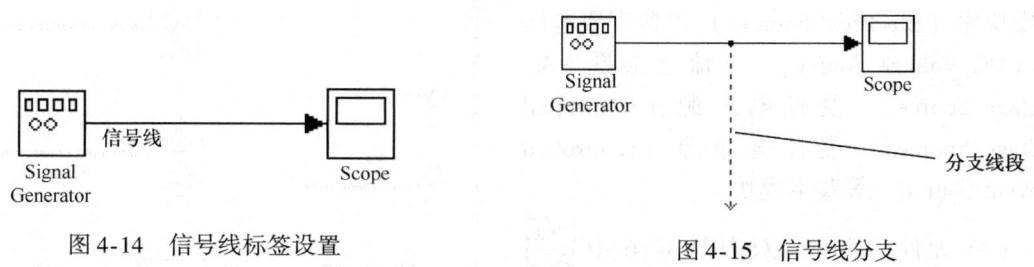

图 4-14　信号线标签设置　　　　　图 4-15　信号线分支

（6）信号线的平行移动　将鼠标指针放到需要平行移动的信号线段上，按住鼠标左键不放，直到鼠标指针变为十字箭头形状，水平或者垂直方向拖动鼠标到目的地，松开鼠标左键，即完成信号线的平行移动。

（7）信号线与模块分离　将鼠标指针放在想要分离的模块上，按住"Shift"键不放，再把模块拖到别处，即可把模块与信号线分离。

（8）信号线的删除　选中信号线，按下"Delete"键，即可把选中的信号线删除。

四、电力系统工具箱简介

在 MATLAB 命令窗口中输入"powerlib"，按下"Enter"键，就可以打开电力系统（Power System）工具箱，如图 4-16 所示。也可以在 MATLAB 的工具栏中，按下"Simulink"按钮，打开 SIMULINK 的库浏览器，单击"SimPowerSystems"进入电力系统工具箱。

电力系统工具箱中包含 Electrical Sources（电源模块库）、Elements（元件模块库）、Power Electronics（电力电子器件模块库）、Machines（电动机模块库）、Connectors（连接器模块库）、Measurements（测量模块库）、Extras（附加模块库）和Demos（演示模块库）。双击模块库的图标，即可打开该模块库。

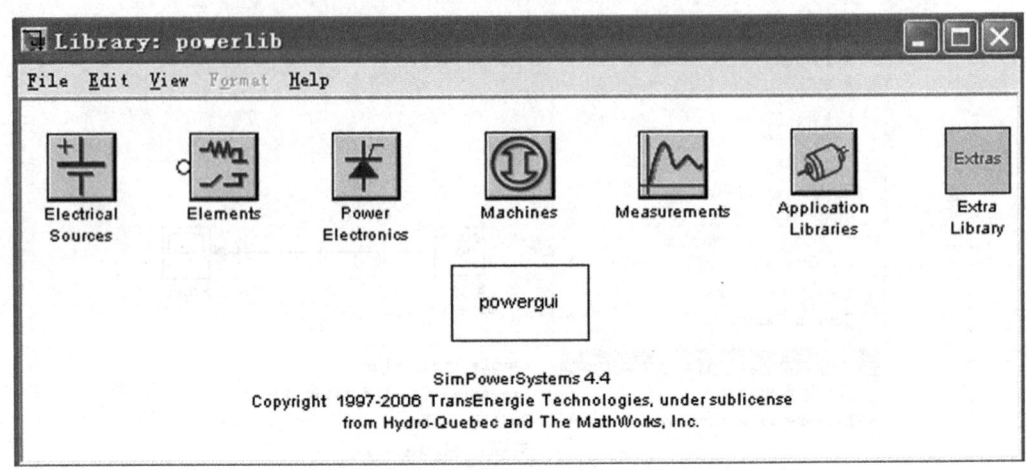

图4-16 电力系统（Power System）工具箱界面

（1）电源模块库　双击图4-16中 ![Electrical Sources] 图标，出现如图4-17所示的电源模块库。电源模块库（Electrical Sources）包含直流电压源（DC Voltage Source）、交流电压源（AC Voltage Source）、受控电压源（Controlled Voltage Source）、受控电流源（Controlled Current Source）等基本模块。

（2）元件模块库　双击图4-16中 ![Elements] 图标，出现如图4-18所示的元件模块库。元件模块库（Elements）包含串联 RLC 分支（Series RLC Branch）、串联 RLC 负载（Series RLC Load）、并联 RLC 分支（Parallel RLC Branch）、并联 RLC 负载（Parallel RLC Load）、线性变压器（Linear Tansformer）、

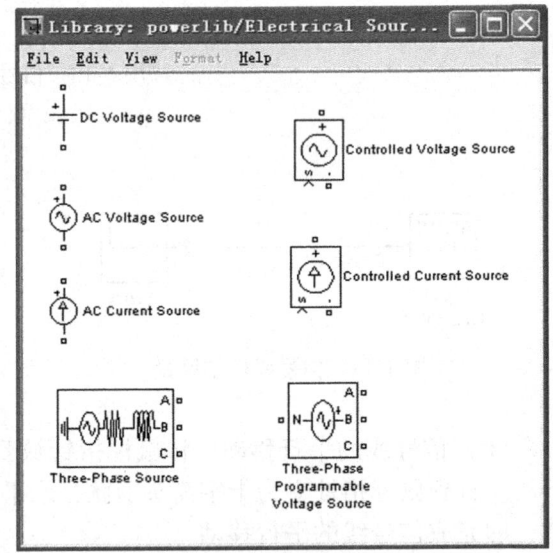

图4-17 电源模块库（Electrical Sources）基本模块图标

饱和变压器（Saturable Tansformer）、三相变压器（两相绕组）（Three—phase Tansformer, Two Windings）、三相变压器（三相绕组）（Three—phase Tansformer, Three Windings）、互感器（Mutual Inductance）、断路器（Breaker）、避雷器（Surge Arrester）、PI 线（PI Section Line）、分布参数线（Distributed Parameters Line）等基本模块。

元件模块库没有包含单个的电阻、电容和电感元件，单个的电阻、电容和电感元件可以通过串联或者并联的 RLC 分支，以及它们的负载形式来定义。

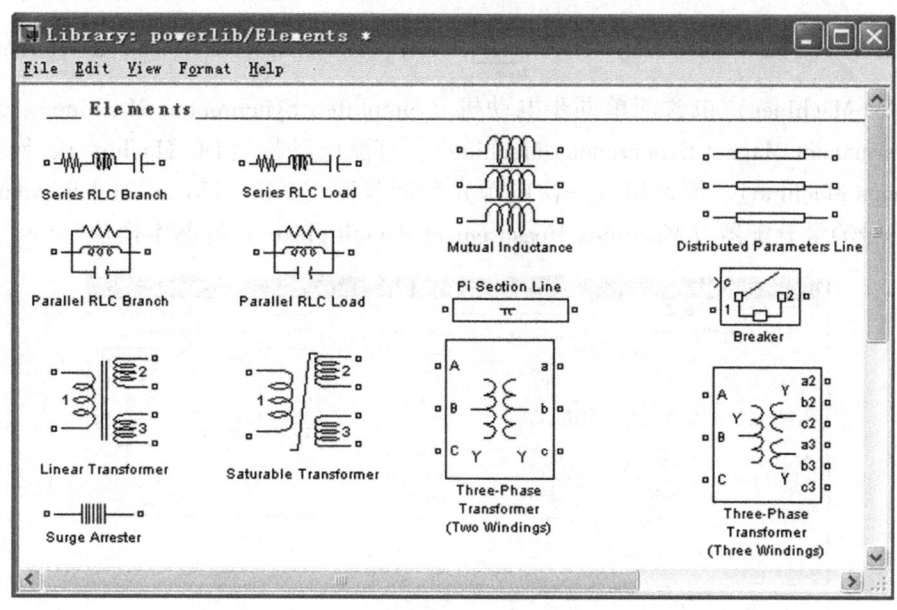

图 4-18 元件模块库（Elements）基本模块图标

（3）电力电子器件模块库　双击图 4-16 中 ![图标] 图标，出现如图 4-19 所示的电力电子器件模块库。电力电子器件模块库（Power Electronics）包含理想开关（Ideal Switch）、二极管（Diode）、晶闸管（Thyristor）、门极可关断（Gto）晶闸管、功率 MOS 场效应晶体管（Mosfet）、绝缘栅极双极晶体管（IGBT）、通用整流桥（Universal Bridge）及附加库（Extra Library）等基本模块。

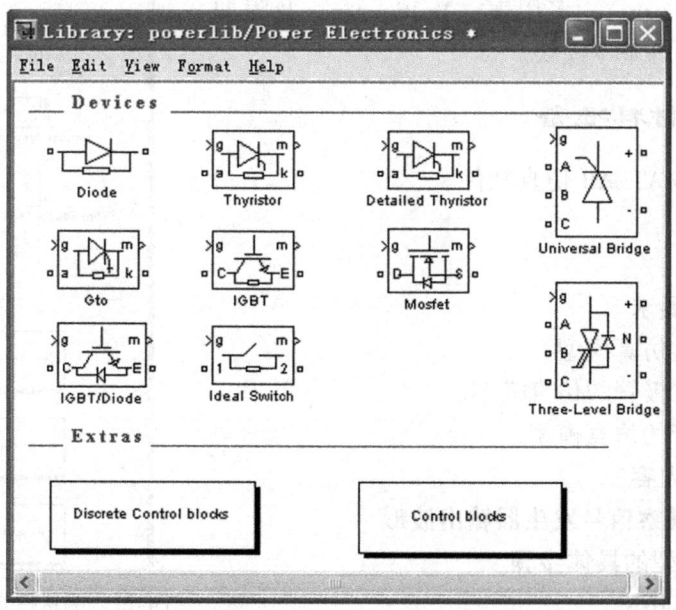

图 4-19 电力电子器件模块库（Power Electronics）基本模块图标

(4) 电动机模块库 双击图4-16中 ![Machines] 图标，出现如图4-20所示的电动机模块库。电动机模块库（Machines）包含简单同步电动机（Simplifted Synchronous Machine）、永磁同步电动机（Permanent Magnet Synchronous Machine）、直流电动机（DC Machine）、异步电动机（Asynchronous Machine）、原动机（一次电源）和调节器（Prime Movers and Regulators）、电动机输出信号测量分配器（Machines Measurement demultiplexer）等基本模块。

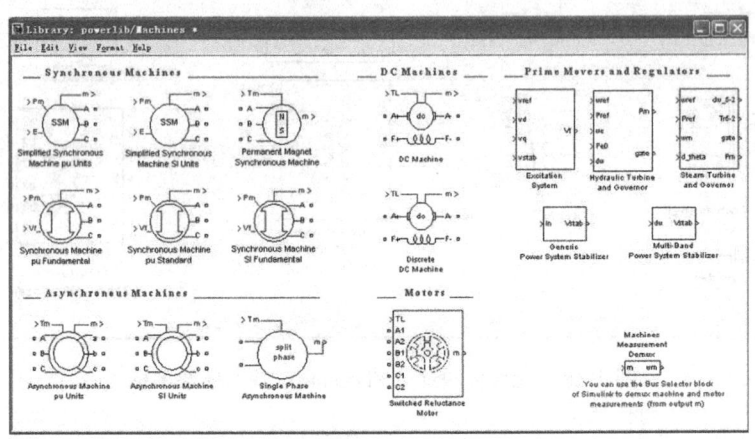

图4-20 电动机模块库（Machines）基本模块图标

(5) 测量模块库 双击图4-16中 ![Measurements] 图标，出现如图4-21所示的测量模块库。测量模块库（Measurements）包含电压测量（Voltage Measurement）、电流测量（Current Measurement）、阻抗测量（Impedance Measurement）、多用表（Multimeter）及附加库（Extra Library）等基本模块。

设备、工具和材料准备

一台计算机、MATLAB仿真软件。

操作步骤

一、技能训练要求
1）创建简单的仿真模型。
2）建立电力二极管的仿真模型。
3）建立晶闸管的仿真模型。

二、技能训练内容

技能训练1 观察信号发生器输出波形

1. 仿真系统模型的具体步骤
1）进入SIMULINK。
2）选择所需要的模块。

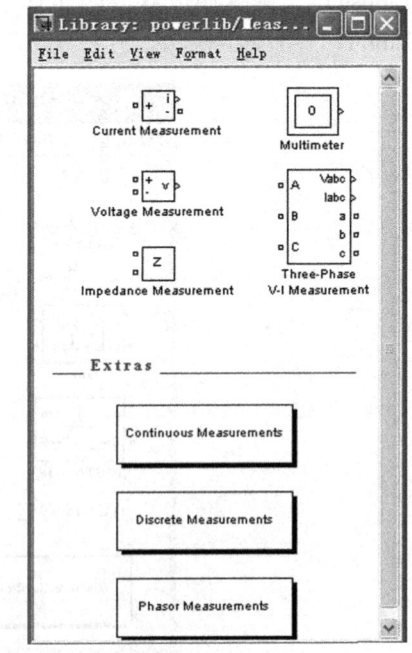

图4-21 测量模块库（Measurements）基本模块图标

3）用连线连接各模块。
4）双击各模块，完成对模块的参数设置。

2. 创建简单的仿真系统模型

1）进入 SIMULINK，打开一个空白的模型窗口。
2）打开 SIMULINK 的 Sources 模块库，选择 Signal Generator（信号发生器）。
3）打开 SIMULINK 的 Sinks 模块库，选择 Scope（示波器）。
4）连接 Signal Generator（信号发生器）模块和 Scope（示波器）模块，如图 4-22 所示。

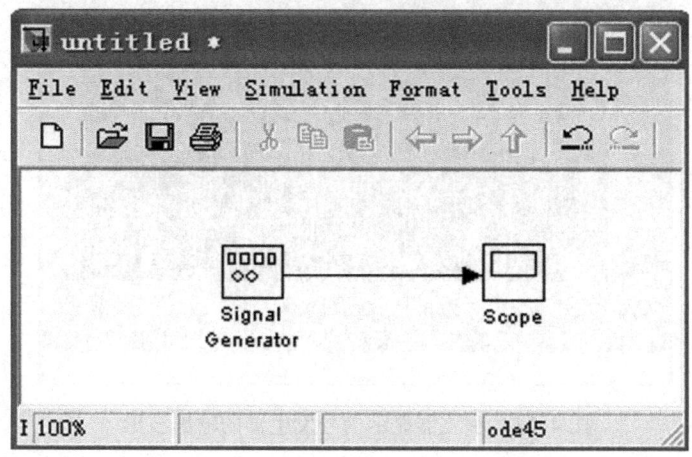

图 4-22　连接 Signal Generator 模块和 Scope 模块

5）双击 Signal Generator（信号发生器）模块图标，打开 Signal Generator（信号发生器）对话框，如图 4-23 所示。在 Signal Generator（信号发生器）对话框中可以选择信号发生器 Wave Form（波形）、Amplitude（修改幅度）和 Frequency（频率）参数。

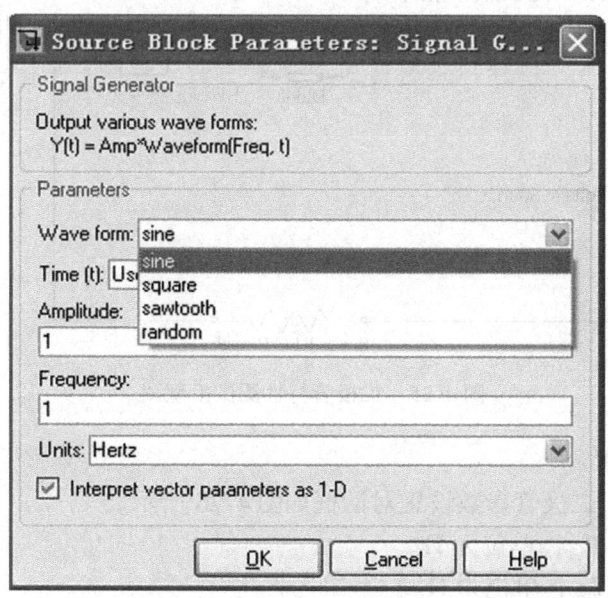

图 4-23　Signal Generator（信号发生器）对话框

6）在图 4-23 中选择 Amplitude（幅度）为 1，Frequency（频率）为 1 的 sine（正弦波），单击模型窗口中的 ▶ 按钮，双击 Scope（示波器）模块图标，打开示波器显示屏（双击示波器模块），可以看到信号发生器输出波形和设置参数相符，如图 4-24 所示。

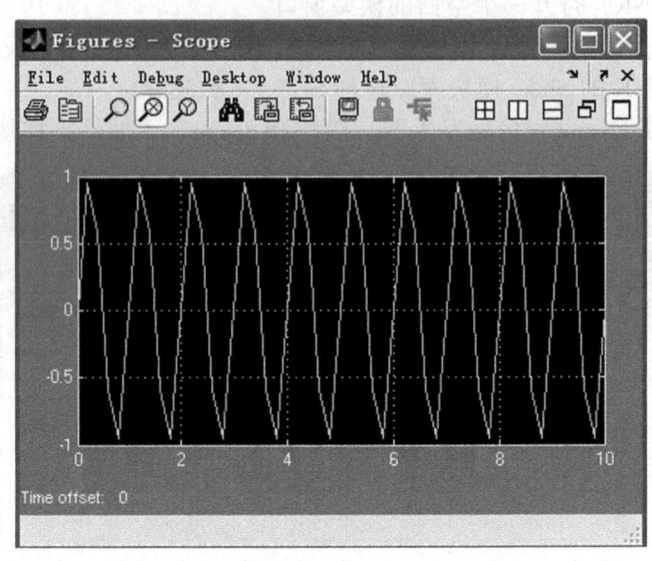

图 4-24　示波器显示信号发生器的输出波形

技能训练 2　建立电力二极管的仿真模型

启动 MATLAB R2007a，进入 SIMULINK 后新建文档，从电力电子模块库中找出二极管模块、测量模块库中找出电流表串入电路，元件模块库中找出串联 RLC 分支，电源模块中找出交流电压源，将这些模块连接，绘制出二极管特性测试模型图，如图 4-25 所示。双击各模块，在出现的对话框内设置相应的参数。

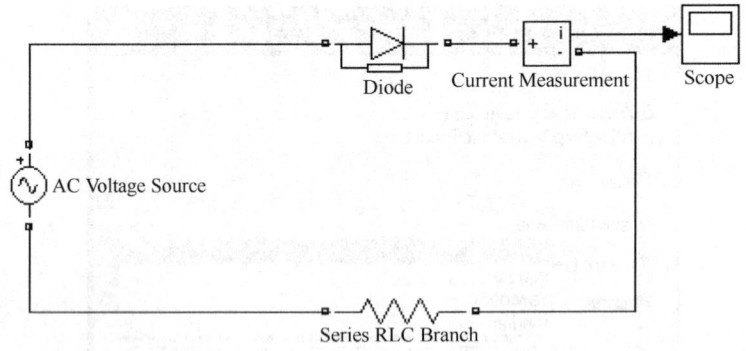

图 4-25　二极管特性测试模型图

1. 二极管参数设置

双击二极管模块，二极管参数设置对话框如图 4-26 所示。

1）二极管内电阻 R_{on}，单位为 Ω。
2）二极管内电感 L_{on}，单位为 H。
3）二极管的正向管压降 V_f，单位为 V。

4)电流下降到10%的时间 t_f,单位为 s。

2. 单个电阻、电容、电感元件的参数设置

双击 RLC 模块,单个电阻、电容、电感元件的参数设置对话框如图 4-27 所示。本例中设置电阻 $R=10\Omega$,电感 $L=0H$,电容 C 为 inf(无穷大量)。

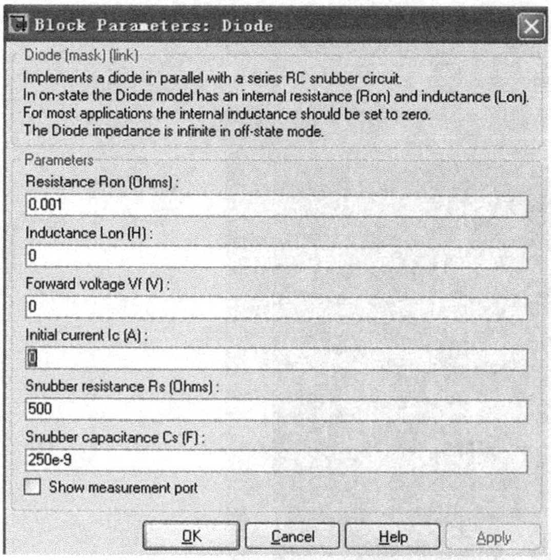

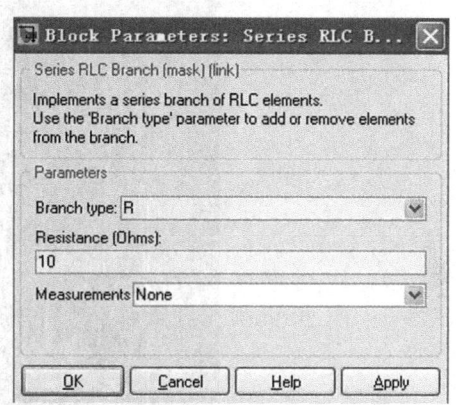

图 4-26 二极管参数设置对话框

图 4-27 单个电阻、电容、电感元件的参数设置对话框

3. 电源电压的参数设置

双击电源电压的模块,参数设置对话框如图 4-28 所示。本例中电源电压的幅值为 100V,初相位为 0°,电源电压的周期与固定时间间隔的脉冲发生器的周期都为 0.02s。

4. 仿真参数设置

选择"Simulation"菜单中的"Configuration Parameters"命令,出现仿真参数设置对话框如图 4-29 所示,本例选择 ode23tb 算法,将相对误差设置为 $1e-3(1\times10^{-3})$,开始仿真时间设置为 0.0,停止仿真时间设置为 0.1。

图 4-28 电源电压的参数设置对话框

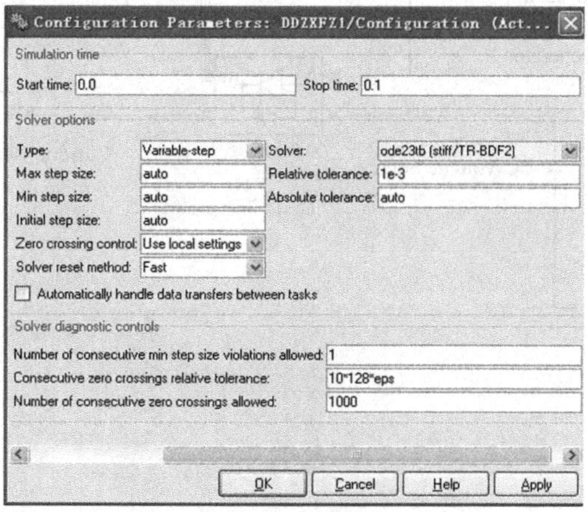

图 4-29 仿真参数设置对话框

5. 仿真

单击工具栏的 ▶ 按钮或"Simulation"菜单下的"Start"命令进行仿真。双击示波器模块，得到仿真结果如图 4-30 所示。

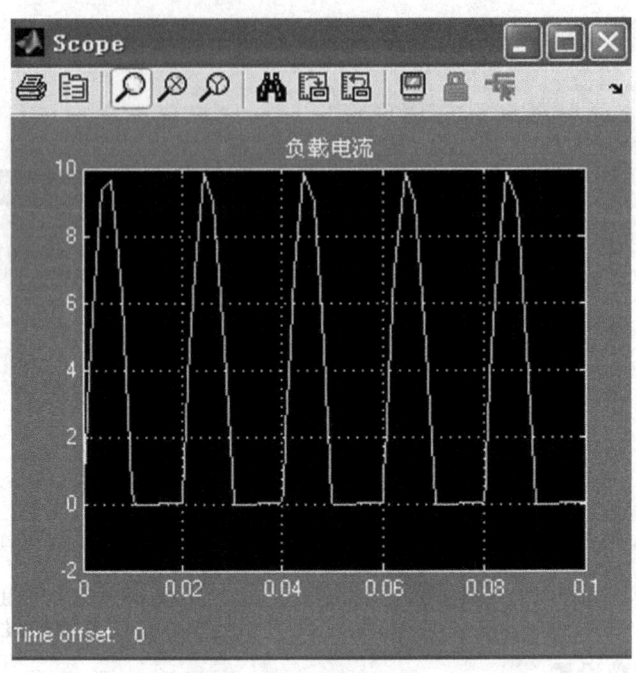

图 4-30 二极管测试仿真结果

技能训练 3　建立晶闸管的仿真模型

启动 MATLAB R2007a，进入 SIMULINK 后新建文档，绘制晶闸管特性测试模型，如图 4-31 所示。双击各模块，在出现的对话框内设置相应的参数。

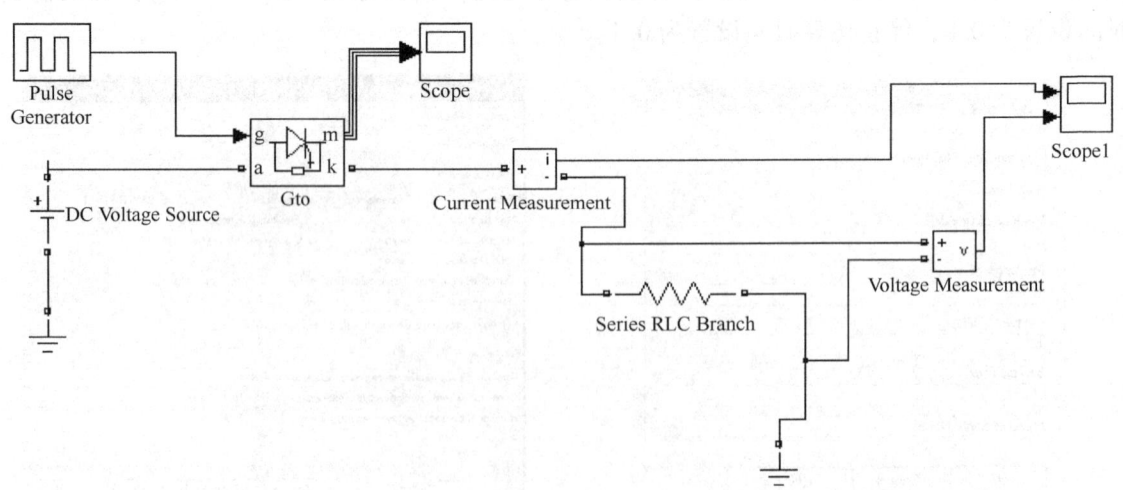

图 4-31 晶闸管特性测试模型

1. 晶闸管元件参数设置

双击晶闸管模块，本例参数设置对话框如图 4-32 所示：

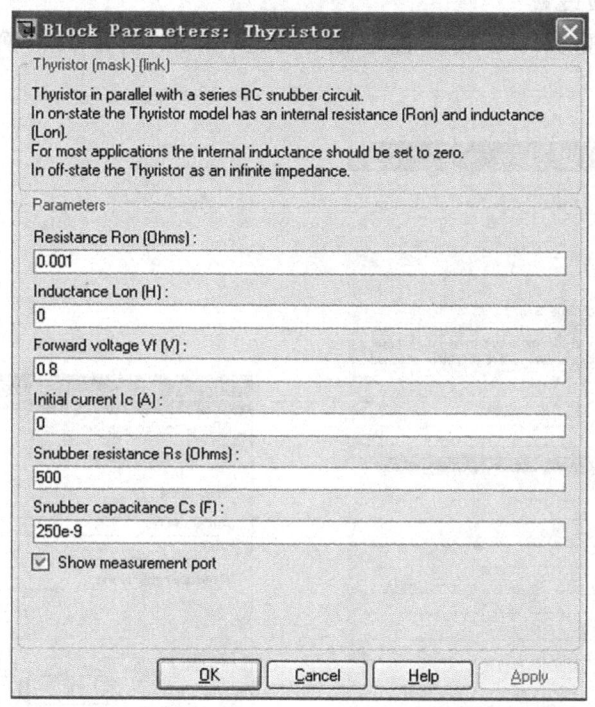

图 4-32 门极可关断晶闸管的参数设置对话框

1）晶闸管内电阻 R_{on}，单位为 Ω。
2）晶闸管内电感 L_{on}，单位为 H。
3）晶闸管的正向管压降 V_f，单位为 V。
4）电流下降到 10% 的时间 t_f，单位为 s。
5）电流拖尾时间 T_q（晶闸管在关断时电流先有一个迅速下降的阶段，然后接着有一个缓慢下降的阶段，这个缓慢的电流下降阶段所需时间就称为拖尾电流时间），单位为 s。
6）初始电流 I_c，单位为 A，与晶闸管初始电流的设置相同。通常将 I_c 设置为 0。
7）缓冲电阻 R_s，单位为 Ω，为了在模型中消除缓冲电路，可将 R_s 参数设置为 inf。
8）缓冲电容 C_s，单位为 F，为了在模型中消除缓冲电路，可将缓冲电容 C_s 设置为 0。为得到纯电阻 R_s，可将电容 C_s 参数设置为 inf。

仿真含有门极可关断晶闸管的电路时，必须使用刚性积分算法。通常使用 ode23tb 或 ode15s，以获得较快的仿真速度。

2. 单个电阻、电容、电感元件的参数设置

双击 RLC 模块，单个电阻、电容、电感元件的参数设置对话框如图 4-27 所示。本例中设置电阻 $R = 10\Omega$，电感 $L = 0H$，电容 C 为 inf。

3. 固定时间间隔的脉冲发生器的参数设置

双击脉冲发生器模块（Pulse），固定时间间隔的脉冲发生器参数设置对话框如图 4-33

所示。本例中振幅设置为 1V，周期与电源电压设置的一致，为 2s（即频率为 0.5Hz），脉冲宽度为 50，初相位（触发延迟角）为 0 的正弦波。

4. 电源电压的参数设置

双击电源电压的模块，参数设置对话框如图 4-34 所示。本例中电源电压的幅值为 100V。

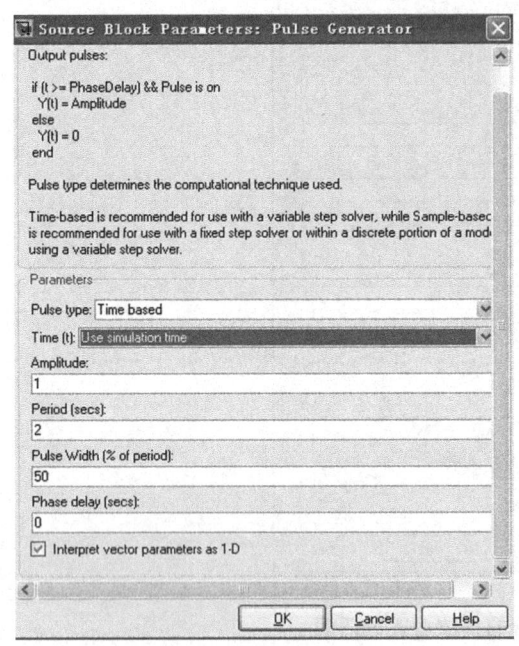

图 4-33 固定时间间隔的脉冲发生器参数设置对话框

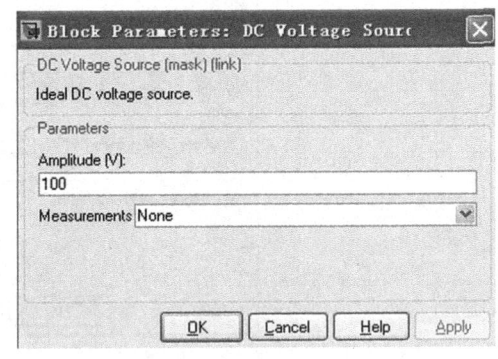

图 4-34 电源电压的参数设置对话框

5. 仿真

单击工具栏的 ▶ 按钮或"Simulation"菜单下的"Start"命令进行仿真。双击示波器模块，得到仿真结果如图 4-35 所示。

6. 示波器参数的设置

在使用示波器时，若需要修改坐标系参数，可单击示波器工具栏中的 图标，出现如图 4-36 所示"General"选项卡和"Data history"选项卡对话框，设置的坐标系数目为 4，显示时间为 0.1（设置的是横坐标），坐标系标签为 all。

单击右键，选择弹出快捷菜单中的"Axes properties"命令，出现如图 4-37 所示的示波器的纵坐标参数设置对话框。本对话框中设置的是触发信号纵坐标。

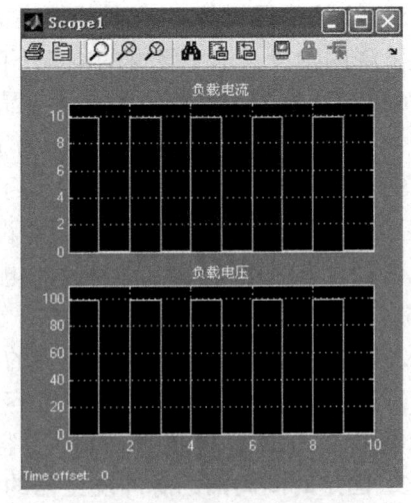

图 4-35 晶闸管特性测试仿真结果

图 4-36　"General"选项卡对话框　　图 4-37　示波器的纵坐标参数设置对话框

三、注意事项

各模块之间连接时，注意各模块的输入和输出箭头，不能连接反相，且在需要增加连接方向时可加入 T 连接器（T connector）、L 连接器（L connector）。

成绩评分标准（见表 4-1）

表 4-1　成绩评分标准

序号	主要内容	考核要求	评分标准	配分	扣分	得分
1	软件使用	MATLAB 的基本界面	使用不准确，每次扣 5 分	15		
		SIMULINK 的基本操作	模块操作错误，每件扣 5 分	15		
2	仿真模型建立	步骤明确	步骤不明确，每步扣 5 分	10		
		模块选择正确	模块选择不正确，每个扣 5 分	15		
		连接各模块，搭建电路	连线不正确，每处扣 5 分	15		
3	各模块参数设置	完成各模块的参数设置	参数设置不正确或不完全，每处扣 5 分	10		
		仿真波形完整正确	仿真波形不完整或不正确，一处扣 5 分	10		
4	原理叙述	电路工作原理	不会叙述，扣 10 分 叙述不全面，扣 3~5 分	10		
5	安全文明生产	计算机、软件完好无损	凡有损坏，酌情扣 5~10 分	从总分扣 5~10 分		
		安全生产文明操作	有违反安全操作者，酌情扣 5~10 分 对发生事故者扣 50 分			
			合计	100		
备注			教师签字		年　月　日	

习题

1. 填空题

1）在绘制控制系统模型框图即连接模块时,要特别注意模块的_____、_____与各模块间的信号流向。

2）电力系统工具箱中包含 Electrical Sources（电源模块库）、_____、Power Electronics（电力电子器件模块库）、_____、Connectors（连接器模块库）、_____、Extras（附加模块库）和_____。

3）MATLAB 将矩阵运算、_____、图形处理、_____结合在一起,为用户提供了一个强有力的科学及工程问题的分析计算和程序设计工具。

4）用鼠标可以直接把模块库中的功能模块拖到模型编辑窗口中,并可以对模块进行移动、_____、转向、_____、模块命名、_____、功能设定等操作。

5）改变模块的方向时,直接按"Ctrl + I"组合键,可将功能模块旋转_____；按"Ctrl + R"组合键,即可将功能模块顺时针旋转_____。

2. 问答题

1）MATLAB 命令窗口的作用是什么？

2）启动 SIMULINK 有哪几种方法？

3）模块操作中如何进行模块的复制？

3. 操作题

1）创建门极可关断晶闸管仿真模型。

2）创建单相半波可控整流电路电阻电感性负载模型。

项目4.2 三相半波有源逆变电路及 MATLAB 仿真

在生产实际中,除了将交流电变换为大小可调的直流电外,有时还需将直流电变换成交流电。将直流电变换为交流电的过程称为逆变,能够实现逆变的电路就是逆变电路。

项目目的

1）掌握逆变的概念、有源逆变的工作原理、逆变失败的原因。

2）掌握三相半波有源逆变电路的工作原理。

3）掌握三相半波有源逆变电路建模与电路仿真。

项目内容

1）掌握三相半波有源逆变电路 MATLAB 的仿真方法。

2）能正确创建三相半波有源逆变电路仿真模型。

3）能熟练设置仿真电路中各模块的参数。

相关知识点析

一、逆变的概念

在生产实践中,存在着与整流过程相反的要求,即要求把直流电转变成交流电,这种对应于整流的逆向过程称为逆变。例如,电力机车下坡行驶时,使直流电动机作为发电机制动运行，机车的位能转变为电能，反送到交流电网中去。把直流电逆变成交流电的电路称为逆变电路。当交流侧和电网连接时，这种逆变电路称为有源逆变电路。有源逆变电路常用于直流可逆调速系统、交流绕线转子异步电动机串级调速以及高压直流输电等方面。对于可控整流电路而言，只要满足一定的条件，就可以工作于有源逆变状态。此时，电路形式并未发生变化，只是电路工作条件转变，因此将有源逆变作为整流电路的一种工作状态进行分析。将这种既工作在整流状态又工作在逆变状态的整流电路称为变流电路。

如果变流电路的交流侧不与电网连接，而直接接到负载，即把直流电逆变为某一频率或可调频率的交流电供给负载，称为无源逆变。

二、有源逆变的工作原理

1. 功率的传递

整流和有源逆变的根本区别表现在能量传送方向上的不同。因此在分析有源逆变电路的工作原理时，正确把握电源间能量的传送关系至关重要。

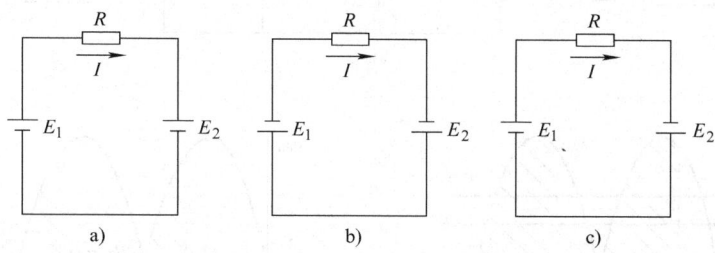

图 4-38　两个直流源间的功率传递

如图 4-38 所示，两个直流电源 E_1 和 E_2 有三种相连的电路形式。图 4-38a 表示两电源同极性相连。当 $E_1 > E_2$ 时，电流 I 从 E_1 流向 E_2，电路电流 I 大小为

$$I = \frac{E_1 - E_2}{R} \tag{4-1}$$

式中，R 为电路总电阻。此时电源 E_1 输出的功率为 $P_1 = E_1 I$，其中一部分功率为 R 所消耗 $P_R = (E_1 - E_2)I = I^2 R$。其余部分则被电源 E_2 所吸收，即 $P_2 = E_2 I$。在上述情况中，输出功率的电源其电势方向与电流方向一致，而吸收功率的电源则两者方向相反。

输出功率的电流从电源的正极流出，吸收功率的电流从电源的正极流入。其输出功率或吸收功率的大小则由电势与电流的乘积决定，若电势或电流方向改变，则功率的传送方向也随之改变。

在图 4-38b 中，将两电源的极性均反过来，若 $E_2 > E_1$，则电流方向不变，但功率反送。即电源 E_2 输出功率，电源 E_1 吸收功率。

可见两电源同极性相连时，电流总是从电势高的电源流向电势低的电源，电流大小则取决于两电势之差和电路电阻。由于电路电阻很小，即使很小的电势差值也能产生大的电流，使两个电源间交换很大的功率，这对分析有源逆变电路十分有用的。

在图 4-38c 中，两电源反极性相连，此时电流大小为

$$I = \frac{E_1 + E_2}{R} \tag{4-2}$$

这时电源 E_1 和 E_2 同时输出功率向电路电阻 R 供电，输出的功率全部消耗在电阻 R 上。两电源输出的功率为 $P_1 = E_1 I$、$P_2 = E_2 I$；电阻上消耗的功率为 $P_R = (E_1 + E_2) I = I^2 R$。若 R 电阻值很小，则电路中的电流必然很大；若 $R = 0$ 则造成两电源间短路。

2. 有源逆变的工作原理（见图 4-39）

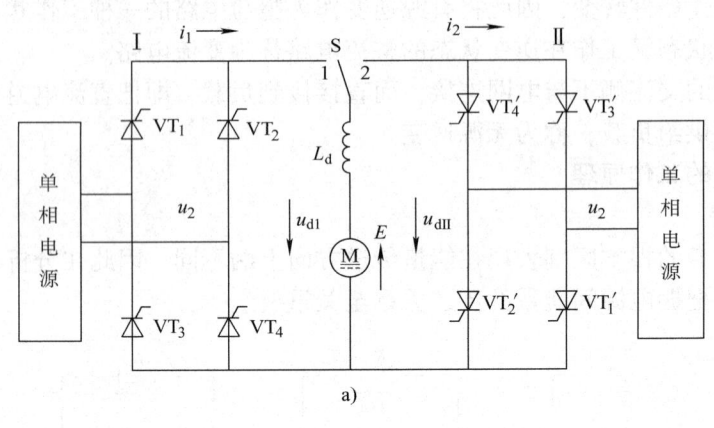

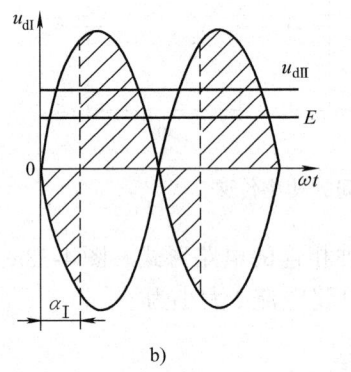

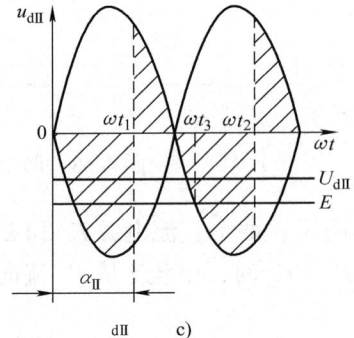

图 4-39 单相桥式整流电路的整流与逆变原理
a) 单相桥式整流电路　b) Ⅰ组晶闸管的输出波形　c) Ⅱ组晶闸管的输出波形

图 4-39a 中有两组单相桥式整流电路，通过开关 S 与直流电动机负载相连接。假设首先将开关 S 掷向位置 1，Ⅰ组晶闸管的触发延迟角 $\alpha_I < 90°$，电路工作在整流状态，输出波形如图 4-39b 所示。输出电压 U_{dI} 上正下负，电动机作电动运行，流过电枢的电流为 i_1，电动机的反电动势 E 上正下负。此时交流电源通过晶闸管装置输出功率，电动机吸收功率。

如果给 Ⅱ 组晶闸管加触发脉冲且 $\alpha_{II} < 90°$，其输出电压 U_{dII} 为下正上负。当开关 S 快速掷向 2 后，由于机械惯性，电动机的电动势 E 不变，仍为上正下负，从而形成两电源反极性串联，电动机和 Ⅱ 组晶闸管都输出功率，消耗在电路电阻上。因电路电阻很小，将产生很大电流，相当于短路，这是不允许的，如图 4-39c 所示。

当 S 掷向 2 的同时，使 Ⅱ 组晶闸管的触发延迟角 α 调整到大于 90°，这时其输出电压为 $U_{dII} = U_{d0} \cos \alpha_{II}$（$U_{d0}$ 为 $\alpha = 0°$ 时电路的最大输出平均电压），因 $\alpha_{II} > 90°$，故输出波形如图 4-39c 所示。显然，U_{dII} 为负值，极性为上正下负。若使 $|U_{dII}| < |E|$，且假设电动机的转速暂不变，因而 E 也不变，Ⅱ 组晶闸管在 E 和 u_2 的作用下导通，产生电流 i_2，方向如图 4-39a

所示。此时电动机输出功率，运行在发电制动状态，Ⅱ组晶闸管吸收功率送回交流电网。这就是有源逆变，与图 4-38b 所示情况一致。

由图 4-39c 所示的波形可见，单相全控桥电路工作在逆变状态时的输出电压控制原理与整流时相同，只不过触发延迟角 $\alpha > 90°$，输出电压为 $U_d = 0.9U_2\cos\alpha$。为了计算方便，引入逆变角 β，令 $\alpha = \pi - \beta$，用电角度表示为 $\alpha = 180° - \beta$，所以有：

$$U_d = 0.9U_2\cos\alpha = 0.9U_2\cos(180° - \beta) = -0.9U_2\cos\beta \tag{4-3}$$

逆变角为 β 时的触发脉冲位置可从 $\alpha = 180°$ 时刻向左移 β 来确定。

由以上分析及图 4-39 所示波形可见，在有源逆变时，晶闸管在交流电源的负半周导通的时间较长，即输出电压 U_d 波形负面积大于正面积，电压平均值 $U_d < 0$，直流平均功率的传递方向是由电动机返送到交流电源。当工作在整流状态时，为正面积大于负面积，平均电压 $U_d > 0$，直流平均功率的传递方向是交流电源经变流装置送往直流负载。因此，对于同一套变流装置，当 $\alpha < 90°$ 时工作在整流状态；当 $\alpha > 90°$ 时工作在逆变状态；当 $\alpha = \beta = 90°$ 时，输出电压平均值 $U_d = 0$，电流 I_d 也等于零，交、直流两侧没有能量交换。

综上所述，实现有源逆变的条件可总结如下：

1）变流装置的直流侧要有直流电源 E，其大小应大于由 α 决定的直流输出电压 U_d，即 $|E| > |U_d|$，其方向应使晶闸管承受正向电压。

2）变流装置必须工作在逆变角 $\beta < 90°$（即触发延迟角 $\alpha > 90°$）区间，使 $U_d < 0$，这样才能将直流功率逆变为交流功率返送至交流电网。

3）上述两条是实现有源逆变的必要条件。为了保证在逆变过程中电流连续，逆变电路中一定要串接大电感。

对于半控桥式晶闸管电路或直流侧接有续流二极管的电路不可能输出负电压，而且也不允许在直流侧接上反极性的直流电源，所以这些电路不能实现有源逆变。

三、逆变失败的原因

晶闸管整流电路工作在整流状态时，如果出现晶闸管损坏、触发脉冲丢失或熔断器熔断时，将导致整流电路断相，使直流电压减小，一般不会使故障进一步地扩大。但在逆变状态时如发生上述情况，其结果要严重得多，将造成逆变失败。

以三相半波电路为例，如图 4-40 所示，当 U 相晶闸管 VT_1 导通到 ωt_4 时，在正常情况下 u_{G2} 触发晶闸管 VT_2 换到 V 相导通。但如果由于触发脉冲 u_{G2} 丢失或晶闸管 VT_2 损坏或 V 相快速熔断器熔断或 V 相断相供电等原因，将使晶闸管 VT_2 无法导通，VT_1 不能承受反压而无法关断，使 VT_1 沿 U 相电压波形继续导通到电源的正半周，如图 4-40 所示，使电源的瞬时电压与反电动势 E 顺极性串联，出现很大的短路电流流过晶闸管与负载，出现逆变失败或逆变颠覆。

另一种经常导致逆变失败的原因是逆变电路工作时逆变角 β 太小。在换相时必然会出现换相的两个晶闸管同时导通的过程，例如晶闸管 VT_1 导通，在触发晶闸管 VT_2 时，由于交流电源都存在内阻抗，其中主要是变压器的漏感及线路杂散电感，使得欲导通的晶闸管 VT_2 不能瞬间导通，欲关断晶闸管 VT_1 的电流不能减小到小于维持电流而关断。换相时两个晶闸管同时导通对应的电角度称为换相重叠角 γ。

由于存在换相重叠角 γ，如图 4-40 中放大部分所示，在 ωt_1 时刻触发晶闸管 VT_2 换相，

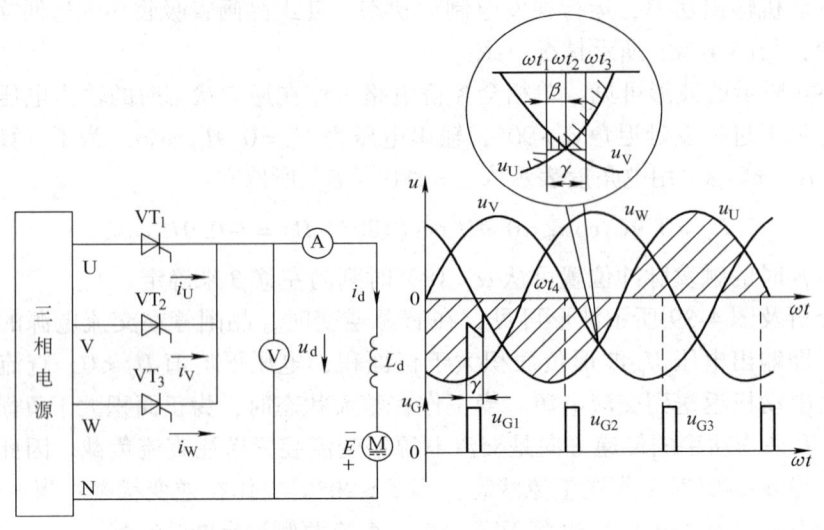

图 4-40 有源逆变流失败的波形

因逆变角 β 太小,在过 ωt_2 时刻(对应 $\beta=0°$)时换相还未结束,此时 U 相电压 u_U,已大于 V 相电压 u_V,使晶闸管 VT_1 仍承受正向电压而继续导通,晶闸管 VT_2 导通短时间后又受反压关断,相当于晶闸管 VT_2 脉冲 u_{G2} 丢失,从而造成逆变失败。

逆变失败的主要原因有下列几种情况:

1)触发电路工作不可靠,不能适时地、准确地给各个晶闸管分配脉冲。如脉冲丢失、脉冲延时等,致使晶闸管不能正常换相。

2)晶闸管发生故障,在应该阻断期间,元器件失去阻断能力;或在应该导通期间,元器件不能导通,从而造成逆变失败。

3)在逆变工作状态时,交流电源发生断相或突然消失,造成直流电源通过晶闸管使电路短路。

4)逆变角 β 太小,造成 β 小于换相重叠角 γ,导致换相失败。

防止逆变失败的措施有:合理选择变流装置所用晶闸管的参数,并设置过电压过电流保护环节;触发电路工作一定要安全可靠。

四、三相半波有源逆变电路工作原理

1. 三相半波可控整流电路的输出电压极性与触发延迟角 α 的关系

图 4-41a 所示画出了三相半波可控电路电动机负载电路。设负载电流连续,当触发延迟角 α 为 30°、60°、90°、120°、150°时的电压波形分别如图 4-41b、c、d、e、f 所示。

图 4-41b、c、d 所示为其整流电压波形,这在前面已详细讨论过,但应注意到:当电流连续,$\alpha=90°$ 时,其输出电压的平均值为零,所以在 $0°\leq\alpha\leq90°$ 范围内三相半波共阴极接法在整流时输出电压平均值为正。如果负载侧有一与原整流时极性相反的电动势 E 存在,继续增大 α,则电流仍连续。当 $\alpha=120°$、150°时,则整流电压成为逆变电压 $u_{d\beta}$。其波形如图 4-41e、f 所示,这时输出电压平均值将为负。$\alpha=180°$ 处是两个相电压在负半波的交点,此点两相电压相等,如图 4-41g 所示"P"点。此点以前,W 相的晶闸管 VT_3 工作;当过了"P"点后,$u_W>u_U$,于是 W 相晶闸管 VT_3 就不可能再换相给 U 相晶闸管 VT_1,因此,$\alpha=$

180°是电路能够进行换相运行的极限。

当 $0°\leqslant\alpha\leqslant 90°$ 时，整流电路输出电压为

$$U_d = U_{d0}\cos\alpha = E + I_d R \tag{4-4}$$

式中　U_{d0}——$\alpha=0°$时电路的最大输出平均电压；

　　　I_d——输出平均电流；

　　　E——电动机的反电动势。

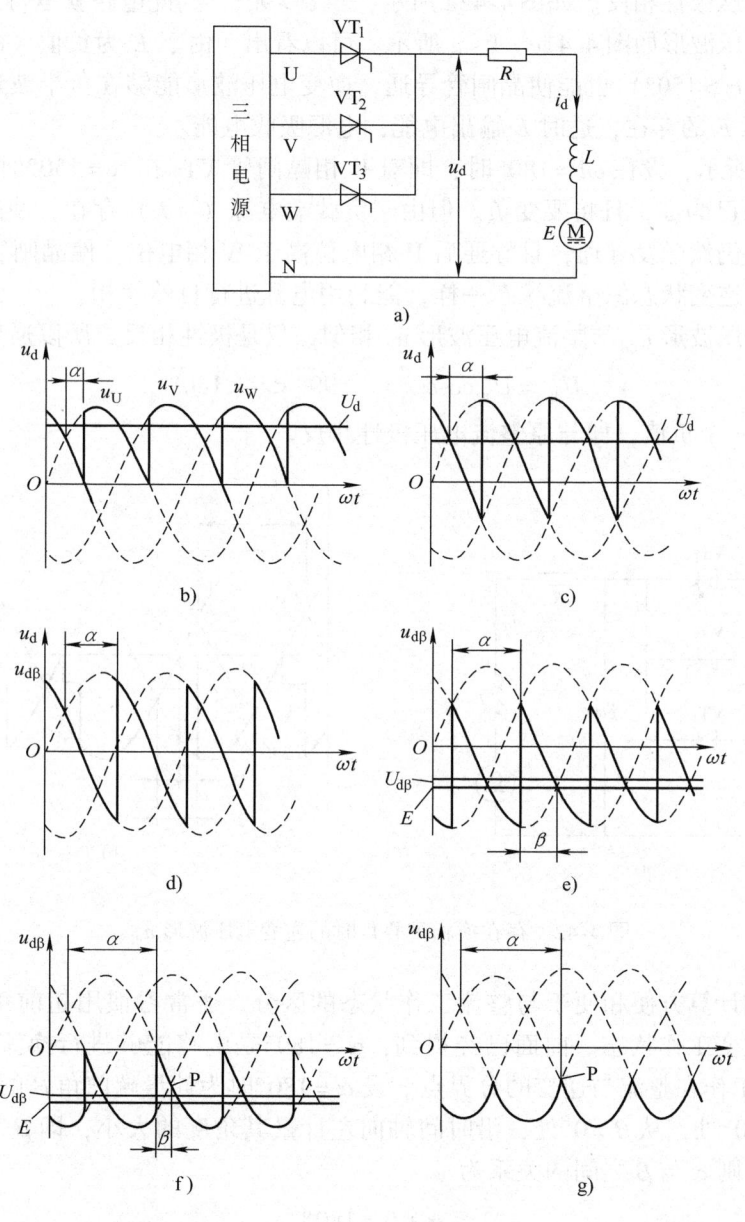

图 4-41　电感电动势负载三相半波可控整流电路不同 α 的输出电压波形

a) 三相半波可控整流电路　b) $\alpha=30°$　c) $\alpha=60°$　d) $\alpha=90°$　e) $\alpha=120°$　f) $\alpha=150°$　g) $\alpha=180°$

从图 4-41e、f 及公式（4-4）可以看出，当 $\alpha > 90°$ 后，输出平均电压 $U_d = U_{d0}\cos\alpha$ 为负值，这正是电路有源逆变工作条件所需要的。因此，当 $\alpha > 90°$ 时，即 $90° < \alpha < 180°$ 区间电路工作在逆变工作状态。这时如果负载侧存在一个与原来整流电压极性相反的电源，则将有有源逆变产生。事实上，如果 $\alpha > 90°$ 以后，因负载端不存在与整流电压极性相反的电源，输出电压恒为零，而且输出波形不可能连续。

2. 三相半波可控电路有源逆变工作状态

如果图 4-41a 所示的电动机不是由整流电路供电，而是使其运行在发电机状态，且与原来整流供电时电压极性相反。如图 4-42a 所示，当 $\alpha > 90°$，则此电路就运行在有源逆变工作状态，其逆变电压波形如图 4-41e、f、g 所示。可以看出，由于 E 为负值，即使在电源电压的负半波触发（$\alpha > 150°$）也能使晶闸管导通，逆变电压波形能够在负半波连续也是由于发电机 G 端有电压 E 的存在，这时 E 输出电能，电源吸收电能。

如图 4-41f 所示，设在 $\omega t = 180°$ 时，即对 U 相晶闸管 VT_1 在 $\alpha = 150°$ 时施加门极脉冲，这时 U 相电压虽已为零，且将要变负。但由于负载端电源（$-E$）存在，使晶闸管 VT_1 仍保持正向偏置，故仍然触发导通，且导通后 U 相电位高于 W 相电位，使晶闸管 VT_3 承受反压而关断，即有源逆变状态像整流状态一样，能利用电源进行自然换相。

由于逆变电压波形 $u_{d\beta}$ 与整流电压波形 u_d 相似，仅是极性相反，所以逆变电压平均值为

$$U_{d\beta} = U_{d0}\cos\alpha \qquad 90° < \alpha < 180° \tag{4-5}$$

可见 $U_{d\beta}$ 本身是一个负值，即与原整流电压极性相反。

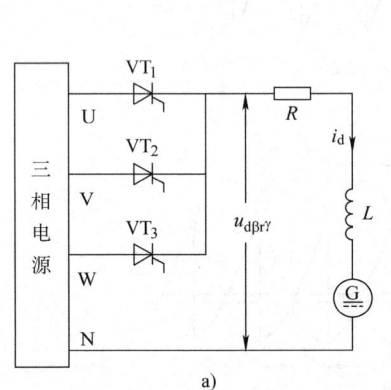
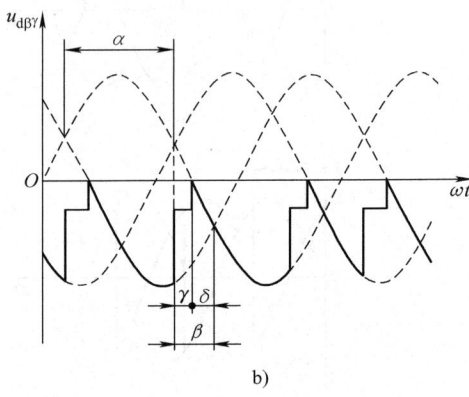

图 4-42　存在换相重叠角时的逆变电压波形 $u_{d\beta\gamma}$

为了分析和计算方便和便于与整流工作状态的区分，通常习惯用超前角（Advance Angle）β 来表示逆变工作状态。前面已经提到，$\alpha = 180°$ 是电路能够进行换流运行的极限，$\alpha = 90°$ 是变流器工作在整流与逆变的分界点。设 $\alpha = 180°$ 时为计量超前角 β 的起点，即 $\beta = 0°$ 的点定在 $\alpha = 180°$ 处，从 $\beta = 0°$ 处，沿时间轴向左计量其角度的大小，即 β 为超前角，如图 4-41e、f 所示，则 α 与 β 之间的关系为

$$\alpha + \beta = 180° \tag{4-6}$$

则用超前角 β 表示逆变电压的平均值 $U_{d\beta}$ 为

$$U_{d\beta} = U_{d0}\cos\alpha = U_{d0}\cos(\pi - \beta) = -U_{d0}\cos\beta \tag{4-7}$$

负号表明逆变工作电压与整流工作电压极性相反，超前角 β 的范围应是 $0°<\beta<90°$。

在上述分析过程中，为简化讨论，忽略了换相重叠角，若考虑换相重叠角，其换相波形如图 4-42b 所示。其分析方法与整流情况类似，考虑换相重叠角 γ 时的逆变电压平均值 $U_{d\beta r}$ 的计算，其推导方法与式（4-7）推导类似，其结果为

$$U_{d\beta r} = \frac{-3\sqrt{6}}{4\pi}U_2[\cos\beta + \cos(\beta - \gamma)] \tag{4-8}$$

设备、工具和材料准备

一台计算机、MATLAB 仿真软件。

操作步骤

一、技能训练要求

1）创建三相半波有源逆变电路的仿真模型。
2）设置仿真电路中各模块的参数。

二、技能训练内容

技能训练 三相半波有源逆变电路建模与仿真

启动 MATLAB R2007a，进入 SIMULINK 后新建文档，绘制三相半波有源逆变电路模型如图 4-43 所示。双击各模块，在出现的对话框内设置相应的参数。

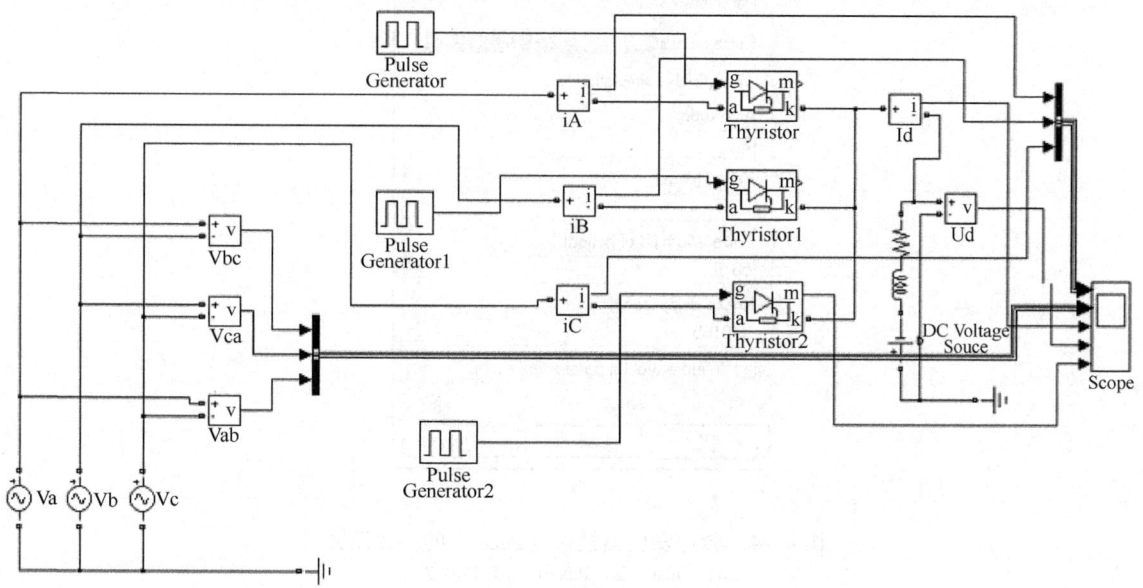

图 4-43 三相半波有源逆变系统模型

（1）交流电压源的参数设置　打开参数设置对话框，按要求进行参数设置，主要的参数有交流峰值电压、相位和频率。三相电源的相位互差 120°，设置交流峰值电压为 100V，频率为 25Hz。

(2) 晶闸管的参数设置 $R_n = 0.001\Omega$,$L_{on} = 0.0005H$,$R_s = 10\Omega$,$C_s = 4.7e - 6(4.7 \times 10^{-6})F$。

(3) 负载的参数设置 $R = 10\Omega$,$L = 0.02H$,$C = \inf$。将 E 设置为 120V,大于晶闸管三相半波整流电压的峰值。

(4) 脉冲发生器模块(Pulse)的参数设置 打开脉冲发生器模块参数设置对话框,对 Pulse、Pulse1 和 Pulse2 模块进行参数设置,如图 4-44 所示。

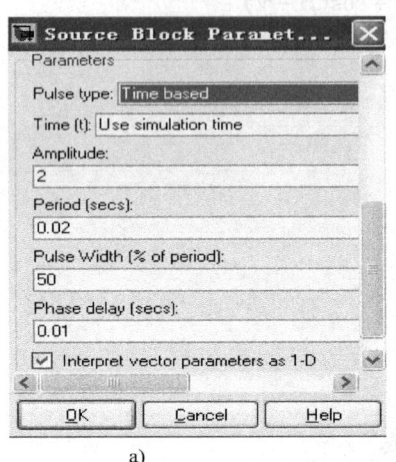
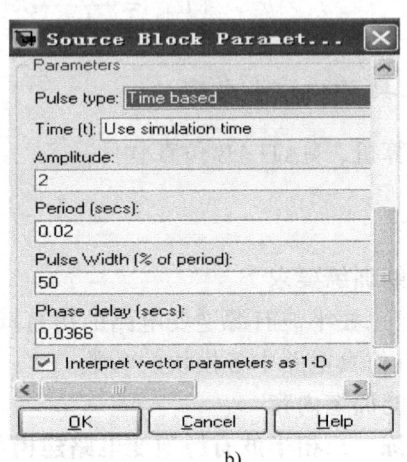

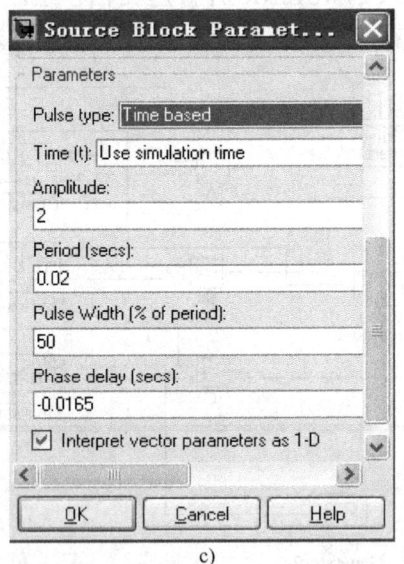

图 4-44 脉冲发生器模块(Pulse)的参数设置
a) Pulse b) Pulse1 c) Pulse2

打开仿真/参数窗,选择 ode23tb 算法,将相对误差设置为 $1e - 3(1 \times 10^{-3})$,开始仿真时间为 0,停止时间设置为 0.1。

设置好各模块参数后,单击工具栏的 ▶ 按钮,得到如图 4-45 所示的仿真结果。

从图 4-45 中可知、变换器输出电压 U_d 波形的正面积大于负面积,直流平均电压大于 0。

仿真波形与理论波形分析结果吻合。

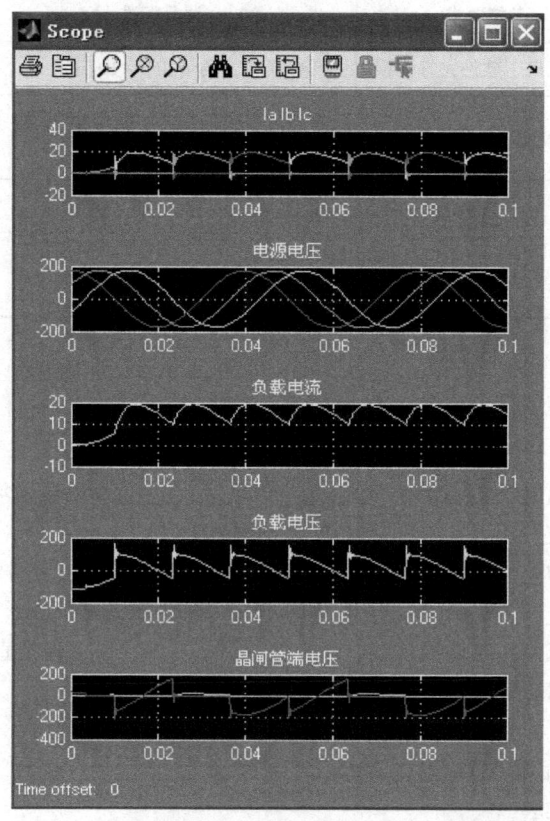

图 4-45　触发延迟角为 60°的三相半波有源逆变系统仿真结果

成绩评分标准（见表 4-2）

表 4-2　成绩评分标准

序号	主要内容	考核要求	评分标准	配分	扣分	得分
1	软件使用	MATLAB 的基本界面	使用不准确，每次扣 5 分	15		
		SIMULINK 的基本操作	模块操作错误，每件扣 5 分	15		
2	仿真模型建立	步骤明确	步骤不明确，每步扣 5 分	10		
		模块选择正确	模块选择不正确，每个扣 5 分	15		
		连接各模块，搭建电路	连线不正确，每处扣 5 分	15		
3	各模块参数设置	完成各模块的参数设置	参数设置不正确或不完全，每处扣 5 分	10		
		仿真波形完整正确	仿真波形不完整或不正确，一处扣 5 分	10		
4	原理叙述	电路工作原理	不会叙述，扣 10 分 叙述不全面，扣 3~5 分	10		

序号	主要内容	考核要求	评分标准	配分	扣分	得分
5	安全文明生产	计算机、软件完好无损	凡有损坏，酌情扣 5~10 分	从总分扣 5~10 分		
		安全生产文明操作	有违反安全操作者，酌情扣 5~10 分 对发生事故者扣 50 分			
备注			合计	100		
			教师签字		年 月 日	

习题

1. 填空题

1) 在有源逆变时，输出电压 u_d 波形_____大于_____，电压平均值为_____。当工作在整流状态时，为_____大于_____，电压平均值为_____。

2) 将_____变换为_____的过程称为逆变，能够实现逆变的电路就是_____。

3) 既工作在_____又工作在_____的整流电路称为变流电路。

4) 如果变流电路的交流侧不与电网连接，而直接接到_____，即把直流电逆变为_____或_____的交流电供给负载，称为无源逆变。

2. 问答题

1) 在 MATLAB 仿真中如何设置触发延迟角？

2) 逆变失败的原因有哪些？

3) 有源逆变及无源逆变的区别是什么？

3. 操作题

创建三相半波可控整流电路模型，改变参数得到 $\beta=90°$ 时的电压波形。

项目 4.3　三相桥式全控有源逆变电路及 MATLAB 仿真

与整流电路分析时相仿，三相桥式电路是两个半波电路的组合。因此，当触发延迟角大于 90°以后，电路便工作在逆变工作状态。本节学习三相桥式全控有源逆变电路及其在 MATLAB 中的仿真。

项目目的

1) 掌握三相桥式全控有源逆变电路的工作原理。
2) 掌握三相桥式全控有源逆变电路 MATLAB 的仿真方法。
3) 掌握创建三相桥式全控有源逆变电路仿真模型的方法。
4) 设置仿真电路中各模块的参数。

项目内容

能熟练掌握三相桥式全控有源逆变电路建模与仿真。

相关知识点析

三相有源逆变比单相有源逆变要复杂些，其电路如图 4-46 所示，整流电路带反电动势阻感性负载时，整流输出电压与触发延迟角间存在着余弦关系，即

$$U_\mathrm{d} = U_\mathrm{d0}\cos\alpha \qquad (4-9)$$

逆变和整流的区别仅仅是触发延迟角 α 不同。当 $0<\alpha<90°$ 时，电路工作在整流状态；$90°<\alpha<180°$ 时，电路工作在逆变状态。

三相桥式电路工作于有源逆变状态，不同逆变角时的输出电压波形及晶闸管两端电压波形如图 4-47 所示。

如图 4-46 所示，三相桥式全控有源逆变电路中，如果变流器输出电压 u_d 与直流电动机电动势 E_D 的极性均为上负下正，当电动势 E_D 略大于平均电压 U_d 时，回路中产生的电流 I_d 为

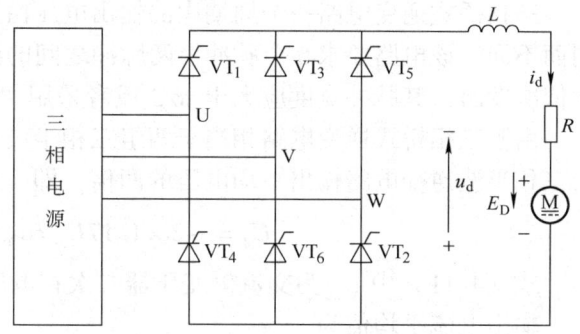

图 4-46　三相桥式全控有源逆变电路

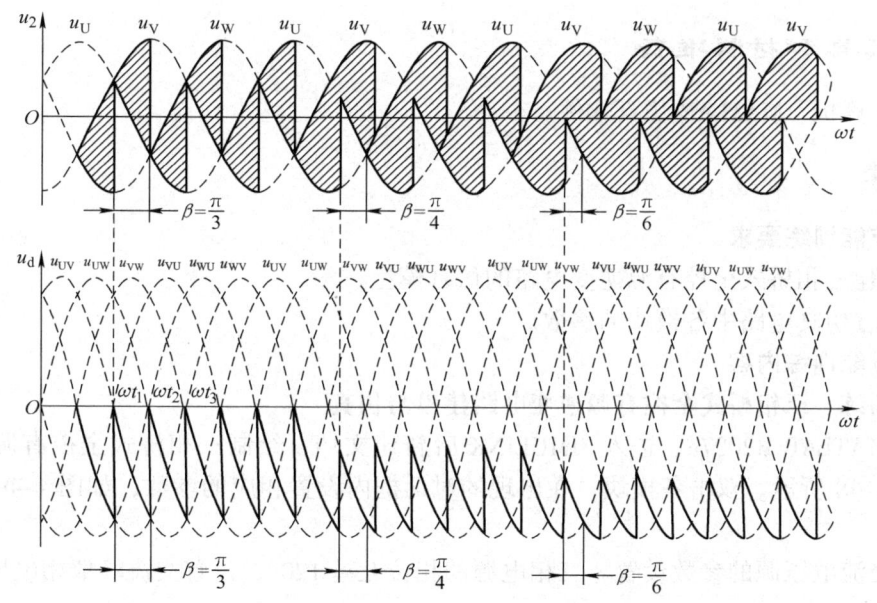

图 4-47　三相桥式整流电路工作于有源逆变状态时的电压波形

$$I_\mathrm{d} = \frac{E_\mathrm{D} - U_\mathrm{d}}{R} \qquad (4-10)$$

电流 I_d 的流向是从 E_D 的正极流出而从 u_d 的正极流入，即电动机向外输出能量，以发电状态运行；变流器则吸收能量并以交流形式回馈到交流电网，此时电路即为有源逆变工作状态。电动势 E_D 的极性由电动机的运行状态决定，而变流器输出电压 u_d 的极性则取决于触发脉冲的触发延迟角。欲得到上述有源逆变的运行状态，显然电动机应以发电状态运行，而

变流器晶闸管的触发延迟角 α 应大于 π/2，或者逆变角 β 小于 π/2。在有源逆变工作状态下，电路中输出电压的波形如图 4-47 所示。此时，晶闸管导通的大部分区域均为交流电的负电压，晶闸管在此期间由于 E_D 的作用仍承受极性为正的相电压，所以输出的平均电压为负值。

三相桥式逆变电路一个周期中的输出电压由 6 个形状相同的波头组成，其形状随 β 的不同而不同。该电路要求 6 个脉冲，两脉冲之间的间隔为 π/3，分别按照 1，2，3，…，6 的顺序依次发出，其脉冲宽度应大于 π/3 或者采用"双窄脉冲"输出。

由于三相桥式逆变电路相当于两组三相半波逆变电路的串联，故该电路输出平均电压应为三相半波逆变电路输出平均电压的两倍，即

$$U_d = -2 \times 1.17 U_{2\varphi} \cos\beta = -2.34 U_{2\varphi} \cos\beta \tag{4-11}$$

式（4-11）中 $U_{2\varphi}$ 为交流侧变压器二次相电压有效值。

输出电流平均值为

$$I_d = \frac{E_D - U_d}{R} \tag{4-12}$$

式（4-12）中，$R = R_B + R_D$，其中 R_B 为变压器绕组的等效电阻，R_D 为变流器直流侧总电阻。

设备、工具和材料准备

一台计算机、MATLAB 仿真软件。

操作步骤

一、技能训练要求

1) 创建三相桥式全控有源逆变电路的仿真模型。
2) 设置仿真电路中各模块的参数。

二、技能训练内容

技能训练　三相桥式全控有源逆变电路建模与仿真

启动 MATLAB R2007a，进入 SIMULINK 后新建文档，绘制三相桥式全控有源逆变系统模型如图 4-48 所示。双击各模块，在出现的对话框内设置相应的参数，如图 4-49～图 4-51 所示。

（1）交流电压源的参数设置　三相电源的相位互差 120°，设置交流峰值相电压为 100V、频率为 60Hz。

（2）负载的参数设置　$R = 45\Omega$，$L = 1H$，$C = \inf$。

（3）反电动势的参数设置　与负载串联的反电动势 DC 设置为 100V。

（4）通用变换器桥的参数设置

1) 仿真模块的功能。通用变换器桥模块是由 6 个功率开关元件组成的桥式通用三相变换器模块。功率电子元件的类别和变换器的结构可通过对话框进行选择。功率电子元件和变换器的类型有 Diode 桥、Thyristor 桥、MOSFET—Diode 桥、IGBT—Diode 桥、Ideal Switch 桥，桥的结构有单相、两相和三相。

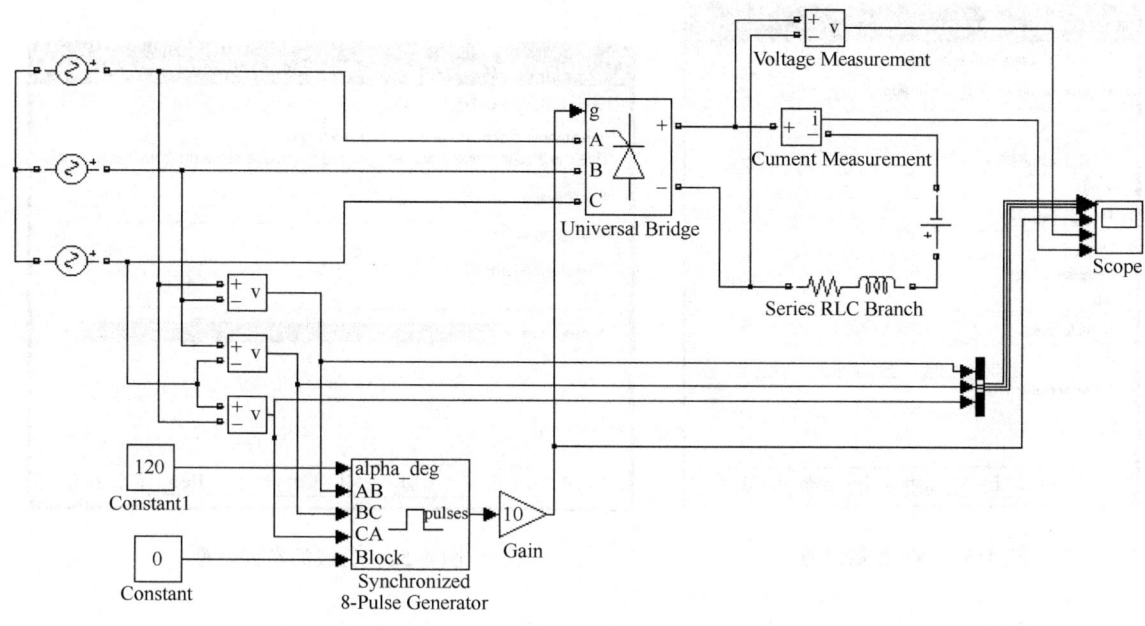

图 4-48　三相桥式全控有源逆变系统模型

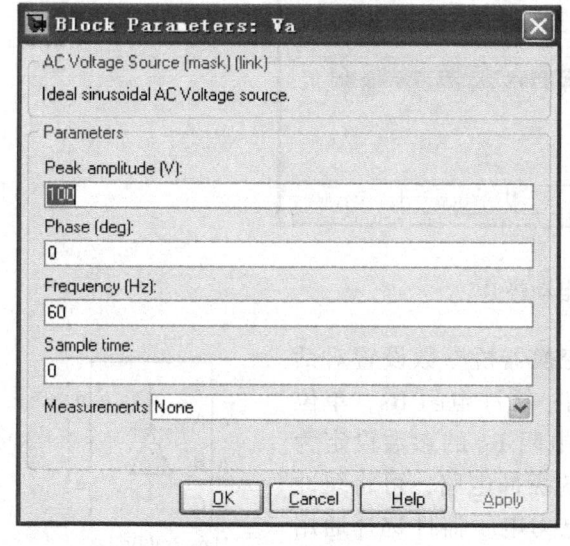

图 4-49　Va 参数设置

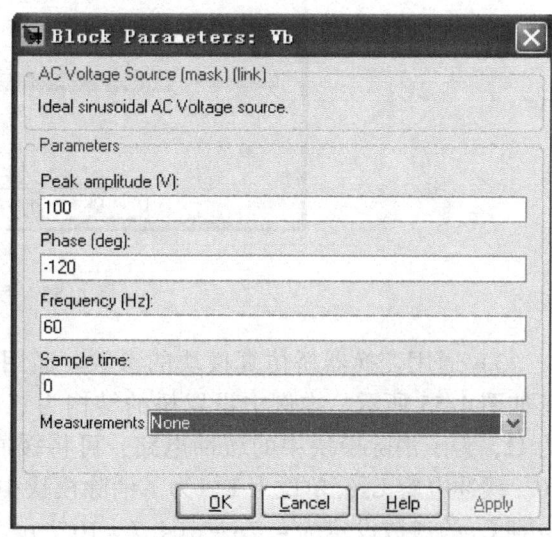

图 4-50　Vb 参数设置

2）仿真模块的图标、输入和输出。通用变换器桥的图标如图 4-54 所示。模块的输入和输出端取决于所选择的变换器桥的结构。当 A、B、C 被选择为输入端，则直流 DC(+，-) 端就是输出端；当 A、B、C 被选择为输出端，则直流 DC(+，-) 端就是输入端。除二极管桥外，其他桥的"g（Pulses）"，输入端可接受来自外部模块的触发信号。

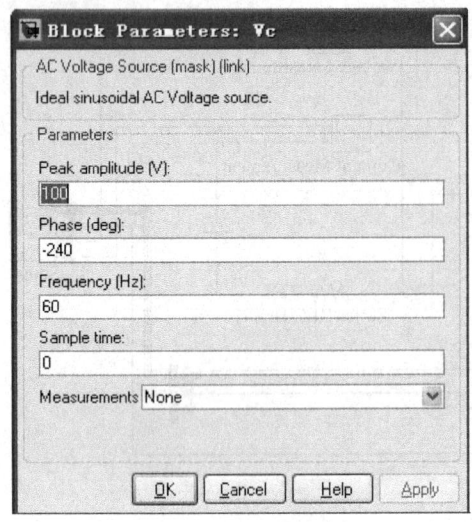

图 4-51　Vc 参数设置

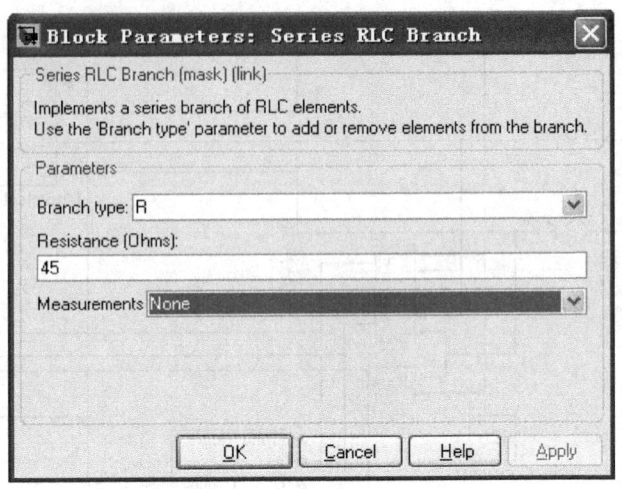

图 4-52　负载的参数设置

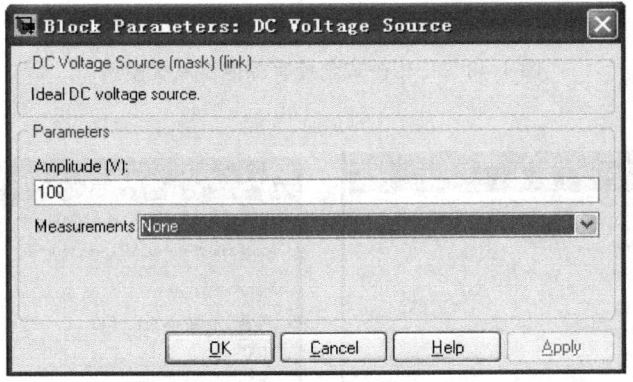

图 4-53　反电动势 DC

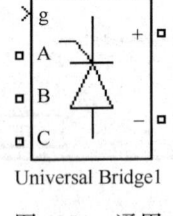

图 4-54　通用变换器桥的图标

3) 通用变换器桥仿真模块的参数。通用变换器桥参数设置对话框如图 4-55 所示。本例中设置桥的结构为三相，缓冲电阻 Rs，单位为 Ω，为了消除模块中的缓冲电路，可将缓冲电阻 Rs 的参数设定为 10。缓冲电容 Cs，单位为 F，为了消除模块中的缓冲电路，可将缓冲电容 Cs 的参数设定为 $4.7e-6(4.7\times10^{-6})$。电力电子器件选择通用变换器桥中使用的电力电子的类型。内电阻 Ron 单位为 Ω，通用变换器中使用的是功率电子元器件的内电阻，Ron = 0.01Ω。内电感 Lon，单位为 H，变换桥中使用的是二极管、晶闸管、MOSFET 等功率电子元件的内电感。

(5) 同步 6 脉冲触发器的参数设置　该模块有 5 个输入端，其图标如图 4-56 所示。

"alpha_deg" 是触发延迟角信号输入端，单位为度 (°)。该输入端可与 "常数" 模块相连，也可与控制系统中的控制器输出端相连，从而对触发脉冲进行移相控制。输入端 AB、

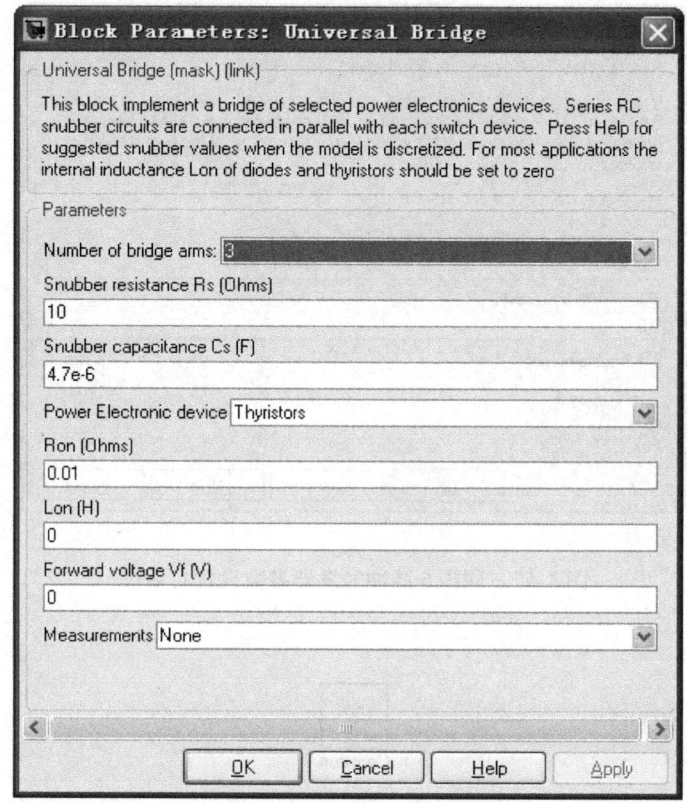

图 4-55 通用变换器桥参数设置对话框

BC、CA 是同步线电压的输入端，同步线电压就是连到整流桥的三相交流电压的线电压。输入端 Block 为触发器模块的使能端，用与触发器模块的开通与封锁操作，当施加大于 0 的信号时，触发脉冲被封锁。该模块为一个六维脉冲向量，它包含 6 个触发脉冲，移相控制脚的起始点为同步电压的零点，pulses 为输出触发信号端。

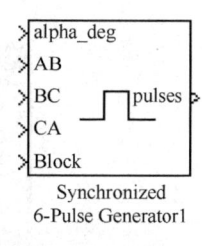

图 4-56 同步 6 脉冲触发器图标

同步 6 脉冲触发器参数设置对话框如图 4-57 所示，在该例中设置同步电压频率为 60Hz，脉冲宽度为 10°。如果勾选了"Double pulsing"触发器就能给出间隔 60°的双脉冲。

（6）常数模块参数的设置 常数模块图标如图 4-58 所示，其参数设置对话框如图 4-59 所示。

该模块只有一个输出端，在本例中只要改变参数对话框的数值的大小，即改变了触发信号的触发延迟角。

打开仿真/参数窗，选择 ode23tb 算法，将相误差设置为 $1e-3(1 \times 10^{-3})$，开始仿真时间为 0.0，停止时间设置为 0.08，如图 4-60 所示。

设置好各模块参数后，单击工具栏的 ▶ 按钮，则得到仿真结果。改变触发延迟角 α，单击工具栏的 ▶ 按钮，得到如图 4-61、图 4-62 所示仿真结果。

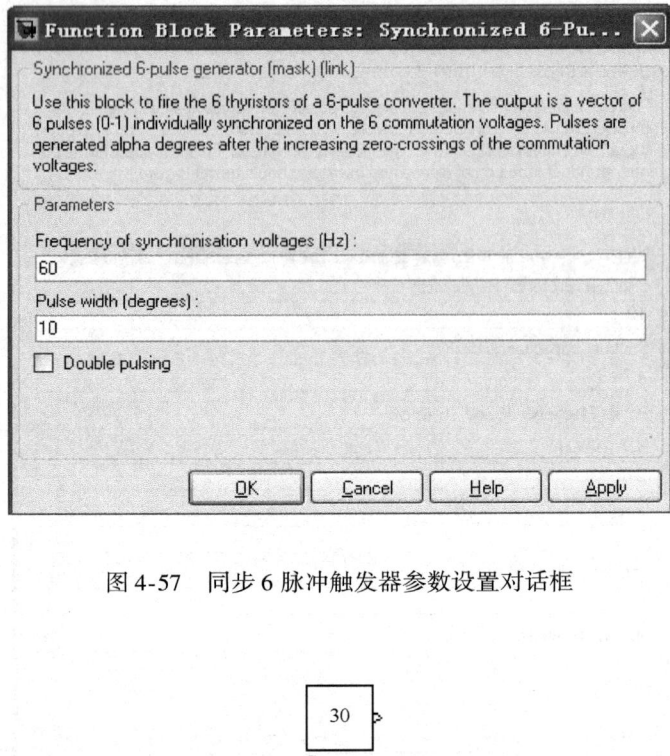

图 4-57　同步 6 脉冲触发器参数设置对话框

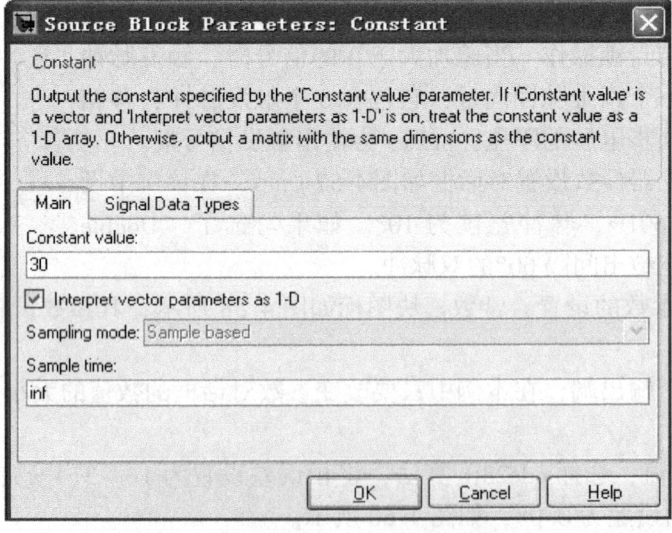

图 4-58　常数模块图标

图 4-59　常数模块参数设置对话框

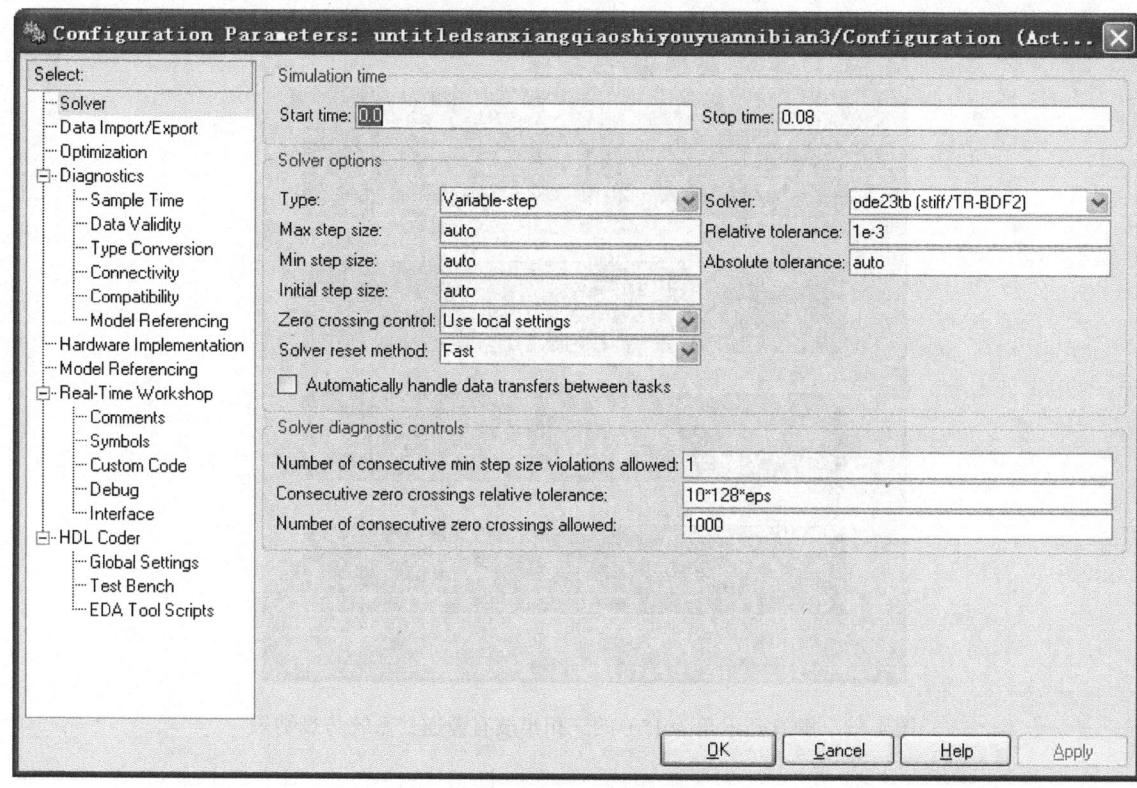

图 4-60 仿真参数设置

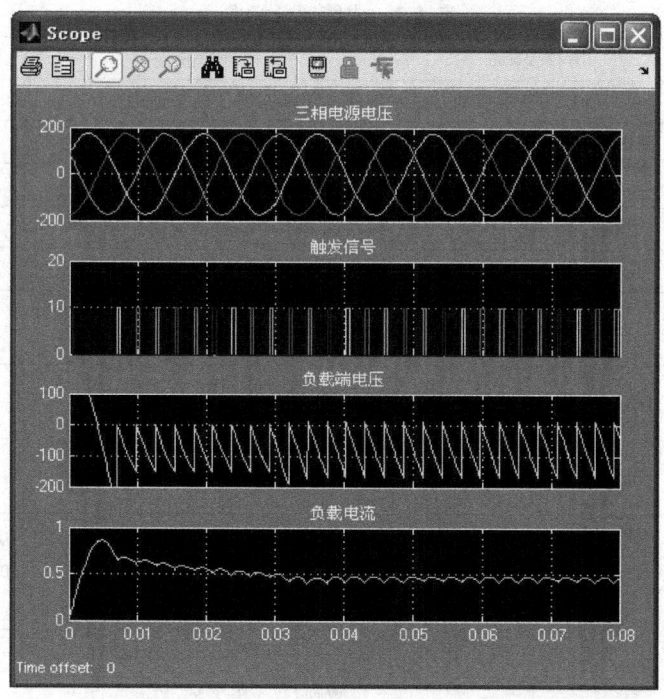

图 4-61 触发延迟角为 120° 的三相半波有源逆变系统仿真结果

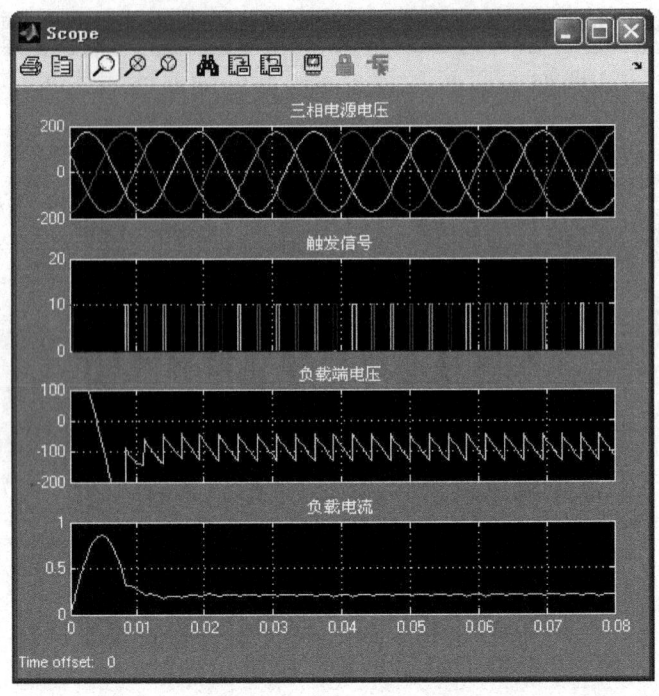

图 4-62 触发延迟角为 150°的三相半波有源逆变系统仿真结果

成绩评分标准（见表 4-3）

表 4-3 成绩评分标准

序号	主要内容	考核要求	评分标准	配分	扣分	得分
1	软件使用	MATLAB 的基本界面	使用不准确，每次扣 5 分	15		
		SIMULINK 的基本操作	模块操作错误，每件扣 5 分	15		
2	仿真模型建立	步骤明确	步骤不明确，每步扣 5 分	10		
		模块选择正确	模块选择不正确，每个扣 5 分	15		
		连接各模块，搭建电路	连线不正确，每处扣 5 分	15		
3	各模块参数设置	完成各模块的参数设置	参数设置不正确或不完全，每处扣 5 分	10		
		仿真波形完整正确	仿真波形不完整或不正确，一处扣 5 分	10		
4	原理叙述	电路工作原理	不会叙述，扣 10 分 叙述不全面，扣 3~5 分	10		
5	安全文明生产	计算机、软件完好无损	凡有损坏，酌情扣 5~10 分	从总分扣 5~10 分		
		安全生产文明操作	有违反安全操作者，酌情扣 5~10 分 对发生事故者扣 50 分			
			合计	100		
备注			教师签字		年 月 日	

习题

1. 填空题

1) 三相桥式逆变电路一个周期中的输出电压由 _____ 形状相同的波头组成，其形状随 _____ 的不同而不同。

2) 三相桥式逆变电路相当于两组三相半波逆变电路的 _____，故该电路输出平均电压应为三相半波逆变电路输出平均电压的 _____。

3) 有源逆变工作状态下，晶闸管导通的大部分区域均为交流电的 _____，晶闸管在此期间由于 E_D 的作用仍承受极性为正的相电压，所以输出的平均电压为 _____。

2. 问答题

1) 使变流器工作与有源逆变状态的条件是什么？
2) 三相桥式全控有源逆变电路的组成及工作原理是什么？

3. 操作题

1) 创建三相桥式全控有源逆变电路模型，改变参数得到 $\beta = 100°$ 时的电压波形。

2) 三相桥式电路中，电源每相感抗 0.3Ω，电阻为 0.05Ω，相电压 $U_2 = 240V$，逆变电流 $I_d = 60A$，$\beta = 35°$，每只晶闸管管电压降为 $1.5V$，电路工作在有源逆变状态，画出其逆变电压波形。

项目 4.4　降压式直流斩波电路及 MATLAB 仿真

直流斩波电路的功能是将直流电变为另一固定电压或可调电压的直流电，也称为直接直流-直流变换器（DC/DC Converter）。直流斩波电路一般是指直接将直流电变为另一直流电的情况，不包括直流-交流-直流的情况。

项目目的

1) 掌握直流降压斩波电路的工作原理。
2) 掌握直流降压斩波电路 MATLAB 的仿真方法。
3) 创建直流降压斩波电路仿真模型。
4) 设置仿真电路中各模块的参数。

项目内容

掌握降压斩波电路建模与仿真。

相关知识点析

降压斩波电路（Buck Chopper）的原理图及工作波形如图 4-63 所示，该电路使用一个全控型器件 V，图 4-63a 中为 IGBT，也可以使用其他器件，若采用晶闸管，需设置使晶闸管关断的辅助电路。图 4-63 中，在 V 关断时给负载中的电感电流提供通道，设置了续流二极管 VD。斩波电路典型用途之一是拖动直流电动机，也可带蓄电池负载，两种情况下负载中均会出现反电动势，如图 4-63 中 E_M 所示。若负载中无反电动势时，只需令 $E_M = 0$，以下的分析及表达式均可使用。

由图 4-63b 中 V 的栅射电压 u_{GE} 波形可知，在 $t = 0$ 时驱动 V 导通，电源 E 向负载供电，

负载电压 $u_o = E$,负载电流 i_o 按指数曲线上升。

当 $t = t_1$ 时刻,控制 V 关断,负载电流 i_o 经二极管 VD 续流,负载电压 u_o 近似为零,负载电流 i_o 呈指数曲线下降。为了使负载电流 i_o 连续且脉动小,通常串接 L 值较大的电感。

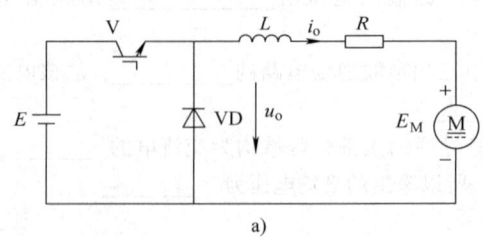

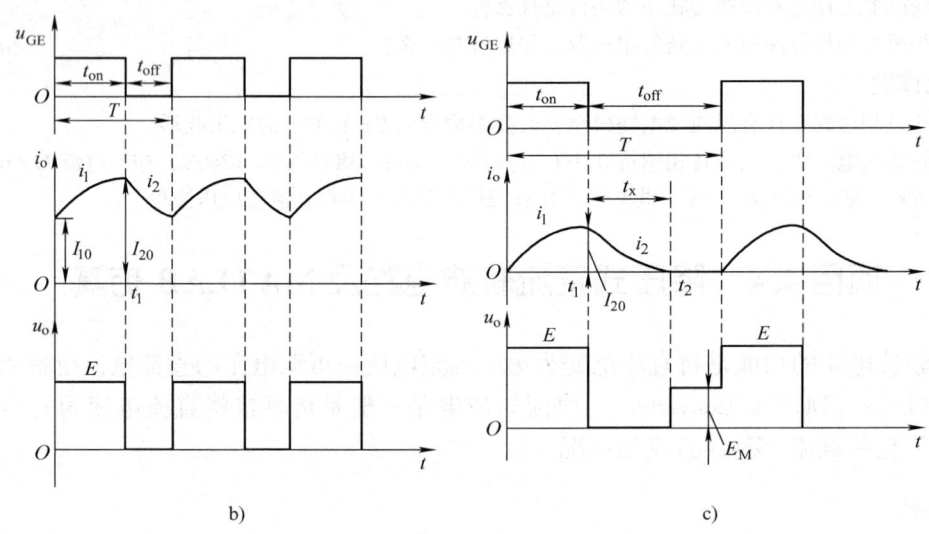

图 4-63 降压斩波电路的原理图及波形
a) 电路 b) 电流连续时的波形 c) 电流断续时的波形

至一个周期 T 结束,再驱动 V 导通,重复上一周期的过程。当电路工作于稳态时,负载电流在一个周期的初值和终值相等,如图 4-63b 所示。负载电压的平均值为

$$U_o = \frac{t_{on}}{t_{on} + t_{off}} E = \frac{t_{on}}{T} E = \alpha E \tag{4-13}$$

式中,t_{on} 为 V 处于导通状态的时间;t_{off} 为 V 处于截止状态的时间;T 为开关周期;α 为导通占空比,简称占空比或导通比。

由式 (4-13) 可知,输出到负载的电压平均值 U_o 最大为 E,若减小占空比 α,则 U_o 随之减小。因此将该电路称为降压斩波电路,也称之为 buck 变换器。

负载电流平均值为

$$I_o = \frac{U_o - E_m}{R} \tag{4-14}$$

若负载中 L 值较小,则在 V 关断后,到了 t_2 时刻,如图 4-63c 所示,负载电流已衰减至零,会出现负载电流断续的情况。由波形可见,负载电压平均值 U_o 会被抬高,一般不希望出现电流断续的情况。

根据对输出电压平均值进行调制的方法不同,斩波电路可有三种控制方式:

1)保持开关周期 T 不变,调节开关导通时间 t_{on},称为脉冲宽度调制(Pulse Width Modulation,缩写为 PWM)或脉冲调宽型。

2)保持开关导通时间 T_{on} 不变,改变开关周期 T,称为频率调制或调频型。

3)t_{on} 和 T 都可调,使占空比改变,称为混合型。

设备、工具和材料准备

一台计算机、MATLAB 仿真软件。

操作步骤

一、技能训练要求

1)创建降压斩波电路的仿真模型。
2)设置仿真电路中各模块的参数。

二、技能训练内容

技能训练　降压斩波电路建模与仿真

启动 MATLAB 2007a,进入 SIMULINK 后新建文档,绘制直流降压斩波变换电路模型如图 4-64 所示。双击各模块,在出现的对话框内设置相应的参数。

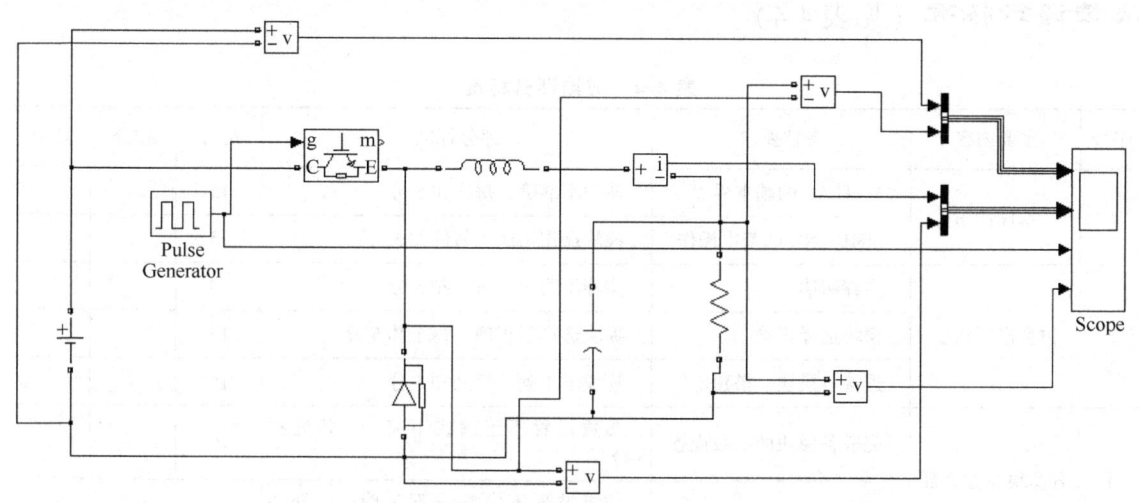

图 4-64　直流降压斩波变换电路模型

1)直流电压源参数设置:直流电源电压为 100V。

2)电阻、电容参数设置:$C = 1 \times 10^{-6}$F,$L = 100$mH,$R = 1\Omega$。

3)脉冲发生器模块(Pulse)的参数设置:在本例中 Pulse 的振幅设置为 1V,周期为 0.001s(即频率为 1000Hz),脉冲宽度为 50%。

设置好各模块参数后,单击工具栏的 ▶ 按钮或"Simulation"菜单下的"Start"命令进行仿真。双击示波器模块,得到的仿真结果如图 4-65 所示。

将触发信号的脉冲宽度改为 80%,其仿真结果如图 4-66 所示。

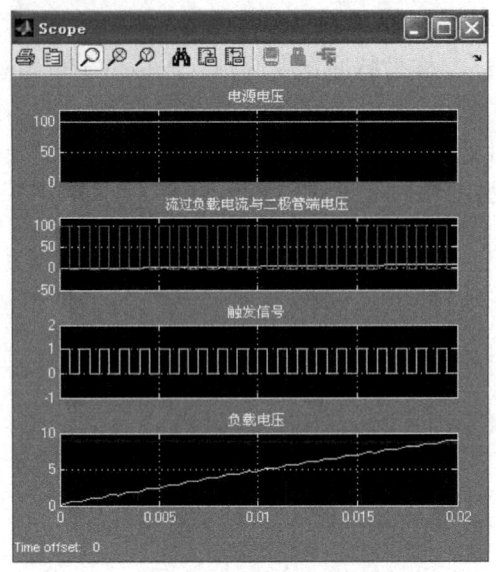 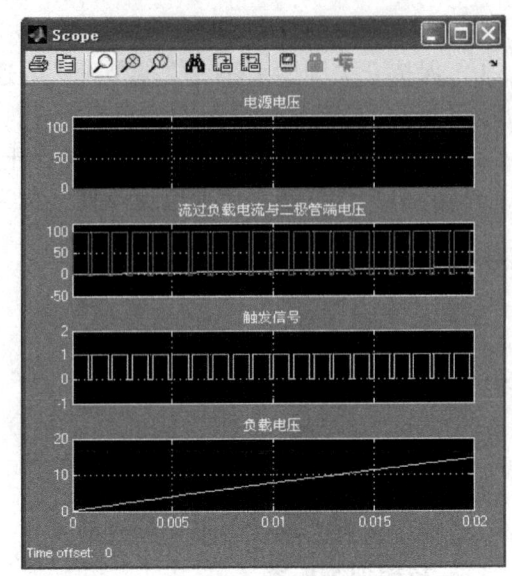

图 4-65 脉冲宽度为 50% 直流降压斩波变换电路仿真结果　　　图 4-66 脉冲宽度为 80% 直流降压斩波变换电路仿真结果

成绩评分标准（见表 4-4）

表 4-4 成绩评分标准

序号	主要内容	考核要求	评分标准	配分	扣分	得分
1	软件使用	MATLAB 的基本界面	使用不准确，每次扣 5 分	15		
		SIMULINK 的基本操作	模块操作错误，每件扣 5 分	15		
2	仿真模型建立	步骤明确	步骤不明确，每步扣 5 分	10		
		模块选择正确	模块选择不正确，每个扣 5 分	15		
		连接各模块，搭建电路	连线不正确，每处扣 5 分	15		
3	各模块参数设置	完成各模块的参数设置	参数设置不正确或不完全，每处扣 5 分	10		
		仿真波形完整正确	仿真波形不完整或不正确，一处扣 5 分	10		
4	原理叙述	电路工作原理	不会叙述，扣 10 分 叙述不全面，扣 3~5 分	10		
5	安全文明生产	计算机、软件完好无损	凡有损坏，酌情扣 5~10 分	从总分扣 5~10 分		
		安全生产文明操作	有违反安全操作者，酌情扣 5~10 分 对发生事故者扣 50 分			
			合计	100		
备注			教师签字		年 月 日	

习题

1. 填空题

1) 直流斩波电路的功能是将直流电变为_____或_____的直流电,也称为_____。
2) 直流斩波电路一般是指直接将_____变为_____的情况,不包括直流-交流-直流的情况。
3) 降压斩波电路有称为_____。
4) 保持开关_____不变,调节开关_____,称为脉冲宽度调制。

2. 问答题

1) 降压斩波电路有几种控制方式,分别是什么?
2) 降压斩波电路的组成及工作原理是什么?

3. 操作题

创建降压斩波电路模型,改变参数得到脉冲宽度为70%时的电压波形。

项目4.5 升压式直流斩波电路及MATLAB仿真

直流斩波电路的种类较多,包括6种基本斩波电路,即降压斩波电路、升压斩波电路、升降压斩波电路、Cuk斩波电路、Sepic斩波电路和Zeta斩波电路,其中前两种是最基本的电路。

项目目的

1) 掌握直流升压斩波电路的工作原理。
2) 掌握直流升压斩波电路MATLAB的仿真方法。
3) 创建直流升压斩波电路仿真模型。
4) 设置仿真电路中各模块的参数。

项目内容

掌握升压斩波电路建模与仿真。

相关知识点析

升压斩波电路(Boost Chopper)的原理图及工作波形如图4-67所示。该电路中也是使用一个全控型器件。

分析升压斩波电路的工作原理时,首先假设电路中电感L值很大,电容C值也很大。当V处于导通状态时,电源E向电感L充电,充电电流基本恒定为I_1,同时电容C上的电压向负载R供电,因C值很大,基本保持输出电压u_0为恒值,记为U_0。设V处于导通状态的时间为t_{on},此阶段电感L上积蓄的能量为EI_1t_{on}。当V处于截止状态时E和L共同向电容C充电,并向负载R提供能量。设V处于截止状态的时间为t_{off},则在此期间电感L释放的能量为$(U_0-E)I_1t_{off}$。当电路工作于稳态时,一个周期T中电感L积蓄的能量与释放的能量相等,即

$$EI_1t_{on} = (U_o - E)I_1t_{off} \tag{4-15}$$

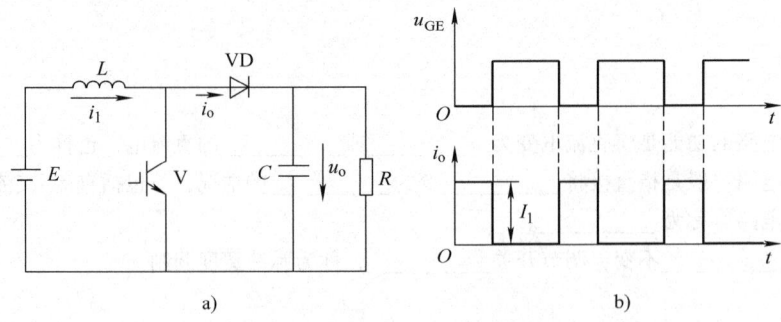

图 4-67 升压斩波电路及其波形
a) 电路 b) 波形

化简得

$$U_o = \frac{t_{on} + t_{off}}{t_{off}} E = \frac{T}{t_{off}} E \tag{4-16}$$

式 (4-16) 中 $T/t_{off} \geq 1$，输出电压高于电源电压，故称为升压斩波电路，也称为 boost 变换器。

式 (4-16) 中 T/t_{off} 表示升压比，调节其大小，即可改变 U_o 的大小，将升压比的倒数记作 β，即 $\beta = \frac{t_{off}}{T}$，则 β 和导通占空比 α 的关系为

$$\alpha + \beta = 1 \tag{4-17}$$

因此，式 (4-16) 可表示为

$$U_o = \frac{1}{\beta} E = \frac{1}{1-\alpha} E \tag{4-18}$$

升压斩波电路之所以能使输出电压高于电源电压，关键有两个原因：一是 L 储能之后具有使电压泵升的作用，二是电容 C 可将输出电压保持不变。在以上分析中，认为 V 处于导通状态期间因电容 C 的作用使得输出电压 U_o 不变，但实际上 C 值不可能为无穷大，在此阶段其向负载放电，U_o 必然会有所下降，故实际输出电压会略低于式 (4-18) 所得的结果。

设备、工具和材料准备

一台计算机、MATLAB 仿真软件。

操作步骤

一、技能训练要求

1) 创建升压斩波电路的仿真模型。
2) 设置仿真电路中各模块的参数。

二、技能训练内容

技能训练 升压斩波电路建模与仿真

启动 MATLAB 2007a，进入 SIMULINK 后新建文档，绘制直流升压斩波变换电路模型如图 4-68 所示。双击各模块，在出现的对话框内设置相应的参数。

（1）直流电压源的参数设置 直流电源电压为 100V，如图 4-69 所示。

（2）电阻、电容的参数设置 $C = 0.7 \times 10^{-4} F$，$L = 10mH$，$R = 10\Omega$，如图 4-70、图 4-71 和图 4-72 所示。

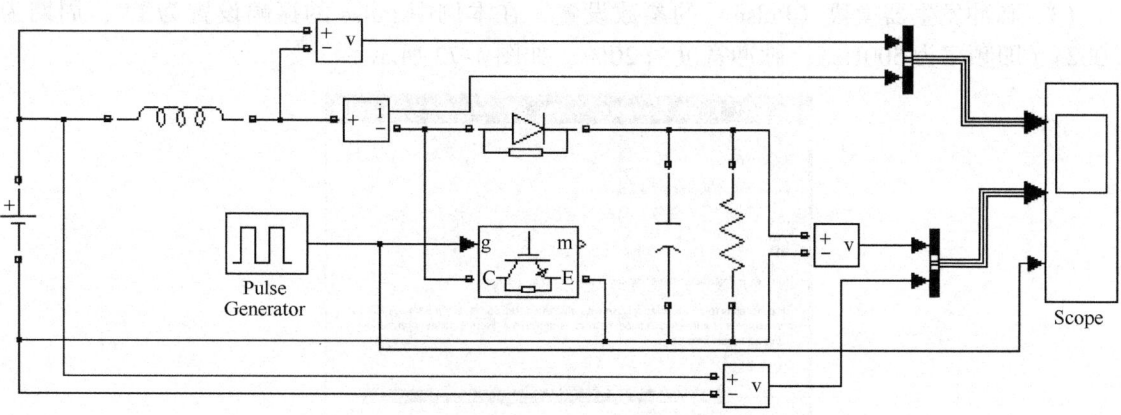

图 4-68　直流升压斩波变换电路模型

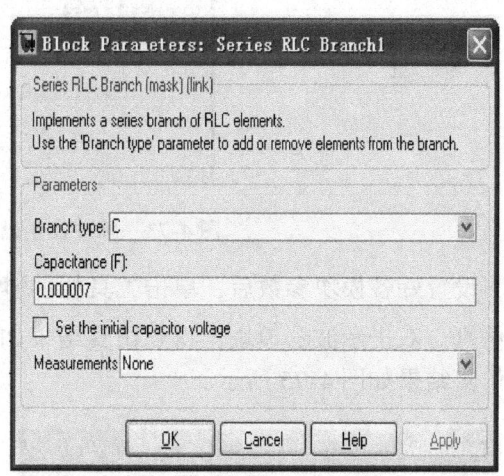

图 4-69　直流电压源的参数设置　　　　图 4-70　电容的参数设置

图 4-71　电感的参数设置　　　　图 4-72　电阻的参数设置

（3）脉冲发生器模块（Pulse）的参数设置　在本例中 Pulse 的振幅设置为 1V，周期为 0.002s（即频率为 500Hz），脉冲宽度为 20%，如图 4-73 所示。

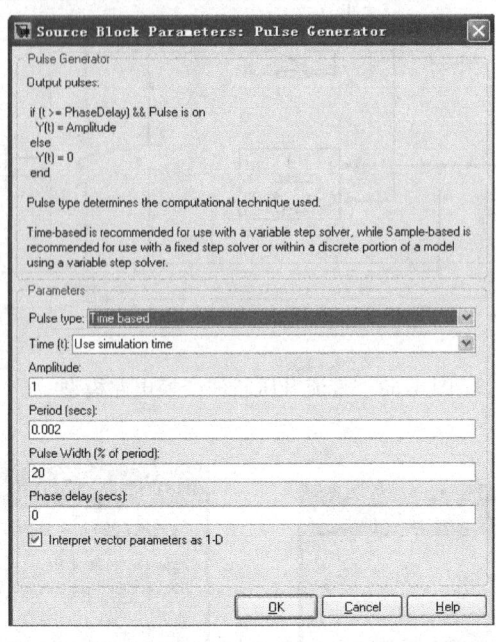

图 4-73　脉冲发生器模块（Pulse）的参数设置

设置好各模块参数后，单击工具栏上 ▶ 按钮或"Simulation"菜单下的"Start"命令进行仿真。双击示波器模块，得到仿真结果如图 4-74 所示。将触发信号的脉冲宽度改为 80%，其仿真结果如图 4-75 所示。

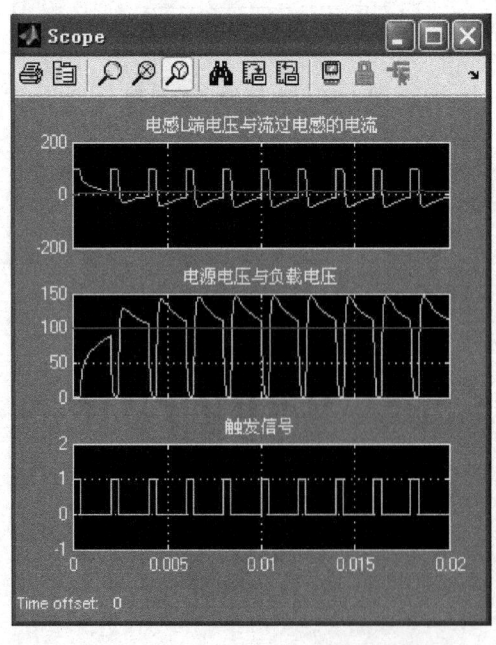

图 4-74　脉冲宽度为 20% 的仿真结果

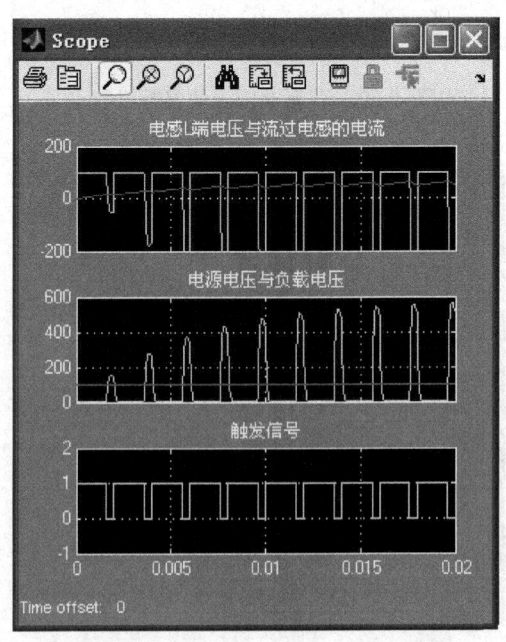

图 4-75　脉冲宽度为 80% 的仿真结果

成绩评分标准（见表 4-5）

表 4-5 成绩评分标准

序号	主要内容	考核要求	评分标准	配分	扣分	得分
1	软件使用	MATLAB 的基本界面	使用不准确，每次扣 5 分	15		
		SIMULINK 的基本操作	模块操作错误，每件扣 5 分	15		
2	仿真模型建立	步骤明确	步骤不明确，每步扣 5 分	10		
		模块选择正确	模块选择不正确，每个扣 5 分	15		
		连接各模块，搭建电路	连线不正确，每处扣 5 分	15		
3	各模块参数设置	完成各模块的参数设置	参数设置不正确或不完全，每处扣 5 分	10		
		仿真波形完整正确	仿真波形不完整或不正确，一处扣 5 分	10		
4	原理叙述	电路工作原理	不会叙述，扣 10 分 叙述不全面，扣 3～5 分	10		
5	安全文明生产	计算机、软件完好无损	凡有损坏，酌情扣 5～10 分	从总分扣 5～10 分		
		安全生产文明操作	有违反安全操作者，酌情扣 5～10 分 对发生事故者扣 50 分			
备注			合计	100		
			教师签字		年　月　日	

习题

1. 填空题

1）直流斩波电路的种类较多，包括_____、升压斩波电路、_____、Cuk 斩波电路、_____和 Zeta 斩波电路。

2）升压斩波电路目前的典型应用，一是用于_____，二是用作单相功率因数校正电路，三是用于_____。

2. 问答题

1）升压斩波电路组成及其工作原理是什么？

2）升压斩波器输出电压平均值的表达式是什么？

3. 操作题

创建升压斩波电路模型，改变参数得到脉冲宽度为 70% 时的电压波形。

项目 4.6 Cuk 直流斩波电路及 MATLAB 仿真

与升降压斩波电路相比，Cuk 斩波电路有一个明显的优点，即输入电源电流和输出负载电流都是连续的，且脉动很小，有利于对输入、输出进行滤波。

项目目的

1) 掌握 Cuk 斩波电路的工作原理。
2) 掌握 Cuk 斩波电路 MATLAB 的仿真方法。
3) 创建 Cuk 斩波电路仿真模型。
4) 设置仿真电路中各模块的参数。

项目内容

掌握 Cuk 斩波电路建模与仿真。

相关知识点析

图 4-76 所示为 Cuk 斩波电路的原理图及其等效电路。

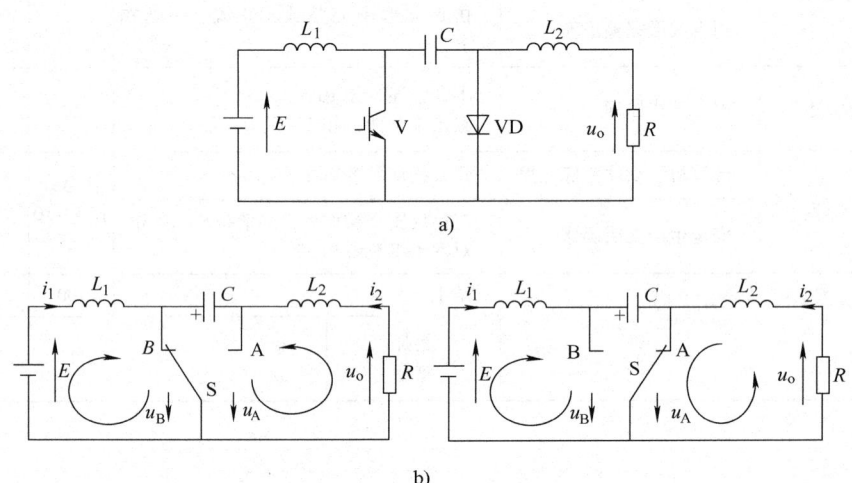

图 4-76 Cuk 斩波电路的原理图及其等效电路
a) 电路的原理图 b) 等效电路

当 V 处于导通状态时，$E→L_1→V$ 电路和 $R→L_2→C→V$ 电路分别流过电流；当 V 处于截止状态时，$E→L_1→C→VD$ 电路和 $R→L_2→VD$ 电路分别流过电流。输出电压的极性与电源电压极性相反。该电路的等效电路如图 4-76b 所示，相当于开关 S 在 A、B 两点之间交替切换。

在该电路中，稳态时电容 C 的电流在一周期内的平均值应为零，也就是其对时间的积分为零，即

$$\int_0^T i_C dt = 0 \tag{4-19}$$

在图 4-76b 所示的等效电路中，开关 S 合向 B 点时间即 V 处于导通状态的时间 t_{on}，则电容电流和时间的乘积为 $I_2 t_{on}$。开关 S 合向 A 点的时间为 V 处于截止状态的时间 t_{off}，则电容电流和时间的乘积为 $I_1 t_{off}$。由此可得

$$I_2 t_{on} = I_1 t_{off} \tag{4-20}$$

从而可得

$$\frac{I_2}{I_1} = \frac{t_{off}}{t_{on}} = \frac{T - t_{on}}{t_{on}} = \frac{1 - \alpha}{\alpha} \tag{4-21}$$

当电容 C 很大使电容电压 u_C 的脉动足够小时，输出电压 u_o 与输入电压 E 的关系可用以下方法求出。当开关 S 合到 B 点时，B 点电压 $u_B = 0$，A 点电压 $u_A = -u_C$；当 S 合到 A 点时，$u_B = u_C$，$u_A = 0$。因此，B 点电压 u_B 的平均值为 $U_B = \frac{t_{off}}{T} U_C$（$U_C$ 为电容电压 u_C 的平均值），又因电感 L_1 的电压平均值为零，所以 $E = U_B = \frac{t_{off}}{T} U_C$。另一方面，A 点的电压平均值为 $U_A = -\frac{t_{on}}{T} U_C$，且 L_2 的电压平均值为零，按图 4-76b 中输出电压 U_o 的极性，有 $U_o = \frac{t_{on}}{T} U_C$。于是可得出输出电压 U_o 与电源电压 E 的关系为

$$U_o = \frac{t_{on}}{t_{off}} E = \frac{t_{on}}{T - t_{on}} E = \frac{\alpha}{1 - \alpha} E \tag{4-22}$$

设备、工具和材料准备

一台计算机、MATLAB 仿真软件。

操作步骤

一、技能训练要求

1）创建 Cuk 斩波电路仿真模型。
2）设置仿真电路中各模块的参数。

二、技能训练内容

技能训练 Cuk 斩波电路建模与仿真

启动 MATLAB R2007a，进入 SIMULINK 后新建文档，绘制 Cuk 斩波变换电路模型如图 4-77 所示。双击各模块，在出现的对话框内设置相应的参数。

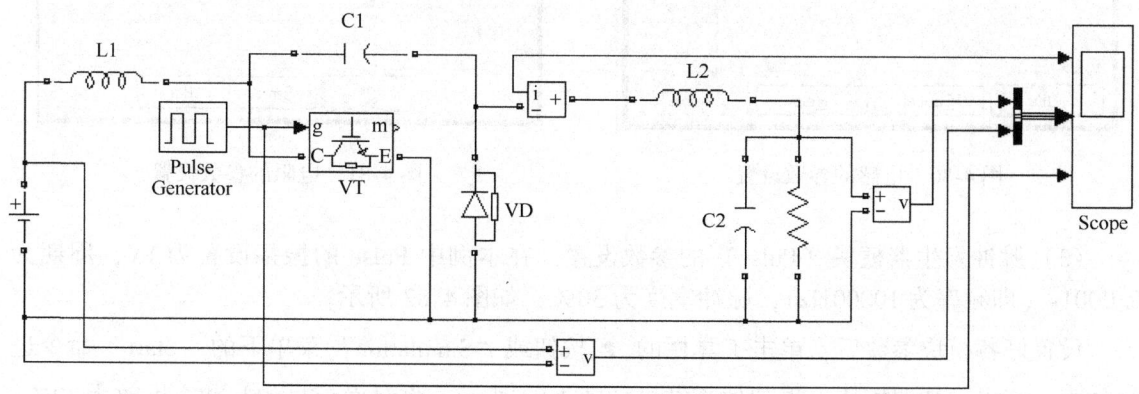

图 4-77 Cuk 斩波变换电路模型

（1）直流电压源的参数设置　直流电源电压为100V，如图4-78所示。

（2）电阻、电容的参数设置　$C_1 = C_2 = 4.7 \times 10^{-5}\mathrm{F}$，$L_1 = L_2 = 0.15\mathrm{mH}$，$R = 10\Omega$，如图4-79、图4-80和图4-81所示。

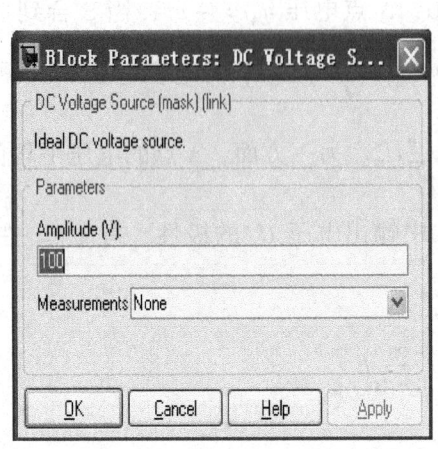

图4-78　直流电压源的参数设置

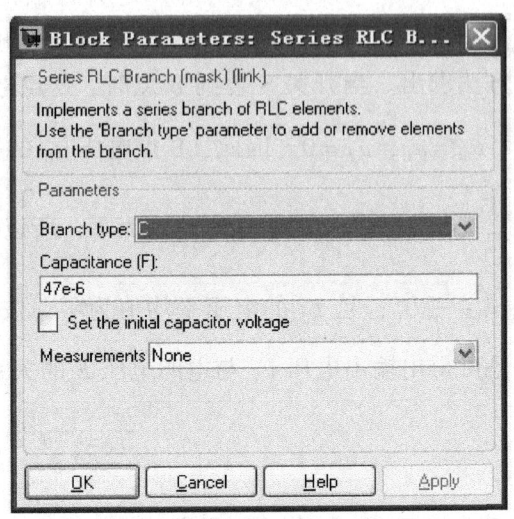

图4-79　电容的参数设置

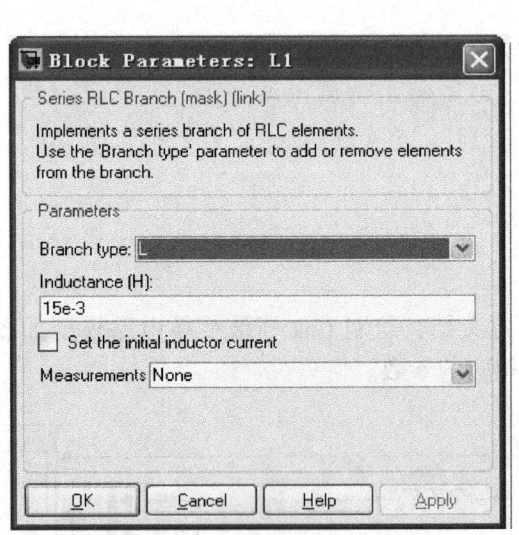

图4-80　电感的参数设置

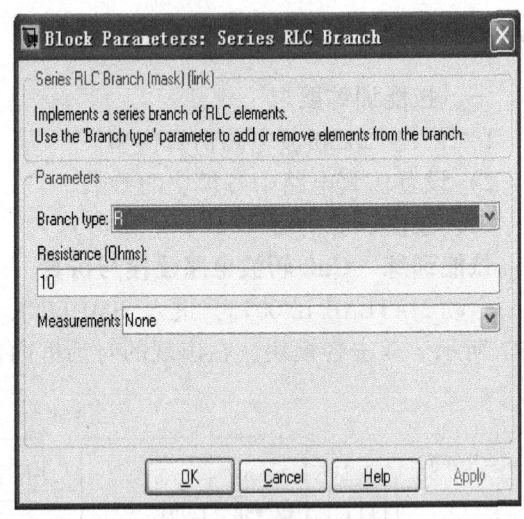

图4-81　电阻的参数设置

（3）脉冲发生器模块（Pulse）的参数设置　在本例中Pulse的振幅设置为1V，周期为0.0001s（即频率为10000Hz），脉冲宽度为30%，如图4-82所示。

设置好各模块参数后，单击工具栏中▶按钮或"Simulation"菜单下的"Start"命令进行仿真。双击示波器模块，得到仿真结果如图4-83所示。将触发信号的脉冲宽度改为30%，其仿真结果如图4-84所示。

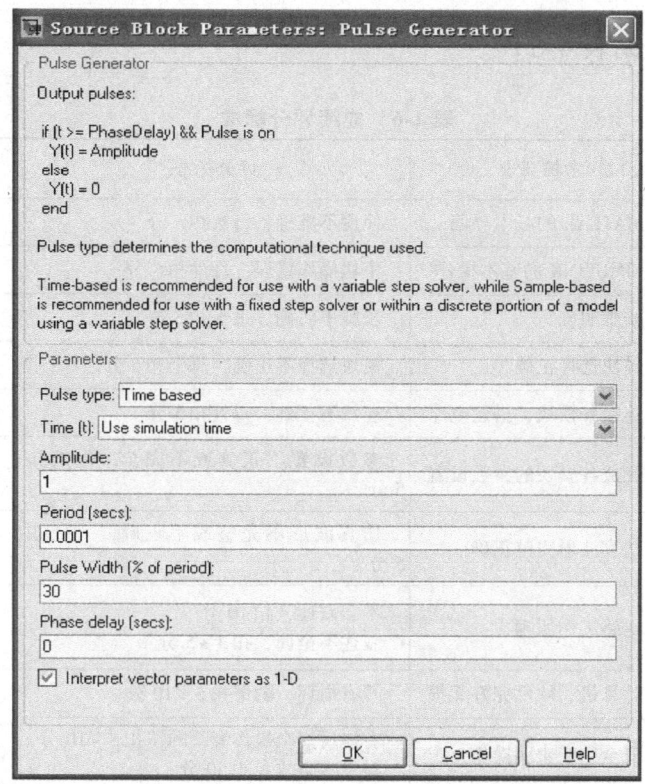

图 4-82 脉冲发生器模块（Pulse）的参数设置

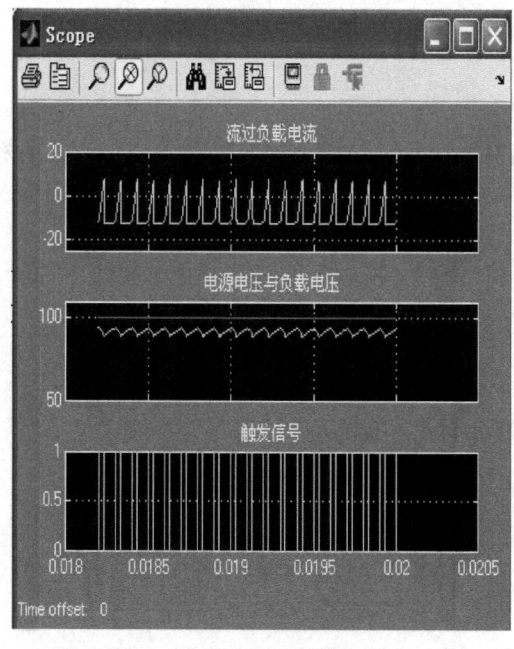

图 4-83 脉冲宽度为 30% 的仿真结果

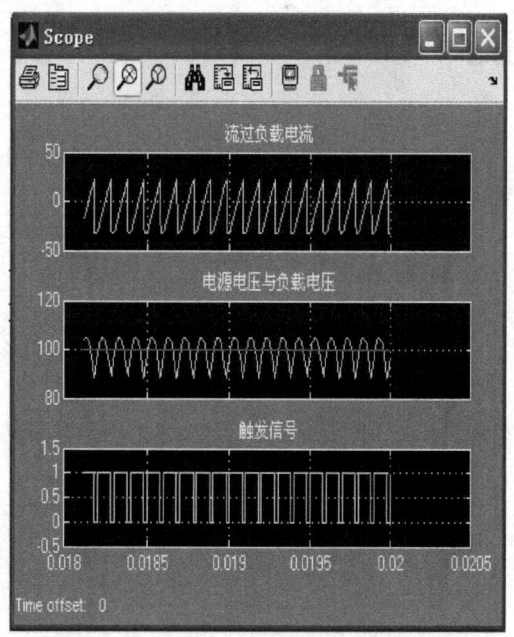

图 4-84 脉冲宽度为 80% 的仿真结果

成绩评分标准（见表 4-6）

表 4-6　成绩评分标准

序号	主要内容	考核要求	评分标准	配分	扣分	得分
1	软件使用	MATLAB 的基本界面	使用不准确，每次扣 5 分	15		
		SIMULINK 的基本操作	模块操作错误，每件扣 5 分	15		
2	仿真模型建立	步骤明确	步骤不明确，每步扣 5 分	10		
		模块选择正确	模块选择不正确，每个扣 5 分	15		
		连接各模块，搭建电路	连线不正确，每处扣 5 分	15		
3	各模块参数设置	完成各模块的参数设置	参数设置不正确或不完全，每处扣 5 分	10		
		仿真波形完整正确	仿真波形不完整或不正确，一处扣 5 分	10		
4	原理叙述	电路工作原理	不会叙述，扣 10 分 叙述不全面，扣 3~5 分	10		
5	安全文明生产	计算机、软件完好无损	凡有损坏，酌情扣 5~10 分	从总分扣 5~10 分		
		安全生产文明操作	有违反安全操作者，酌情扣 5~10 分 对发生事故者扣 50 分			
备注			合计	100		
			教师签字		年　月　日	

习题

1. 填空题

1）Cuk 斩波电路有一个明显的优点，即输入电源电流和_____都是连续的，且_____，有利于对输入、输出进行_____。

2）Cuk 斩波电路输出电压与电源电压的关系与_____时的情况相同。

2. 问答题

1）Cuk 斩波电路组成及其工作原理是什么？

2）Cuk 斩波器输出电压平均值的表达式是什么？

3. 操作题

创建 Cuk 斩波电路模型，改变参数得到脉冲宽度为 70% 时的电压波形。

参考文献

[1] 石玉,栗书贤,王文郁.电力电子技术题例与电路设计指导[M].北京:机械工业出版社,1999.
[2] 张静之.变流技术及应用[M].北京:中国劳动社会保障出版社,2006.
[3] 郝万新.电力电子技术[M].北京:化学工业出版社,2002.
[4] 黄家善.电力电子技术[M].北京:机械工业出版社,2005.
[5] 徐以荣,冷增祥.电力电子学基础[M].南京:东南大学出版社,1996.
[6] 王兆安,刘进军.电力电子技术[M].北京:机械工业出版社,2009.
[7] 周渊深,宋永英,等.电力电子技术[M].北京:机械工业出版社,2005.
[8] 郑忠杰,吴作海,等.电力电子变流技术[M].北京:机械工业出版社,1999.
[9] 王云亮.电力电子技术[M].北京:电子工业出版社,2009.
[10] 杜飞,杜欣.电力电子应用技术的MATLAB仿真[M].北京:中国电力出版社,2009.
[11] 李传奇.电力电子技术计算机仿真实验[M].北京:电子工业出版社,2006.

读者信息反馈表

感谢您购买《电力电子变流技术操作实训及仿真》一书。为了更好地为您服务,有针对性地为您提供图书信息,方便您选购合适图书,我们希望了解您的需求和对我们教材的意见和建议,愿这小小的表格为我们架起一座沟通的桥梁。

姓　　名		所在单位名称	
性　　别		所从事工作(或专业)	
通信地址		邮　　编	
办公电话		移动电话	
E-mail			

1. 您选择图书时主要考虑的因素:(在相应项前面画✓)
　　(　)出版社　　(　)内容　　(　)价格　　(　)封面设计　　(　)其他

2. 您选择我们图书的途径(在相应项前面画✓)
　　(　)书目　　(　)书店　　(　)网站　　(　)朋友推介　　(　)其他

希望我们与您经常保持联系的方式:
　　□电子邮件信息　　□定期邮寄书目
　　□通过编辑联络　　□定期电话咨询

你关注(或需要)哪些类图书和教材:

您对我社图书出版有哪些意见和建议(可从内容、质量、设计、需求等方面谈):

您今后是否准备出版相应的教材、图书或专著(请写出出版的专业方向、准备出版的时间、出版社的选择等):

非常感谢您能抽出宝贵的时间完成这张调查表的填写并回寄给我们。我们愿以真诚的服务回报您对机械工业出版社技能教育分社的关心和支持。

请联系我们——
　　地　　址　北京市西城区百万庄大街22号　机械工业出版社技能教育分社
　　邮　　编　100037
　　社长电话　(010)88379080　88379083　68329397(带传真)
　　E-mail　jnfs@ mail. machineinfo. gov. cn